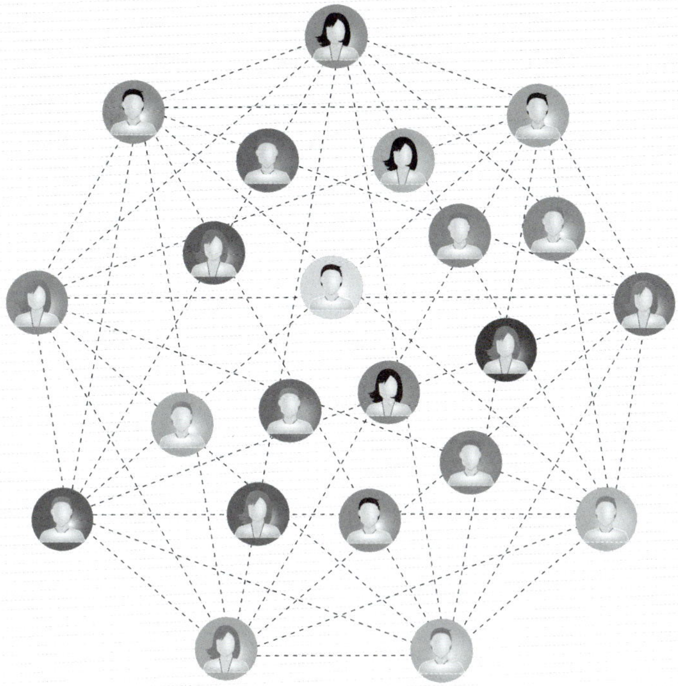

사회복지 행정실무

| 이세형 저 |

양 성 원

머리말

사회복지는 다양한 행정실무에 대한 능력을 요구한다. 글쓰기부터 사업기획 수립 및 예산 설계에 대한 이해까지 그 스펙트럼이 매우 넓다. 그럼에도 불구하고 사회복지학과의 정규 교과과정에서는 이에 대한 심도있는 학습이 이뤄지지 않는다. 이로 인해 사회복지현장에서 근무하게 되는 상당수의 종사자들이 입사 이후 생각지도 않은 어려움에 봉착하게 되는게 현실이다.

최근 4차 산업혁명에 대한 도래를 앞두고 이런저런 말이 많다. 그러나 이러한 변화는 충실한 기본기에 대한 준비가 우선되어야 한다. 이 책은 사회복지 실천현장에서 필요한 기본적인 내용을 다루고 있다. 기본적인 내용인 만큼 비교적 어렵지 않게 사회복지 행정실무를 이해하는데 도움이 될 것이다. 이를 바탕으로 사회복지 실천현장에서 근무하게 되는 종사자들이 업무에 집중할 수 있도록 편의를 제공할 수 있을 것이다. 물론 사회복지 기관이 다양하고 각 기관마다 특성과 정책의 차이로 인해 실제 행정실무가 적용되는 부분이 다소 상이할 수 있으나 이 책에서 다뤄지는 내용은 충분히 기본적인 내용을 다루고 있어 사회복지를 시작하거나 사회복지현장을 이해하고자 하는 많은 이들이 비교적 쉽게 행정실무를 이해할 수 있을 것으로 기대한다.

이 책은 총 13장으로 이뤄졌다. 1장은 사회복지 행정실무가 이뤄지는 전달체계에 대한 기본적인 내용이 수록되어 있다. 사회복지에 대한 이해를 돕기 위해 가능하면 쉬운 용어와 최근 트랜드를 담아 내용을 구성하였다. 2장은 인사에 대한 전반적인 관리 영역을 수록했다. 사회복지조직에서 인사업무를 담당하는 분들이 참고할 만한 인적자원관리에 초점을 두었다. 3장에서 5장까지는 문서와 예산에 대한 내용을 담았다. 사회복지현장에서 가장 많이 사용되는 분야이므로, 초보자도 쉽게 이해하도록 기본에 충실한 내용으로 구성하였다. 6장은 자원봉사 분야이다. 자원봉사에 대한 이해를 비롯하여 실제 필자가 사회복지 실천현장에서 사용했던 자원봉사 활성화 방안(메뉴판) 전문(全文)을 추가하여 자원봉사 관리에 대한 이해를 돕고자 했다. 7장과 8장은 사회복지홍보 및 자원개발 범주 아래 필요한 이론적 배경과 주요개념을 정리하였다. 9장은 사회복지윤리에 대한 개념을 담았으며, 실제 사회복지시설에서 윤리조직 구축을 위해 단계별 전략을 수립하는 내용도 추가하였다. 10장은 사회복지현장실습에 대한 기본개념을 담았으며, 관련서식은 부록에 추가하여 이해를 돕고자 하였다. 11장은 리더십을 다루고 있으며, 사회복지현장에서 필요한 리더십의 유형 및 특성을 제시하였다. 12장은 사회복지현장에서 요구되는 미션비전 수립의 실제 및 중장기 전략에 대한 내용을 간략히 정리하였으며, 마지막으로 13장은 사회복지현장에서 요구되는 기획의 실제에 대하여 핵심내용을 중심으로 독자의 이해를 돕고자 하였다.

이 책은 앞서 제시한 것처럼 사회복지현장에 대한 기본적인 이해를 바탕으로 실무에서 알아야 할 기본적인 개념과 실제 사회복지 실천현장에서 적용 가능한 사례 중심으로 구성되었다. 따라서 사회복지사를 준비하는 학생이나 사회복지현장의 종사자 또는 사회복지현장에 대한 이해가 필요한 이들에게 도움이 될 것이다.

집필을 마치고 스스로 성찰해보니 세상에 내어놓기가 부끄럽기만 하다. 이미 훌륭한 저서들이 많아 앞선 연구자들의 저작을 요약 · 정리한 부분도 많았다. 다만, 사회복지사로 다양한 전달체계에서 근무한 필자의 경험이 본 교재를 제작하는데 밑거름이 되었다. 그만큼 사회복지 현장성에 기반하여 행정실무 내용이 구성되도록 노력하였다. 혹시 이 책의 내용에 관해 의문사항이나 부족한 점, 특히 오류가 발견되면 언제라도 연락주시기를 앙망한다. 본서의 미흡한 부분은 앞으로도 꾸준히 수정 · 보완해 나갈 것이다.

마지막으로 이 책이 나오기까지 도움을 주신 많은 분들께 감사를 드린다. 항상 유익한 조언과 격려를 해주신 은사님들과 사회복지 실천현장의 선후배님과 동료들에게 감사를 드린다. 또한 사회복지사로 실천현장에서 만났던 모든 분들이 제 선생이었음을 고백하고 싶다. 그리고 부족한 남편과 아빠를 한결같은 마음으로 이해하고 지지해 준 사랑하는 아내와 아들, 언제나 든든하게 버팀목이 되어 주시는 양가 부모님께도 존경함과 감사함을 전한다. 멀리 타국에서 열심히 맡은 바 소임을 다하는 사랑하는 동생 내외와 조카들에게도 감사의 마음을 전한다. 끝으로 본서를 출판하는데 도움을 주신 양성원 강철원 대표님과 편집부 직원들께도 깊이 감사드린다.

2017년 8월

저자 이세형(weljob@naver.com)

차 례

Chapter 01

사회복지서비스 전달체계

사회복지행정실무는 사회복지서비스 전달체계 내에서 이루어진다. 따라서 전달체계에 대한 이해를 통해 사회복지조직의 특성을 파악하는 것이 필요하다.

1. 전달체계의 개념

사회복지 전달체계(delivery system)란, 사회복지서비스의 공급자(제공자)와 복지서비스 소비자인 클라이언트(client)를 연결시키는 체계적이고 조직적인 장치다.

사회복지 전달체계란 협의의 개념은 사회복지사(서비스 공급자/제공자)와 사회복지서비스를 받는 소비자(클라이언트, 수혜자, 고객) 사이의 상호관계를 바탕으로 사회복지 서비스 전달업무를 '집행'하는 사회적 체계를 말한다. 이에 반해 광의의 개념으로는 사회복지를 전달하는 집행체계가 상부의 행정체계로부터 다양한 규제와 지원 및 관리 감독을 받으면서 서비스를 전달하는 것을 말한다.

이를 종합적으로 정리하면, 사회복지서비스 전달체계는 공급자와 소비자가 상호관계를 이루면서 서비스를 직접 전달하는 집행체계와 서비스 전달을 기획, 지시, 지원 및 관리하는 행정체계 모두를 포함한다고 말할 수 있다.

① 전달체계란, 급여 또는 사회복지서비스를 효율적으로 소비자에게 전달하기 위하여 어떠한 조직 및 체계를 통해서 제공할 것인가를 선택하는 것이다. 쉽게 말해 사회복지서비스를 공급하는 공급자와 소비자 간의 연결이다.

② 사회복지서비스의 공급자와 소비자를 연결시키는 장치로서 사회복지서비스를 효율적으로 고객에게 전달하기 위해서는 어떠한 조직의 체계를 통해서 실천할 것인가의 전략을 선택하는 것이다.

③ 전달체계란, 사회복지정책을 통해서 제공되는 다양한 재화나 서비스를 소비자에게 전달하는 방법이다.

2. 사회복지 전달체계의 구분

1) 성격

(1) 구조기능적 분석

사회복지 전달체계에서 구조기능적 분석은 행정체계와 집행체계로 구분될 수 있다(성규탁, 1997 : 75). 구조기능적 분석이란, 서비스를 공급자(정부, 기관, 시설, 단체, 개인 등)들 상호 간에 구조와 기능이 어떻게 나누어져 있는가를 보는 것이다. 이러한 전달체계는 정책마다 서로 상이하게 구성되어 있으며, 대부분은 민간기관을 통해 전달되는 경우가 많다.

① 행정체계 : 법규와 규정에 의해서 움직이는 관료적인 조직으로서 합리적인 운영을 우선하는 경향이 있으며, 통상 서비스 전달을 기획, 지원, 관리, 지시하는 역할을 한다. 대부분은 공공이 역할을 수행한다.

② 집행체계 : 집행체계는 사회복지서비스 소비자에게 서비스를 전달하는 특징이 있다. 집행체계는 대부분 민간이 역할을 하며, 규정이나 법규에 의해서 해결될 수 없는 복합적인 인간문제를 다루는 경우가 많다. 또한 소비자들과 직접 대면관계를 통해 서비스를 전달하는 기능을 수행하고 있으며 서비스를 직접 전달한다.

(2) 운영주체별 구분

사회복지서비스 전달체계는 운영주체에 따라 공적(공공)전달체계와 사적(민간)전달체계로 구분할 수 있다.

① 공적(공공)전달체계

공적(공공)전달체계는 중앙정부 및 지방정부 등 공공기관이 직접 참여하여 운영, 관리하는 것이다.

가. 정부(중앙, 지방)나 공공기관이 관리, 운영

나. 행정체계적 성격을 가짐

② 사적(민간)전달체계

사적(민간)전달체계는 민간영역에서 사회복지 전달체계를 직접 관리, 운영하는 것을 말한다. 이는 대부분 위탁의 형태로 이뤄진다. 그러나 민간이 위탁형태로 운영하고 있어도 공공기관의 지원과 통제를 받기 때문에 운영주체의 엄격한 구분은 어려운게 현실이다.

가. 민간영역(단체)에서 운영 및 관리

나. 집행체계의 역할 수행(예: 사회복지법인, 민간복지재단, 자원봉사단체, 사회복지협의회, 이용 및 생활시설 등)

다. 주요 민간복지조직

Tip 전국망 민간조직 예시

전국에 조직망을 두면서 사회복지업무를 전담하는 대표적인 민간복지조직은 한국사회복지사협회, 사회복지협의회, 사회복지공동모금회 등으로 이들 단체는 사회복지서비스 소비자에게 급여를 직・간접적으로 제공하는 사회복지행정의 주체로서의 역할을 담당한다.

■ **한국사회복지사협회**

한국사회복지사협회는 1967년 4월에 설립된 단체로서 사회복지사 양성, 사회복지사자격증 발급, 사회복지사 관련 조사연구・출판・홍보, 그리고 국내외 사회복지 관련 전문가단체와의 교류・협력 등의 업무를 담당하고 있다. 이를 통해 사회복지 증진 및 발전을 도모하고 있다.

■ **한국사회복지협의회**

한국사회복지협의회는 1952년 2월에 설립된 중앙협의회인 한국사회복지협의회와 독립적 법인체인 16개 시・도 사회복지협의회, 시군구사회복지협의회가 설치되어 있으며, 한국사회복지협의회의 경우 직능단체, 전국규모단체 등을 회원으로 두고 있다.

■ **사회복지공동모금회**

사회복지공동모금회('사랑의 열매'를 나눔의 상징으로 설정함)는 1998년 11월에 설립된 단체로 17개 시도지회를 두고 있다. 공동모금회는 모금 및 배분을 전문적으로 하는 기관으로 사회적으로 어려운 다양한 이웃들을 대상으로 복지사업을 전개하여 민간 복지사업 활성화에 기여하고 있다.

라. 협동조합

Tip 협동조합은 무엇인가요?

「협동조합기본법」 제2조에 의하면 협동조합이란 재화 또는 용역의 구매・생산・판매・제공 등을 협동으로 영위함으로써 조합원의 권익을 향상하고 지역사회에 공헌하는 사업조직을 말한다. 이 가운데 협동조합은 영리법인으로서의 성격을 띠고 있으며, 사회적 협동조합은 비영리법인으로서의 성격을 갖는다. 최근에는 사회복지공동모금회를 비롯하여 다양한 지원기관에서 사회적 협동조합도 사업 수행기관으로 인정하고 있다. 2016년도에는 서울시립 신목종합사회복지관을 사회적 협동조합이 위탁 운영하고 있다. 사회적 협동조합도 사적(민간)전달체계로서의 역할이 점점 확장되고 있다하겠다.

3. 사회복지서비스 전달체계의 기능 및 문제점

1) 공적(공공)전달체계

(1) 주요 기능

보건복지부는 1948년 정부 수립과 동시에 사회부가 발족하였다. 그 이듬해에 사회부의 기능 중에서 보건에 관한 업무가 분리되어 보건부가 신설되었다. 1995년 정부의 조직 통폐합 작업에 따라 보건부와 사회부가 보건사회부로 개편되었고, 1994년에는 보건사회부를 보건복지부로 개칭하였고, 그동안 30여 회의 직제 개정을 거쳐 오늘에 이르고 있다.

중앙정부 중심의 공적(공공)전달체계는 사회복지 관련 법령을 바탕으로 사회복지 정책을 수립 · 결정한다. 현재 우리나라는 법령에 근거하여 사회보장정책이 이뤄지고 있다. 사회보장정책은 사회보험, 공공부조, 사회복지서비스로 구분이 가능하다.

지방정부는 공적(공공)전달체계를 담당하는 조직을 IMF 이후 구조조정에 따라 복지와 환경, 보건, 여성 관련 부서들을 통합하여 자치단체별로 그 명칭을 달리하여 운영하고 있다. 지방정부는 국가로부터 위임받은 국가사무 및 지방사무를 수행한다. 최근에는 민관협력을 바탕으로 한 혼합모형이 대두되고 있기도 하다.

(2) 현황과 문제점

공적(공공)전달체계는 일선 행정체계의 획일성으로 인해 사회복지 업무담당자가 전문성을 발휘하여 창의적이고, 자율적으로 업무를 수행하기는 쉽지 않다. 또한 지역복지협의체에서 공공과 민간 간의 연계를 강화하고 지역 밀착형 사업을 기획하고자 노력하고 있으나, 여전히 상의하달식의 수직적 체계로서 지역특성과 욕구를 반영한 복지서비스를 제공하기에는 많은 어려움이 존재한다. 또한 상담 등 전문적 대인서비스를 제공하기에도 전담공무원의 업무 역시 과중하여 여건이 미비한 실정이다. 2015년 「국민기초생활 보장법」의 맞춤형 복지 개정을 비롯한 기초연금 등 사회복지정책의 잦은 변화는 역할 과부하를 심화시키기 마련이다.

① 문제점

㉠ 상의하달식의 수직인 전달체계

㉡ 전문인력 부족 및 관리체계 미흡

㉢ 서비스 통합성 결여

② 개선방안

㉠ 공적(공공)전달체계 내의 계층의 단순화

㉡ 의사결정이 수직적이며, 지시·감독의 관계에서 상호 보완·수평적·협동의 관계로 전환 필요

㉢ 민간조직과의 협업을 위한 파트너십 구축

2) 사적(민간)전달체계

(1) 주요기능

사적(민간)전달체계는 정부가 제공하지 못하는 서비스를 제공한다. 또한 복지서비스 소비자에게 복지서비스에 대한 선택의 기회를 제공하기도 하고, 사회복지서비스의 선도적 프로그램을 개발 및 보급하기도 한다.

정부에서 제공하는 서비스의 대부분은 복지서비스 소비자의 자격기준을 심사하여 선별한다. 때로는 사회복지서비스가 필요함에도 불구하고, 자격이 미달하여 누락되는 경우에 사적(민간)전달체계는 서비스를 제공하기도 한다.

복지서비스 소비자의 욕구가 날로 다양해지는 현실에서 정부는 복지서비스의 일차적인 욕구의 충족에 목표를 두고 있는 만큼 사적(민간)전달체계에서 보다 다양하고 질 높은 서비스를 제공할 수 있다.

국민의 복지욕구는 지속적으로 증가하고 있지만 서비스의 공급은 한정되어 있는 실정에서 사적(민간)전달체계가 대신 복지서비스를 제공하여 비용의 절약을 가져올 수 있다. 지역사회 내 인적, 물적 자원을 쉽게 동원할 수 있고 자원봉사자, 후원자의 형태로 민간영역의 사회복지 참여를 유도할 수 있다. 최근에는 이러한 인적·물적자원을 개발하는 것이 주요 이슈이다.

사적(민간)전달체계는 행정적으로 융통성이 있고 의사결정체계가 비교적 신속하여 환경의 변화와 복지서비스 소비자의 새로운 욕구를 민감하게 파악하고, 새로운 프로그램을 개발하고 보급하는 데 유리하기도 하다.

민간기관의 경우 연대와 협력을 통해 정부의 서비스를 감시하거나 건의할 수 있고 새로운 서비스를 위한 영향력을 행사할 수 있다. 정부의 사회복지활동에 대한 압력단체 역할을 민간에서 수행하기도 한다.

(2) 문제점

사적(민간)전달체계의 문제점을 직시하기 위해서는 사적(민간)전달체계에서 많은 유형을 차지하는 복지관 모델을 살펴보자. 대표적인 복지관의 예를 살펴보았을 때, 복지관은 정부의 재정지원을 받는다. 그렇기 때문에 민간기구로서의 독자성과 자율성을 확보하지 못하고 있으며, 그에 따라 사회복지 전달체계에서 차지하는 위치와 성격이 불분명해지고 있기도 하다. 또한 지역사회조직화 기능보다 직접적인 서비스 제공기관으로서의 기능이 강조되고 있다는 점과 기존의 공공 및 민간 전달체계의 역할분담과 조정 및 연계 등을 통한 효율화가 이루어지지 못하고 있다는 점도 있다.

① 문제점

가. 조직구조상의 문제점

사적(민간)전달체계의 대부분은 정부의 보조(보조금)에 크게 의존하기 때문에 민간부문의 장점인 자율성과 창의성 제약, 전문인력의 부족과 재정의 취약성으로 독창적인 프로그램 제공에 어려움을 갖고 있다. 간혹 복지사업을 하기보다는 정치적 상황에 영향을 받는 문제점을 야기하기도 한다.

나. 관리운영상의 문제점

사회복지조직의 협의기구들이 조정자로서의 역할과 기능이 미약하고, 만성적인 재정난에 봉착되어 있어서 조직의 비전을 실행시키기 어려운 경우가 종종 발생한다. 이는 사회복지 협의기구들이 조정자로서의 역할과 기능을 충분히 수행하지 못하기 때문이기도 하다.

다. 전달인력상의 문제점

사회복지조직의 종사자들은 조직의 열악함으로 인하여 사회복지사들이 취업을 기피하고 있어 전문적 프로그램의 제공이 어려우며, 열악한 근무환경으로 말미맘아 그들에게 전달체계의 원칙인 전문성과 책임성을 추구하는 데 한계를 갖고 있다. 물론 과거에 비해 종사자의 처우가 좋아졌다고는 하나, 여전히 종사자에 대한 처우가 열악하여, 전문성과 책임성을 추구하는 데는 한계가 있다.

(3) 개선방안

사적(민간)전달체계가 갖고 있는 다양한 문제점이 존재하지만 복지서비스 소비자의 다양한 욕구증가와 전달체계 개편 등으로 말미암아 신속하게 그들이 욕구에 대응하고, 새로운 패러다임으로 복지서비스를 구조화하는 시도와 노력들이 요구되고 있다. 이를 위해 현장의 종사자들은 보다 새로운 시각으로 복지업무를 바라보고 우리사회의 다양한 사회적 자본을 개발하고, 연계, 발전시키는 데 힘써야 할 것이다.

가. 사회적 자본 개발을 위한 다양한 시도

나. 전문성 강화를 위한 학습조직 구축

다. 사회복지기관 및 시설의 사업수행을 위한 조직력 강화

Tip 새로운 시각으로 복지 바라보기

현대사회는 급변하고 있다. 굳이 4차 산업혁명의 도래를 말하지 않더라도 제도 및 정책, 나아가 사회복지서비스는 다양한 복지서비스 소비자의 욕구에 맞추어 빠르게 변하고 있다. 이러한 변화가 좀더 완성도 높은 결과를 도출하기 위해서는 새로운 시각으로 복지를 바라보아야 한다. 이를 위해서는 좀더 현실적인 시각이 요구된다. 선언과 다짐을 넘어서 결과와 성과를 만들어낼 수 있는 실력이 더욱 요구된다. 또한 다양한 학문과 다양한 현장경험을 통해 복지를 새로운 시각으로 재구성하는 노력 또한 요구된다.

4. 사회복지서비스 전달체계의 원칙

1) 행정적 측면에서의 원칙

(1) 기능분담의 원칙

사회복지서비스 전달체계는 대부분 상부에서 하부로 이어지는 연결체계로 구성된다. 각 체계는 기능상의 분담을 나누고 있으며 이는 일관성을 통해 유지되는 특성이 있다.

(2) 전문성에 따른 업무분담의 원칙

각 영역별로 업무분담이 요구된다. 전문가는 전문가로서의 역할을, 소위 비전문가는 비전문가의 역할을 수행해야 한다. 각각 맡고 있는 직급에 근거하여 업무를 수행해야 한다.

(3) 책임성의 원칙

행정적인 측면에서 사회복지 전달체계는 사회에 대한 책임을 비롯하여 복지대상자에 대한 책임 및 전문가에 대한 책임이 요구된다.

(4) 접근용이성의 원칙

사회복지 전달체계는 기본적으로 소비자의 접근이 용이해야 한다. 이를 통해 복지대상자는 지리적 · 심리적으로 이용 및 활용의 접근이 용이해야 한다.

(5) 통합조정의 원칙

사회복지 전달체계에서 업무수행 시 관련기관을 비롯하여 관계자들 간에 업무

조정이 원활해지는 노력을 해야 한다. 이는 복지서비스의 효율성과 효과성을 확장하는 계기가 될 것이다.

2) 서비스 제공에 있어서의 원칙

(1) 평등성의 원칙

국가는 다양한 사회문제들에 있어 모든 사람들에게 평등하게 서비스를 제공해야 한다. 이는 연령, 성별, 소득, 지역, 종교나 지위에 관계없이 모든 국민에게 사회복지서비스를 평등하게 제공해야 한다는 의미다.

(2) 접근용이성의 원칙

접근용이성은 서비스를 필요로 하는 사회복지서비스 소비자들이 접근이 편리하고 용이하게 서비스를 제공받을 수 있도록 하는 것이다. 복지서비스에 접근하는 데는 여러 가지 장애요인들이 있을 수 있다. 소비자가 사회복지서비스를 이용하는 데 지리적인 거리, 경제적인 이유, 개인적 동기와 인식을 비롯하여 자산조사를 비롯한 행정적인 집행 등도 접근용이성의 장애가 되곤한다. 이러한 장애요인들을 제거 또는 축소하면서 소비자가 서비스에 접근하는 데 있어 접근이 용이해지도록 다양한 지원을 하여야 할 것이다.

(3) 적절성의 원칙

소비자의 욕구를 해결하기 위해 서비스의 충분한 양과 질, 충분한 기간 동안 서비스 제공이 적절하게 이루어지고 있는지를 파악하는 것이 적절성의 원칙이다. 왜냐하면 소비자는 자신이 욕구 충족이나 문제해결 및 서비스 목표를 달성하기에 충분한 양과 질의 서비스를 제공받을 수 있어야 하기 때문이다. 이러한 적절성의 원칙은 재정형편상 제대로 지키기 어려운 경우가 많다.

(4) 포괄성의 원칙

복지서비스 소비자의 욕구는 하나의 문제에서 기인하기 보다는 다양한 문제와 원인에 의해 야기되는 경우가 많다. 이러한 복합적인 문제에 대응하기 위해서는 포괄적인 접근이 필요하다. 다시 말해, 복합적이고 다양한 문제를 가진 소비자에게 단 하나의 접근과 서비스 제공이 아닌 다각적인 접근과 서비스 제공이 필요하다는 원칙이 포괄성의 원칙이다.

(5) 지속성의 원칙

사회복지서비스 소비자에게 서비스가 지속적으로 제공될 수 있어야 한다. 이는 지속성의 원칙의 정의이자 주요한 개념이다. 가능하면 소비자의 욕구에 꾸준히 대응하면서 일회성이 아닌 지속가능성을 염두하여 서비스를 제공해야 한다. 소비자에게 서비스가 끊이지 않고, 지속성으로 잘 적용되기 위해서는 조직 내의 상호협력을 비롯하여 연계도 잘 이루어져야 한다.

(6) 통합성의 원칙

조직 내의 의사소통과 협력이 없을 때 서비스는 중복될 수도 있고 아예 제공되지 않을 수 있으므로, 지역사회 내 사회복지 서비스들은 상호 통합적으로 제공되는 것이 바람직하다. 이를 위해 클라이언트의 다양한 문제해결을 위해 필요한 서비스 프로그램들은 서로 연관되어야 한다.

Tip 소통하기 위한 실천적인 노력

통합성은 소통에 기인하는 경우가 많다. 그렇다면 소통은 어떻게 해야 하는지 세 가지 전략을 살펴보자.
전략 1. 커뮤니케이션은 기본이다 : 커뮤니케이션에 대한 학습과 노력이 필요
전략 2. 나무보다는 숲을 봐야 한다 : 부분이 아닌 전체를 보는 시각이 필요

전략 3. 나의 기여가 기관의 미래를 책임진다 : 기관에 무엇을 요구하는 것이 아닌, 기여라는 기조 아래 나의 기여를 진단하고 확인

(7) 전문성의 원칙

사회복지서비스는 전문적인 서비스가 제공되어야 한다. 따라서 사회복지 전문가가 서비스를 담당하는게 맞다. 많은 사람들이 전문가에 대해서 헷갈려 한다. 공부를 많이 했거나 경력이 많다고 해서 전문가는 아니다. 통상 전문가라고 불리는 직업군에는 4가지 조건이 있다. 첫째, 학교에 커리큘럼이 있느냐, 둘째, 자격증이 있느냐, 셋째, 협회가 있느냐, 마지막으로는 윤리강령이 있느냐이다. 많은 이들이 전문가에 대하여 이런저런 정의를 내리지만 전문가는 앞서 제시한 네 가지 조건을 충족하는 직업군을 전문가로 칭한다. 따라서 사회복지사는 위의 네 가지 조건에 충분히 부합되는 전문가 집단인 것이다. 사회복지서비스 전달에 있어 효과성, 효율성을 위한 핵심업무는 사회복지 전문가가 담당해야 한다.

(8) 책임성의 원칙

사회복지서비스 소비자의 욕구와 문제해결을 위해서는 얼마나 목표를 달성했는지, 나아가 서비스의 효과성과 최소한의 투입과 최대한의 산출에 의한 효율성이 이루어졌는지 확인하는 것이 중요하다. 사회복지조직은 서비스 제공에 대해 위임받은 조직이므로 서비스 전달에 책임을 져야 한다. 책임의 대상은 국가(중앙정부)와 지방자치단체, 소비자(클라이언트, 수혜자) 등이다.

5. 사회복지서비스 전달체계 개선 주요전략

사회복지 전달체계의 궁극적인 목적은 서비스를 효과적이고 효율적으로 전달하는 것이다. 길버트와 테렐(Gilbert & Terrell)은 서비스 전달체계의 효율성과 효과성을 높이기 위한 주요 전략을 다음의 세 가지 질문에 대한 세가지 전략으로 제시하고 있다. 첫째, 의사결정의 권위를 어디에 둘 것인가? 둘째, 업무를 누가 담당할 것인가? 셋째, 전달체계 조직의 단위 및 수를 어떻게 할 것인가?

1) 의사결정의 권위와 통제의 재구조화

(1) 협조체제 구축

전달체계의 기관을 중앙집권화 또는 연합화하여 전달체계를 통합적이고 포괄적인 것으로 발전시키는 전략이다. 중앙집권화는 행정적인 통일화를 의미하는데, 즉 사회복지 관련 업무를 하나의 통일된 전달체계로 통합하는 것이다. 연합화는 전달체계 기관 간의 자발적 상호호혜적 공조체계이며 이는 주로 각 기관이 가지고 있는 자원을 지역적으로 집권화하는 것으로 중앙집권화에서와 같은 행정적 통일화는 이루어지지 않는 것이다.

(2) 시민참여 체제의 도입

의사결정의 권위를 전달체계의 기관과 클라이언트에 재분배하는 전략이다. 시민참여는 클라이언트의 욕구에 보다 적절히 반응할 수 있으며, 접근 용이성 및 서비스에 대한 책임성을 보장할 수 있다는 취지에서 선택되는 전략이다.

2) 업무분담의 재조직화

(1) 전문가 역할부여

서비스 대상자가 사회계급적, 문화적, 인종적으로 서비스를 전달하는 전문가와 다를 경우 상호 이해와 접근이 용이하지 않을 수 있다.

(2) 전문가의 조직적 상황에서의 분리

서비스 전달체계가 관료적 특성이 강하여 전문가로서 전문성 발휘나 자율성 발휘를 저해할 경우, 그러한 조직적 상황에서 벗어나 전문성과 자율성을 발휘할 수 있도록 만드는 것이다.

Tip 찾아가는 동주민센터 살펴보기

서울시는 복지 사각지대에 놓인 분들을 위해 적극적으로 찾아 서비스를 받을 수 있게 하고, 마을 주민들이 더불어 살 수 있도록 지난 2015년부터 〈찾아가는 동주민센터〉사업을 시작했다. 찾아가는 동주민센터(찾동)란 동주민센터를 기존의 민원처리 중심의 공간이 아닌, 주민들에게 찾아가는 복지가 실현되는 마을공동체 조성의 거점이 되도록 하는 사업으로, 2017년 8월 서울시 기준으로 현재 283개 동주민센터에서 실시되고 있다.

6. 서비스 배분방법

1970년대 이후 사회복지 비용의 증대와 경제성장의 둔화에 따라 제한된 자원을 가지고 보다 많은 사람들의 사회적 욕구를 충족시킬 수 있도록 배분하는 것이 중요한 관심사가 되어왔다. 또한 서비스에 대한 수요가 공급을 초과하는 경우 제한된 자원을 효율적으로 배분하기 위한 전략이 필요하다.

1) 공급억제 전략

수혜 자격 요건을 강화하는 클라이언트에 대한 제한 강화와 서비스의 양과 질을 감소시키는 서비스 희석화가 있다. 클라이언트에 대한 제한 강화는 수혜 자격 요건을 강화하여 서비스 이용률을 저하시키는 것이며, 서비스 희석화는 클라이언트와의 접촉시간을 단축하거나 사례의 조기 종결, 전문가의 질을 낮춤, 자원봉사자로 대체하는 등의 방법이다.

2) 수요억제 전략

서비스의 접근에 물리적, 시간적 및 사회적 장애를 제거하지 않거나 또는 장애를 생기게 하는 것이다. 예컨대, 서비스 이용 촉진활동을 하지 않거나 대기자 명단제 도입, 교통이 불편한 장소와 시간의 배치 등의 방법으로 수요를 억제할 수 있다.

Chapter 02

인사관리

인사관리는 채용, 직무배치, 역량강화, 이직에 이르기까지 사회복지현장에서 요구되는 조직에 대한 전반적인 내용을 학습한다.

1. 인사관리의 정의

인사관리는 인적자원관리 또는 인사행정으로 표현되며, 조직을 중심으로 신규 채용에서 이직에 이르는 일련의 관리과정 전체를 의미한다. 인사관리는 크게 두 가지로 구분된다.

첫째, 직원을 관리하는 영역으로 채용, 업무배치, 업무평가, 이직 및 퇴직의 과정이다.

둘째, 직원 역량 강화의 영역으로 직원교육, 고충처리, 슈퍼비전, 복리후생으로 말할 수 있다.

1) 직원관리

(1) 개념

직원관리는 인사관리의 한 부분으로 복지시설에서 직원을 계획에 의해 채용하고 직무분석을 통해 적절한 직종에 맞는 업무를 배치하고, 정기적인 평가와 이·퇴직에 관한 과정을 중심으로 하는 관리를 의미한다. 복지시설을 중심으로 구체적인 내용을 살펴보면 다음과 같다.

첫째, 채용은 지자체에서 매년 제시하는 복지사업안내 기준을 근거로 법정직원 수를 산정하여 충원계획에 따라 선발하고 임용하는 과정까지를 총칭하는 개념이다. 지침 상으로 법정직원수라는 명확히 제시된 인원을 정확하게 산정하고, 공정하고 투명한 선발과정을 거쳐 임용하는 것, 즉 채용과정의 명문화와 공정성을 확보하는 것이 중요하다. 이를 위해 복지시설이 법정인원 수를 정확히 산정하여 직원 수를 관리하는지, 직종별 적절한 자격을 명시하고 있는지, 공정한 채용을 위한 인사위원회와 공개채용의 방법이 활동되고 있는지, 이러한 일련의 과정이 규정으로 명문화되어 있는지 등으로 구체화시켜야 한다.

둘째, 배치라 함은 채용된 직원에게 직무분석을 통해 역할을 부여하고 실질적인 업무수행이라는 역할과업을 부여하여 공식적인 업무가 수행되는 것을 말한다. 복지시설의 특성상 역할과업에 간혹 봉사정신이 흡수되어 전문성을 수립하는 데 어려움이 있을 수 있다. 따라서 무엇보다 명확한 직무분석이 필요하다.

셋째, 직원관리에 있어 평가는 인사평가 또는 근무평정이 복지시설 내 제도로서 운영되는 것을 의미한다. 평가는 제도로서 운영되어야 하며, 직원들과의 합의과정을 통해 수립된 인사평가가 공식적 승인과정을 거쳐 규정으로 등록되어 실제로 운영되고 그 결과가 활용되는 것까지를 말한다. 규정의 다른 부분도 마찬가지이지만 특히 인사평가는 무엇보다 직원들의 합의와 승인과정이 공식적이고 공개되어야 함을 목표로 한다. 정기적인 실행과 다양한 방법의 적용, 평가의 적용 등이 실질적인 운영의 요소이며, 이러한 전 과정이 기록 및 관리되어야 한다.

| 표 2-1 | 복지관 인사관리 시스템 예시

전문인력 채용 및 양성	지역사회 욕구에 맞는 좋은 인재 선발 및 지속적인 교육과 학습을 통한 전문가 양성
⬇	⇓
기관운영의 직원참여	기관 운영방향 수립 및 공유체계 확립을 위해 다양한 채널을 활용하여 직원참여 유도
⇓	⇓
직원소속감 강화	법인 및 복지관의 다양한 행사참여 등을 통한 직원들의 소속감 강화
⇓	⇓
직원평가	객관적인 인사평정을 통한 공정한 인사관리

넷째, 직원의 이직 및 퇴직관리를 통해 안정적으로 복지시설이 운영되도록 직원을 관리해야 한다. 퇴직 시에는 다음과 같은 내용을 고려해야 한다.

① 사직서를 정확히 작성하여 제출했는지 점검해야 한다.

② 업무인수인계가 문서로 최종 정리되어 승인과정을 거치도록 해야 한다.

③ 시설의 비품과 자재, 공문서철을 포함한 중요서류, 사원증 등을 반납하고, 중간연말정산, 퇴직금수령 등을 위해 주소와 연락처 등 최종적으로 확인할 정보를 명확히 해 둔다.

| 표 2-2 | 업무인수인계서 예시

업무인수인계서

1. 인적사항

인계자	소속	직위	성명	인수자	소속	직위	성명

2. 인수인계 업무사항

인수인계할 업무사항	중요 문제점 및 개선사항
○	

3. 진행 및 미결사항

진행사항	미결사항
○	

4. 인수 · 인계서류 및 비품목록

서류	비품
○	

상기 사항을 정히 인수 · 인계함.

년 월 일

인 계 자 : (인)
인 수 자 : (인)
입 회 자 : (인)

사회복지법인 ○ ○

2) 역량강화

(1) 개념

직원들의 역량강화는 임파워먼트(Empowerment)라고도 불린다. 임파워먼트를 단어 그대로 해석하면 '파워(Power)를 부여하는 것'으로 말할 수 있다. 여기서 파워(Power)는 권한과 능력이라는 두 가지 의미를 가진다.

따라서 역량강화(임파워먼트)란 실무자들의 업무수행 능력을 향상시키고, 관리자들이 지니고 있는 권한을 실무자에게 이양하여 그들의 책임 범위를 확대함으로서 조직원들이 보유하고 있는 잠재능력 및 창의력을 최대한 발휘하도록 하는 방법이라고도 말할 수 있다. 이러한 임파워먼트는 직원교육을 통해 발현될 수 있다.

첫째, 임파워먼트는 직원교육을 통해 향상할 수 있는데, 이를 위해 시설에서는 장·단기 교육계획을 수립한다. 빠르게 변화하고 있는 복지환경에 대응하기 위해서는 전문인력의 확보와 양성이 필요하다. 교육을 통해 종사자들이 이용자의 욕구변화와 다양성에 대해 능동적으로 대처하고, 이용자의 서비스 질을 추구하고자 적극적으로 노력할 수 있다. 실제 직원교육은 적절성과 내용의 충분성, 공식화된 과정 등이 중요한 목표로서 시설 내 공식화된 교육규정이나 지침이 있는지, 그 세부적인 내용이 적절하게 구성되어 있는지, 절차에 따라 진행되고 있는지 등을 확인해야 한다.

Tip 교육, 훈련, 개발의 차이

- **훈련** : 현재의 일을 더 잘하기 위한 학습
- **교육** : 가까운 미래에 일을 수행하기 위한 학습
- **개발** : 현재 혹은 미래 직무와 상관없이 개인의 성장과 발전을 위한 학습활동

둘째, 슈퍼비전은 시설에서 직원이 복지서비스를 효과적이고 효율적으로 전달하기 위하여 지식과 기술을 잘 사용할 수 있도록 도와주는 활동으로 직원이나 실습생에 대하여 전문성과 능력을 발휘할 수 있도록 교육 및 지도·원조하는 활동을 총칭한다. 슈퍼비전은 현장에 대한 충분한 이해와 경험을 바탕으로 전문지식과 기술을 가진 사람이 경험과 지식, 기술이 부족한 사람들에게 도움을 줄 수 있다는 전제하에서 이루어지는 것이다. 이를 통해 전문적인 인력을 양성하고 조직 내의 업무의 격차 등을 해소하는 것이 목적이다. 시설에서는 이러한 슈퍼비전을 실천하기 위해 슈퍼비전에 대한 근거로서 규정, 지침, 계획에 기반을 두고 있는지, 슈퍼바이저 등 구성요소가 명백한지, 다양한 방법과 내용으로 진행이 되고 있는지 등을 확인해야 한다.

3) 직원교육

직원교육은 교육형태에 따라 개별교육과 집합교육, 장소에 따라 내부교육과 외부교육, 내용에 따라 신입교육과 보수교육(직무향상교육), 대상에 따라 일반직원교육과 관리자교육 등으로 구분된다. 이러한 구분과 함께 시설에서는 직원들의

| 표 2-3 | 교육계획의 수립의 기본 프로세스

조직의 이념 (미션, 비전)		장기적 경영계획		교육정책 수립		교육 로드맵		계층별 교육		직무교육
조직의 이념 경영 및 비전	→	사회복지 현장의 환경변화 고려 3~5년 정책고려	→	교육의 목적 교육의 기능 교육과 인사의 연결성	→	조직, 개인비전 전문가 유형고려 욕구조사 중장기계획 수립	→	교육내용의 범주화 계층별 필요능력	→	직무관련 교육설계 직무별/ 교육내용 형태결정

교육에 대한 욕구조사를 바탕으로 연간 교육계획을 수립하고, 이를 진행·평가하는 일련의 과정을 거치게 된다.

교육에 대한 욕구조사 결과와 시설의 중장기계획에 의한 운영자가 필요로 하는 교육주제 및 내용 등 이 두 가지 사항을 바탕으로 시설의 연간교육계획을 작성한다. 교육계획서에는 당해 연도시설의 교육추진배경, 목적과 목표, 방법, 평가 등이 구체적으로 제시되어 있어야 하며, 이러한 전 과정은 직원교육규정을 근거로 개인단위, 팀 단위, 전 직원 단위로 교육내용을 구성하고 실행, 평가하는 모든 과정이 정리되어야 한다.

| 표 2-4 | 신입직원 교육계획서 예시

〈신입직원 교육계획서〉

1. **목적**

장애인복지 및 이용시설에 대한 전반적인 이해를 바탕으로 시설의 업무영역에 대한 기본적인 지식과 태도를 습득하고, 시설 및 업무영역에 대한 이해와 실무훈련을 바탕으로 생활인들에게 최선의 복지서비스를 제공할 수 있도록 함.

2. **목표**

역량 있는 인재의 양성을 통한 장애인복지 및 시설의 사명과 가치 실현

3. **대상자**

신입직원 ○○○ (2017.10.1.입사)

4. **교육내용 및 시간**

구분/교육명		주요 내용	담당	시간
교육 안내 및 피드백	신입직원 교육훈련 O.T	• 신입직원 O.T(목적, 일정, 장소, 과제 등 소개) • 교육 및 훈련장소, 주요활동, 공간소개	팀장	30분
	일일평가회	• 당일 수행된 교육관련 내용에 대해 신입직원의 소감을 듣고 피드백 • 교육훈련 이해정도 확인	팀장	해당일 30분

		• 다음교육훈련 일정 확인		
기본 교육	시설 및 운영에 대한 이해	• 설립목적, 미션, 철학 • 중장기계획, 핵심사업 등 • 조직구조 및 특성	국장	50분
	장애인권의 이해	• 인권의 개념과 특성 • 장애인의 인권보장의 법적 근거와 내용 • 장애인차별금지법 이해 및 우리나라 인권 보호 활동	팀장	60분
	장애의 개념 및 이해	• 장애의 정의와 종류 • 장애개념의 변화 • 장애인복지의 실천모델 외	국장	60분
	제규정 이해	• 기관 주요 제 규정 소개 • 취업규칙 등 근로관련 조건 안내	팀장	60분
	시설 및 지역사회 안내	• 시설구조에 대한 이해 • 시설위험물 위치와 관리에 대한 이해 • 지역사회 유관기관 등에 대한 이해 등	국장	60분

4) 고충관리(갈등관리)

고충관리(갈등관리)가 복지시설에서 구체화되기 위해서는 공식적인 규정이 만들어져 있고, 고충을 처리할 수 있는 별도의 기구가 준비되어 있으며, 이에 대한 실질적인 활동이 발생되고 처리되어야 한다. 특히 활동에 대한 방법으로 직원의 욕구, 고충 불만을 수렴하기 위해 시설장이 의견을 접수 관리하고 있는 문건을 만들어서 관리하고 있거나, 고충, 불만을 처리하기 위한 정기적인 회의를 실시하는 것 등을 예로 들 수 있다. 이를 위해서는 무엇보다 고충처리 규정을 마련해야 한다. 규정의 내용은 이용자의 고충처리 기준을 참고할 수도 있고, 적용대상에 기관은 이용자와 직원을 모두 포함하는 구조를 만들어 낼 수도 있다. 이는 시설에서 이용자든 직원이든 욕구나 불만 등을 해소할 수 있는 체계를 형성하고 이를 실현하는 공식화된 통로의 운영이 목적이므로 이러한 것이 실행될 수 있도록 세부적이고 구체적인, 시설별로 현실성 있는 방법들을 재정리하는 것이 필요하다.

5) 슈퍼비전

슈퍼비전의 궁극적 목적은 효과적이고 효율적인 사회복지서비스의 제공이다(kadushin & Harkness, 2002 : 2; 양옥경 외, 2010 재인용). 이러한 목적을 달성하기 위해서는 사회복지서비스를 제공하는 사회복지사의 변화와 성장이 반드시 필요하다. Barker(1995)는 슈퍼비전을 사회복지기관에서 사회복지사들의 기술을 더욱 발전시키고 세련되게 하기 위해서, 그리고 클라이언트에게 질적으로 보장된 서비스를 제공하기 위해 광범위하게 사용하는 행정적이고 교육적인 과정이라고 정의하였다(조휘일, 2004 재인용). 김융일과 양옥경(2002)은 기존 연구자들의 의견을 종합하여 슈퍼비전에 대한 정의를 내렸는데, 사회복지 슈퍼비전이란 '중간관리자인 슈퍼바이저의 스타일과 일선실천가인 슈퍼바이지의 반응 간의 위계적이면서 긍정적인 슈퍼비전 관계 속에서, 특정 세팅이나 상황의 고유한 특성을 고려하면서 그 세팅의 정책과 절차에 따라 클라이언트에게 질적·양적으로 최선의 서비스를 제공할 목적으로 실행되는 것이다. 내용과 구조, 과정 측면에서 슈퍼비전은 행정적, 교육적, 지지적 기능들과 이들 기능별 고유역할과 과제 및 활동들을 슈퍼비전 관련 윤리강령에 입각하여 다양한 내용과 구조 및 시간 적용을 통해 수행함으로써 슈퍼바이저가 슈퍼바이지의 업무수행을 지시하고 조정하며 향상시키고 평가하는 의무적으로 구조화되어 있으며, 정규적이고 일관성이 있으며 사례 중심적이지만 클라이언트에 대해서는 간접적인 전문적인 서비스이다.'라고 하였다.

무엇보다 기능하는 슈퍼비전을 제공하기 위해서는 슈퍼비전 규정 또는 지침을 마련해야 한다. 규정이나 지침은 시설에서 슈퍼비전 운영에 대한 기본체계를 형성하는 것으로서 시설에서의 슈퍼비전 개념, 대상, 방법, 시기, 슈퍼바이저 자격 등의 내용을 규정한다.

| 표 2-5 | 슈퍼바이저의 이해

〈관련 개념 이해〉

■ 슈퍼바이저(Supervisor)

슈퍼바이저는 사회복지서비스 현장에서 행정적 책임을 지고 지시 · 조정 · 향상 · 평가의 기능을 수행하는 사람으로서 하급자로 하여금 기술을 발전 · 개선할 수 있도록 돕는 자이다. 보통 장애인 생활시설에서는 최소 슈퍼바이저의 자격을 업무관련 전문자격증을 소지하고 시설 경력의 5년 이상된 직원을 슈퍼바이저로 인정하여 운영하고 있다.

■ 슈퍼비전의 유형과 내용

구분		개념
제공 형태	개별	1 : 1로 이루어지는 슈퍼비전 과정. 상급자가 없을 경우 상호 도와주는 경우도 해당
	집단	한 명의 슈퍼바이저와 여러 명의 슈퍼바이지의 형태로 이루어지는 슈퍼비전 과정
제공 내용	행정적	기관의 조직과 정책, 설비 등을 통하여 그 기관의 목표를 효율적으로 달성하기 위한 체계적인 통제, 조정과정
	교육적	직무와 관련된 지식, 기술, 기관의 정책 및 사업을 배울 수 있도록 하는 과정
	지지적	슈퍼바이저와 슈퍼바이지 두 사람이 하나의 체계 안에서 협동하고 열린 마음으로 함께 참여하여 서로 존경하는 양방향형지지(지원)과정. 격려, 인정, 경청 등 정서적으로 지원하고 도움을 주는 역할을 수행할 때 발휘
	평가적	직원과 직무를 보다 심층적으로 파악, 평가하는 과정. 이 과정을 통해 과제발견, 문제해결, 요인파악, 기관방향설정, 직무평가, 인사고과평정, 인력배치 등 가능

6) 복리후생

직원들을 위한 시설차원의 복리후생은 다음의 사항으로 구분하여 운영할 수 있다.

첫째, 규정된 휴가, 병가, 휴직 제도를 제공하는 것으로 이는 근로기준법을 기준으로 이를 준수하고 있는 정도의 휴가 제도를 시설에서 실시하는 것이다. 이에 대한 확인은 시설의 규정 중 복무규정 안에 휴가가 근로기준법을 준수하여야 하며, 실행에 있어서 근태관리가 기록으로 확인이 되는 경우까지를 말한다.

둘째, 직원들을 위한 시설차원의 배려로 운영되는 것으로서 포상제도, 별도의 휴식 공간, 역량개발을 위한 접근 공간, 야간근무자를 위한 별도의 휴식 공간, 특별수당의 지급, 지정 의료기관 등 시설 자체적으로 직원들에게 다양한 혜택을 부여하는 것이다. 이러한 혜택의 부여는 직원들과의 원활한 의사소통 및 고충관리 체계를 활용하여 욕구에 부응하는 것을 제도화함으로써 직원들의 사기진작과 동기부여 및 이용자의 서비스 질 향상에도 효과를 기대할 수 있다. 제도화하는 것은 규정에 명시되어 있어 실제적으로 운영되거나 규정에 없다하더라도 기안서(계획기안과 결과보고기안)를 통해 근거를 확보할 수 있도록 운영한다. 또한 지정 의료기관과 같이 외부자원과의 연계를 통한 복리후생의 경우 협약서(협약내용으로 명시)를 통해 관련 사항의 근거를 확보한다.

셋째, 직원자치 조직 운영의 대표적인 것으로서 직원상조회를 구성하고 운영하는 것이다. 상조회는 직원들 간 경조사를 지원하고 친목을 도모하는 등의 자치조직으로 직원들이 중심이 되어 운영함을 원칙으로 한다. 비공식적으로 운영되기도 하지만 기본적으로는 운영규정을 만들어 공식적으로 운영하는 것이 바람직하다.

2. 직무분류

1) 직무분류의 의의와 목적

(1) 직무분류의 의의

직무분류는 조직 내의 모든 직무를 그 내용과 종류, 기능, 난이도, 중요도, 책임 정도 및 기타 제 특성에 따라 체계화하는 것이며, 동일 또는 유사한 역할을 가진 직무의 집단으로 조직 내의 모든 직무를 수평·수직적으로 분류하는 것이다. 직무분류상의 용어는 요소, 과업, 책무, 직무, 직렬, 직군 등이 있다. 각 용어에 대한 내용과 예는 [그림 2-1]과 같다.

구분	용어	정의 및 특징	예시
추상적	직군 (job family)	업무의 본질적인 특성이나 요구되는 지식, 기술, 행동 등이 동일 계통 직무들의 집합	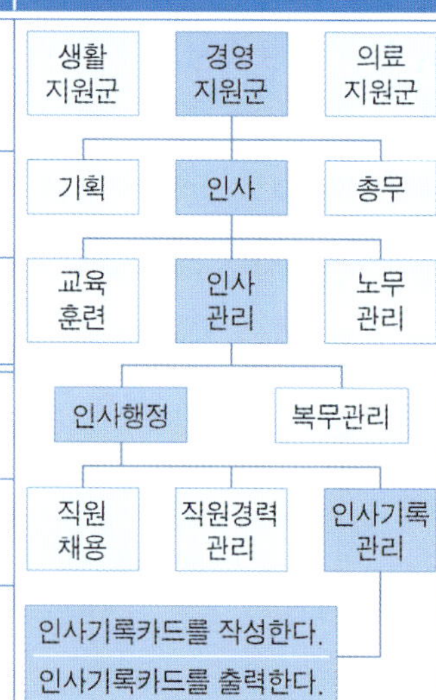
	직렬 (job series)	유사한 직무역량이 요구되고 직무의 종류가 유사한 직무들의 집합	
	직무 (job)	목적이나 수준이 유사한 책무의 집합	
실체적	책무 (duty)	여러 가지 과업의 집합, 특정 개인이 수행하는 여러 과업의 집합	
	과업 (task)	일의 한 단위로 여러 요소들의 의미나 목적을 가지고 모인 직업	
	요소 (element)	가장 최소 단위의 직업으로 더 이상 나누어 질 수 없는 업무의 가장 작은 개념	

Ⅰ 그림 2-1 Ⅰ 직무의 용어이해

(2) 직무분류의 목적

직무분류는 인사관리의 기본자료로 활용함에 목적이 있다. 즉, 직무분류는 인사관리의 기초가 되는 것으로 채용, 승진, 이동, 훈련, 개발, 임금관리, 인사고과 등의 합리화의 바탕이 된다. 직무분류를 통해 인력의 효율적 관리를 위한 기초 확립과 인력의 적재적소 배치를 통한 업무 능률 향상을 도모할 수 있다.

Tip 관련 개념 이해

■ **직무분석이란?**

직무의 기본 요소인 무엇을(what), 왜(why), 어떻게(how), 어디서(where), 누가(who) 그 직무를 수행할 것인가를 명확히 하고, 또 그 직무의 성질을 결정함으로써 합리적인 채용기준을 설정하고, 직원을 적재적소에 배치전환하기 위한 정확한 자료 및 교육훈련의 기초자료를 제공하며, 적정한 임금수준과 직무의 상대적 가치를 결정하는 자료를 제공하는 것이라고 할 수 있다(정수진 · 고종식, 2004b : 125).

■ **직무분석 방법**

직무분석은 과학적이고 객관적으로 직무를 분석하는 것이기 때문에 세심한 관찰과 작업이 요구된다. 직무분석은 관찰법, 체험법, 면접법, 중요사건법, 질문지법, 작업일지법 등 다양한 방법에 의해서 실시되고 있고, 각각의 방법은 조직의 상황에 따라 적용할 수 있다. 장애인생활시설에서 가장 적절한 직무분석 방법으로 제시되었던 방법은 중요사건법으로 이 기법은 직무행동 가운데 보다 중요하고 가치 있는 측면에 대한 정보를 수집하는 것이다. 이는 주로 감독자에 의해 수행되며 먼저 중요사건이 포착되고 전체로서의 직무에 대한 난이도, 빈도, 중요성이나 기여도가 평가된다.

■ **직무기술서**

직무기술서는 직위기술서 또는 직무해설서라고도 하며, 직무분석의 결과에 의하여 작성되는 직무에 대한 설명이다. 직무기술서는 직무표지(직무의 명칭, 부서, 부호 등), 직무개요(직무의 목적, 내용), 직무내용(수행방법, 수행기간, 관계 활동 사항 등), 직무요건(숙련과 기술요건, 노력요건, 책임요건, 인적요건 등) 등 직무전반에 대한 사항이 기술된다. 직무기술서를 구체적으로 작성하면 특정 직무에 결손이 발생할 경우 적격자 선정에 정확한 기준을 제시할 수 있다. 장애인생활시설에서는 직무기술서를 직무분담표로 정리하여 실행되고 있으며 직무분담표에는 위에서 제시한 직무에 대한 구체적 설명이 기술되어 있어야 한다.

2) 직무분류를 위한 직무결정 기준과 절차

(1) 직무결정 기준

직무를 결정함에 있어서 현 직무에서 수행되고 있는 일이 분업에 의해 어떻게 할당되고 있는가를 기초로 하여 몇 개의 개인별 업무를 묶어서 직무로 할 것인가를 결정해야 한다. 일반적 기준과 부차적으로 고려해야 할 사항이 있다. 자세한 내용은 아래 표와 같다.

| 표 2-6 | 직무단위 결정의 기본 요건

	기준 및 고려사항	관점
일반적 기준	1. 업무수행이 대부분 같을 것	직무에서 수행되는 일의 종류와 일의 범위는 같은가?
	2. 직무수행에 요구되는 능력, 기능에 커다란 차이가 없을 것	그 직위의 일을 수행함에 필요한 경험, 지식, 기술 등의 종류와 정도가 같은가?
	3. 그 직무에 기대되는 것 (직무의 요구수준, 책임이 거의 없을 것)	그 직위에 맡겨진 책임의 정도는 같은가?
부차적 고려 사항	1. 관리차원에 부응한 인사관리단위로서의 적정성	인사관리 단위로서 적정한가?
	2. 기능 및 업무중심의 직무표준화	기능 및 업무중심으로 직무를 표준화하였는가?
	3. 직무의 안정성	직무가 조직변화에 얼마나 영향 받는가?
	4. 직무 간의 실제적 구분가능성	직무 간 명확한 구분이 이루어지는가?
	5. 직무내용의 성격에 대한 명백성	직무내용의 성격을 가능한 한 명백히 표시하였는가?
	6. 타 직무와의 구별 가능성	타 직무와 얼마나 명확하게 구분되는가?
	7. 조직의 관행	조직만의 독특한 특성(조직문화)을 반영하였는가?
	8. 노동시장의 고려	

(2) 직무결정 절차

직무분류를 진행하기 위해 [그림 2-2]와 같이 직무결정 절차에 따라 직무를 결정해야 한다. 직무는 업무 메뉴얼과 업무 분장표를 활용하여 부서별 업무파악에서 업무분류, 대표업무선정, 직무확정의 절차를 거친다.

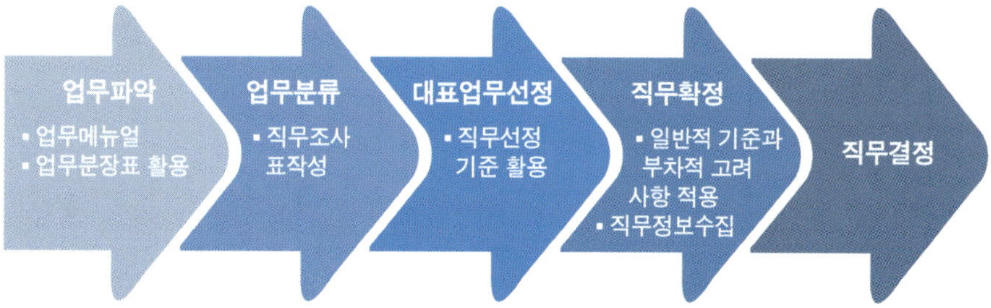

| 그림 2-2 | 직무결정 절차

(3) 직무분류 체계 및 직무분류표

직무분류의 절차에 있어서 우선적으로 직무를 결정하였다면, 직군, 직렬, 직무로 직무분류체계를 설정해야 한다. 직무분류표는 여러 직무의 권한과 책임, 업무수행 등의 특성에 따라 분류한 것을 기록한 문서를 말한다. 직류분류표는 각 직무의 주제를 정하고, 특성에 따라 분류하여 작성한다.

Tip 직무분석절차

정보수집 → 분석대상 직위의 설정 → 직무정보 수집 → 직무정보의 분석 → 직무기술서 작성 → 직무명세서 작성

■ **직무정보 수집방법**

- 면접법(interview) : 직무담당자와 직접 만나 대화하면서 그의 직무에 관한 정보를 파악하는 방법

- 질문지법(questionnaires) : 표준화되어 있는 일정한 양식에 조사 대상자가 직접직무와 관련된 내용을 기재토록 하는 방법
- 관찰법(observation) : 직무분석자가 분석 대상자를 집중적으로 관찰하는 방법
- 진술서작성법(written narratives) : 수행하는 업무 내용을 구체적으로 기재하게 한 후 그 기록을 보고 직무분석에 필요한 정보와 자료를 수집하는 방법

3) 직무분류의 결과물

(1) 업무 분장표

직무는 부서의 특성이나 개인의 직위 및 직책에 따라 분담하게 된다. 업무분장표는 분담하게 되는 업무의 내용을 기록한 것이다. 업무분장표에는 직무분류표를 토대로 직군과 직무, 과업내용이 중점적으로 표시되며 실행시간과 주기, 책임권한 등이 추가적으로 표시되기도 한다. 업무 분장표는 업무를 효율적으로 처리하는 것에 목적이 있다.

(2) 조직도

기관의 조직구조를 도식화하여 기록한 서식을 조직도라고 한다. 구조나 조직에 따라 나눌 수 있다.

(3) 직제

직제는 기관의 기구・구성원・업무분담・직위 등에 관한 제도를 뜻한다. 이는 조직에 이사, 임원, 중간관리자 등의 직급이나 승진기준 같은 것을 제도화시켜 놓은 것이다. 기관은 주어진 업무환경에 따라 여러 가지 형태로 직제를 구성할 수 있다. 이를 직제의 분화라고 한다. 직제의 크기와 형태는 기관의 규모에 따라 달라진다.

| 표 2-7 | 팀별 업무분장 예시

팀명	구분	담당업무
총괄	관장	기관운영 총괄
	사무국장	복지관 운영 및 사업 총괄관리 / 슈퍼비전
권익옹호 사례지원팀	팀장	복지관 사례관리 총괄
	사회복지사	접수 및 상담
	사회복지사	이용자 인권, 찾아가는 사례관리 담당
생태지향 재활지원팀	팀장	재활지원 사업총괄 / 상담지도사업 / 특수교육
	물리치료사	성인·소아물리치료 / 찾아가는 운동지원사업
	언어치료사	언어활동지원
	음악치료사	음악활동지원
	미술치료사	미술활동지원
	심리치료사	심리활동지원
통합지향 네트워크팀	팀장	업무 총괄 / 재가장애인지원 사업 / 지역사회네트워크사업
	사회복지사	기획 및 홍보 / 실습, 지역사회 네트워크
	사회복지사	자립생활지원(재가장애인지원)
	사회복지사	문화지원활동
	사회복지사	사회적자본 개발(후원)
	사회복지사	장애인식개선 사업
미래설계 직업지원팀	팀장	직업지원팀 사업 총괄 / 직업평가(도구평가)
	사회복지사	직업상담 / 취업지원서비스 / 하청작업 관리 / ○○장애인복지관 직업적응훈련생 연합캠프
	직업재활사	• 사례관리(사례회의, 서비스 의뢰) • 작업실 운영 및 관리 / 직업적응훈련
	정보화교사	직업훈련과정 운영 및 관리, 현장 체험
고객감동 운영지원팀	팀장	복지관 예산계획 수립 및 통제 총괄 / 직원역량강화
	회계 및 서무	예산지출관리 / 금융업무(통장 입출금) / 근태관리 / 비품
	시설관리	전기, 배선, 보일러, 배관 등 관리일체
	운전원	버스운행 / 차량관리
	조리사	• 월별식단편성 및 식당관리 등 조리업무 전반 • 환경미화 지원

3. 인력계획

인사관리에서 인력계획(Manpower planning)은 중요한 개념이다. 왜냐하면, 사회복지행정실무는 전문인력이 업무를 수행하기 때문이다. 문서가 업무의 시작과 끝이라 한다면, 이러한 문서에 대한 실행과 집행에 대한 권한은 전문인력이 책임지기 마련이다.

기관은 조직목표를 수립하고, 세부과업들을 수행함으로 최종적으로 조직목표를 달성한다. 이러한 세부과업수행에 필요한 인력을 확보하는 것은 매우 중요하다. 인력계획이란 "현재 및 장래의 각 시점에서 기관이 필요로 하는 특성(자격, 경력 등)을 지닌 인원의 수를 예측하고, 사내·외에서 공급 가능한 인력을 고려하여 인력의 수급을 조정하는 활동"이다(정종태, 2013 : 206).

인적자원계획을 좁은 의미에서 정리하면 인력계획 중 인적자원의 수요와 공급에 관한 계획으로 정리할 수 있다. 즉, 좁은 의미의 인적자원계획은 인력계획의 의미로 취급되는 것이 일반적이다. 그러나 인적자원계획을 광의의 의미에서 정리한다면, 인력계획은 "필요로 하는 인력의 수요추정과 확보, 그리고 유지개발에 관한 일련의 계획과정"을 다루는 것(최병우·이건웅, 2006 : 77)으로 광의의 인적자원계획의 하위분류에 포함되는 요소이다.

1) 직원선발 및 배치

(1) 직원모집

직원모집은 시설에서 필요한 인력을 채용하는 일련의 과정이다. 이러한 일련의 과정에서 잠재적으로 필요 인력을 파악한다. 즉, 인력을 선발하기 위한 과정에서 잠재적인 인력들의 지원을 유도하기 위해 기관에 대한 정보를 충분히 제공하는 활동이라고 할 수 있다.

| 표 2-8 | 직원채용 계획 안내문 예시

채용방법	공개 모집
공고방법	• ○○구청 홈페이지 및 복지관 홈페이지, 법인 홈페이지 • 한국사회복지사협회 구인사이트(www.welfare.net) • 복지넷 구인사이트(www.bokji.net) • 아이소리(www.isori.net), 언어치료사, 작업치료사협회, 심리치료사협회 • 물리치료사회(www.kspta.or.kr), 영양사협회, 조리사 및 기능직 • 기타 관련 단체 및 학교 공문발송 및 홈페이지 공고
공고기간	15일간(사회복지시설 공통업무지침 기준)
전형방법	• 1차 서류심사 : 직무명세서를 작성하여 적합한 대상자를 1차 선발 • 2차 필기시험 및 성격유형검사 : 관련 능력에 대한 필기시험 및 성격유형에 대한 검사를 통해 기본적인 자질과 성격유형파악 • 3차 면접(집단 및 개별 면접) : 대기업 직원선발 방법 적용, 면접대상자들이 서로에게 질문하고 대답하며, 질문자가 다시 정리하여 발표하는 방식을 적용하며 이후 개별 심층면접으로 전문성과 인성 및 헌신도를 파악하여 최적의 직원을 선발

① 인사 방침

인사 방침은 인력 관리와 인력 충원에 대한 의사결정이다. 사회복지기관에 적용하였을 때 「사회복지사업법」과 개별법령, 법인의 운영규정 및 인사규정, 기관 운영규정 및 취업 규칙 등이 인사 방침에 포함된다. 이러한 인사 방침에는 내부 또는 외부 인력 채용, 급여수준, 근로계약체결, 근태관리 등의 내용이 포함되어 있다.

| 표 2-9 | 직원채용관련 자격기준 제시 예시(장애인복지법 시행규칙 제42조)

구 분	자 격 기 준
관장	① 6급 이상의 공무원으로 5년 이상 재직한 경력이 있는 자 ② 사회복지사 · 특수학교교사 · 치료사 등 장애인재활 관련 자격증을 취득한 후 해당 분야에서 8년 이상 근무한 경력이 있는 자 ③ 고등교육법에 따른 대학을 졸업한 후 장애인복지 분야에서 10년 이상 근무한 경력이 있는 자

구 분	자 격 기 준
	④ 장애인복지 분야 박사학위 취득자 또는 대학에서 전임강사 이상으로 2년 이상 재직한 경력이 있는 자 ⑤ 그 밖에 위와 동등 이상의 자격이 있다고 「사회복지사업법」 제36조에 따른 운영위원회(이하 "운영위원회"라 한다)에서 인정한 자
사무국장	① 7급 이상의 공무원으로 5년 이상 재직한 경력이 있는 자 ② 사회복지사 · 특수학교교사 · 치료사 등 장애인재활 관련 자격증을 취득한 후 해당 분야에서 6년 이상 근무한 경력이 있는 자 ③ 「고등교육법」에 따른 대학을 졸업한 후 장애인복지 분야에 8년 이상 종사한 경력이 있는 자 ④ 그 밖에 위와 동등 이상의 자격이 있다고 운영위원회에서 인정한 자
1급	① 7급 이상의 공무원으로 사회복지 분야에 3년 이상 재직한 경력이 있는 자 ② 사회복지사 · 특수학교교사 · 치료사 등 장애인재활 관련 자격증을 취득한 후 장애인복지 분야에 4년 이상 종사한 경력이 있는 자 ③ 고등교육법에 따른 대학을 졸업한 후 장애인복지 분야에 6년 이상 종사한 경력이 있는 자 ④ 그 밖에 위와 동등 이상의 자격이 있다고 운영위원회에서 인정한 자
2급	① 8급 이상의 공무원으로 사회복지 분야에 3년 이상 재직한 경력이 있는 자 ② 사회복지사 · 특수학교교사 · 치료사 등 장애인재활 관련 자격증을 취득한 후 해당 분야에서 3년 이상 근무한 경력이 있는 자 ③ 「고등교육법」에 따른 대학을 졸업한 후 장애인복지 분야에 4년 이상 종사한 경력이 있는 자 ④ 그 밖에 위와 동등 이상의 자격이 있다고 운영위원회에서 인정한 자
3급	① 8급 이상의 공무원으로 사회복지 분야에 1년 이상 재직한 경력이 있는 자 ② 사회복지사 · 특수학교교사 · 치료사 등 장애인재활 관련 자격증을 취득한 후 해당 분야에서 2년 이상 근무한 경력이 있는 자 ③ 「고등교육법」에 따른 대학을 졸업한 후 장애인복지 분야에 3년 이상 종사한 경력이 있는 자 ④ 그 밖에 위와 동등 이상의 자격이 있다고 운영위원회에서 인정한 자
4급	① 9급 이상의 공무원으로 사회복지 분야에 3년 이상 재직한 경력이 있는 자 ② 사회복지사 · 특수학교교사 · 치료사 등 장애인재활 관련 자격증을 소지한 자 ③ 「고등교육법」에 따른 대학을 졸업한 후 장애인복지 분야에 2년 이상 종사한 경력이 있는 자 ④ 그 밖에 위와 동등한 자격이 있다고 운영위원회에서 인정한 자
5급	「초 · 중등교육법」에 따른 고등학교를 졸업하였거나 이와 동등 이상의 학력이 있는 자
기능직	운전 · 타자 · 열관리 및 전산 등 해당 기능 분야의 면허 또는 자격증을 소지한 자
고용직	청소 · 취사 및 세탁 등 해당 업무 수행이 가능하다고 인정되는 자

② 채용 대상 출처

채용대상 출처는 조직이 지원자들을 모집하는 경로를 말한다. 사내(내부)공급과 사외(외부)공급으로 구분할 수 있다. 이에 대한 내용은 〈표 2-10〉과 같다. 사내(내부)공급과 사외(외부)공급은 장·단점이 있으며, 두 가지 방법 중 어떠한 것이 유리한가에 대한 명확한 계산법은 없다. 그러나 일반적인 모집의 과정에서는 인력수급에 문제가 발생하였을 경우 내부의 기존 인력으로부터 충원하되, 적임자가 없을 경우나 새로운 기술이나 아이디어를 필요로 할 때 외부로부터 인력을 충원하려고 한다. 두 가지 방법의 장·단점은 〈표 2-11〉과 같다. 아래 내용을 참조하여 기관 상황에 적합한 방법을 선택할 수 있다.

| 표 2-10 | 사내공급 사외공급

구분	내용
사내(내부)공급	조직 내부의 기존 인력을 대상으로 모집 모집방법 : 사내 게시판, 출판물 등을 통해 모집 혹은 관리자들의 추천(지인추천)
사외(외부)공급	조직 외부의 인력을 대상으로 모집 모집방법 : 직접 지원과 추천, 광고, 고용 대행사, 학교 및 웹 등

③ 채용담당자의 특성 및 행동

채용담당자의 성격이나 행동방식은 모집의 성과에 영향을 미치는 요인이다. 지원자들은 다정하고, 직무에 대한 정보를 많이 가지고 있는 채용담당자를 선호한다. 또한, 우수한 지원자를 확보하기 위해서 채용담당자는 지원자들에게 직무에 대한 정확한 정보를 제공해야 한다. 정확한 정보제공은 직무에 대한 긍정적인 측면과 부정적인 측면을 반영하여야 한다. 따라서 기관은 모집과정에 있어서 적합한 채용담당자 배치 및 훈련이 필요하다.

| 표 2-11 | 사내공급과 사외공급의 장 · 단점

구분	사내(내부) 공급	사외(외부) 공급
장점	• 능력이 충분히 검증된 사람을 채용 • 재직자의 개발동기를 부여하고 장기근속의 유인을 제공 • 훈련과 사회화 시간의 단축 • 신속한 충원과 충원비용의 절감 • 성장정체기의 내부충원은 재직자의 직장안전을 제공함	• 새로운 아이디어와 견해가 유입 • 급성장기의 인력수료를 충족시킴 • 경력자의 채용 시 훈련비용 절감 • 기업의 급격한 전환기에는 외부충원이 효과적일 수 있음(특히 최고경영자)
단점	• 조직 내부의 정치와 관료제로 인해서 비효율적이 될 수 있음 • 고용평등법을 충족시키지 못할 위험	• 시간비용 및 충원비용 소요 • 선발점수와 입사 후 성과 간의 불일치 가능성 • 재직자의 사기 저하의 위험

출처: 정종태(2013).

(2) 직원선발

모집과정을 통해 지원자를 확보하고 그 중에서 기관에 적합한 인력을 선발하게 된다. 선발과정 및 세부내용은 [그림 2-3]과 〈표 2-12〉와 같다.

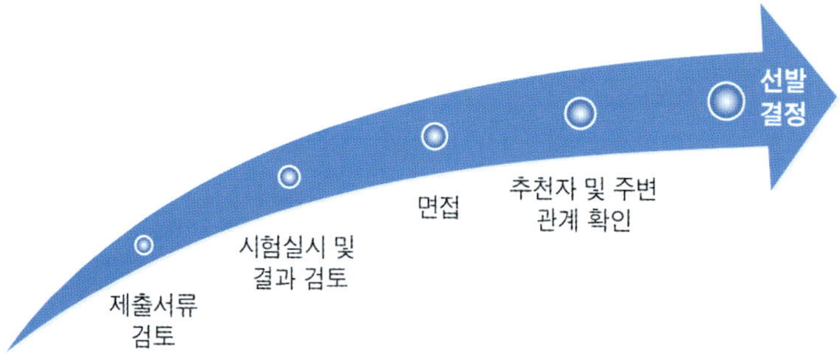

| 그림 2-3 | 선발과정

| 표 2-12 | 선발과정 세부내용

구분	내용
제출서류검토	지원자가 제출한 응시원서, 이력서, 자기소개서 등 제출서류 검토
시험실시 및 결과검토	• 기본 요건을 갖춘 후보자를 대상으로 시험실시 및 작업 샘플 분석 • 기관에 따라 별도의 시험 없이 제출된 서류를 토대로 서류심사가 이루어지기도 함
면접	• 우수한 후보자들을 대상으로 면접 실시 • 관리자, 인사위원회, 인사담당 부서의 구성원이 면접원으로 참가하여 가장 우수한 후보자에 대한 의견 취합
추천자 및 주변관계 확인	소수의 후보자를 대상으로 추천서를 확인하고 주변 관계에 대한 정보를 검토하여 제출된 서류에 기재된 내용에 대한 진위 여부를 판단
선발결정	최종후보자 선발 및 회사가 고려하고 있는 급여 및 복리후생과 같은 보수 조건에 대한 협상이 이루어짐

출처: 최승준 외, 2007 내용을 토대로 재구성.

| 표 2-13 | 직업명세서 예시

■ 직업분류

직업명	상담가	현장직업명	사회복지사, 초기상담가
자격명	사회복지사		

■ 직무수행에 필요한 조건

최소교육정도	4년제 대학	최소교육훈련기관	4년제 대학
최소적정연령	24세	최소교육훈련기간	4년
견습기간	1~2년	기타관련자격	컴퓨터 활용능력, 가계도, 생태도, 소시오그램 등 사정에 유용한 도구 활용 능력
직업적성	• 이용자에 대한 특성을 파악하고, 라포 형성을 통한 관계수립, 이용자의 욕구 파악을 위한 정보수집 능력과 분석력이 요구 • 다양한 문제를 가지고 있는 이용자에게 상담을 하기 위하여 여러 문제에 대한 정확한 정보를 습득할 수 있는 능력 • 다양한 평가 도구를 사용할 수 있는 능력 • 이용자가 편안하게 상담을 받을 수 있도록 해야 하므로 상담에 대한 불안을 감소시킬 수 있는 대인관계능력 • 상담 내용에 대한 상호 믿음과 존중을 고양할 수 있는 신뢰성		

■ 직업기초능력

의사소통능력	• 상담 시 다양한 장애의 특성을 고려하여 의사소통할 수 있어야 하며, 특히 이용자의 언어적 메시지뿐 아니라 비언어적 메시지도 관찰할 수 있는 능력이 필요 • 재활계획에 따른 합의과정에서 이용자에게 효과적으로 설명할 수 있는 의사 전달력이 필요
기술능력	가계도, 생태도, 소시오그램 등 사정에 유용한 도구를 활용할 수 있는 능력이 필요
문제해결능력	상담 시 발생되는 이용자와의 각종 갈등요인을 해소할 수 있고, 또한 타 전문가와의 재활계획 시 발생되는 갈등요인을 해소할 수 있는 능력
자기관리 및 개발능력	상담업무와 관련된 새로운 지식이나 이론을 습득하고 개발하여 실무에 반영할 수 있는 능력

출처: 2007 장애인복지관 사회복지사 직무분석을 위한 연구, 한국장애인복지관협회.

(3) 직원배치

선발과정을 통해 최종적인 선발이 이루어지면, 신규 채용된 직원을 적합한 직무에 배치시키는 활동이 이루어진다. 배치활동은 직무를 고려한 적정한 배치를 원칙으로 한다. 적정배치란 "적정직무에 적정자질을 가진 직원을 배치하여 조직의 성과를 향상시키고자 하는 활동"으로 이해할 수 있다(최병우 · 이건웅, 2006 : 152).

| 표 2-14 | 직원배치과정에서의 고려사항

구분	내용
고려사항 1	직무를 가장 적절하게 수행할 수 있는 사람과 가장 잘 수행할 수 있는 직무가 일치하도록 한다.
고려사항 2	능력주의에 근거하여 배치한다.
고려사항 3	향후 인재를 육성할 수 있도록 배치한다.
고려사항 4	조직과 개인이 어느 한쪽이 손해를 당하지 않도록 균형을 이룬다.

출처: 최병우 · 이건웅(2006). p.152 내용을 토대로 재구성.

Chapter 03

문서작성

사회복지행정실무는 문서로 시작해서 문서로 끝난다고 말해도 과언이 아니다. 따라서 문서에 대한 기본개념에 대하여 충분한 학습이 요구된다.

1. 문서의 개념

「행정 효율과 협업에 협업 촉진에 관한 규정」 제3조 제1호에는 "공문서"란 행정기관에서 공무상 작성하거나 시행하는 문서(도면·사진·디스크·테이프·필름·슬라이드·전자문서 등의 특수매체기록을 포함한다. 이하 같다)와 행정기관이 접수한 모든 문서를 말한다. 즉, 문서라 함은 행정기관 또는 공무원이 직무상 작성하고 처리한 문서를 말하는 것이다.

각급 행정기관의 의사표시는 공문서로 나타나며, 다양한 행정활동 과정에서 생산된다. 따라서 행정기관의 행정활동 과정에서 생산되는 공문서가 유효하게 성립되기 위해서는 일반적인 요건이 있다.

① 당해 기관의 의사표시가 명확하게 표시될 것
② 위법·부당하거나 시행 불가능한 사항이 없을 것
③ 당해 기관의 권한 내의 사항 중에서 작성될 것
④ 법령에 규정된 절차에 따라 형식이 작성될 것

2. 문서의 필요성

"모든 행정사무는 문서에서 시작하여 문서로 끝난다."고 할 수 있다. 사회복지현장도 마찬가지로 대부분 문서로 업무가 시작된다. 문서는 행정 과정을 수행하는 과정에서 매우 필수적인 요소이다. 문서의 주요 기능은 의사전달과 의사보존이며, 업무과정에서 내용이 복잡해서 문서가 없이는 업무의 처리가 어렵거나, 사무처리 과정에서 결과에 대한 증빙자료가 필요할 때나 의사소통이 대화만으로 곤란할 때 등이 필요하다.

3. 문서처리의 원칙

사회복지현장에서 문서를 작성하고 처리하는 데 있어 주요한 원칙들이 있다. 이러한 원칙아래 통상 문서가 처리된다. 문서관리를 위한 문서처리의 원칙으로는 즉일처리의 원칙, 책임처리의 원칙, 적법성의 원칙, 표준화 및 간소화의 원칙 등을 들 수 있다.

1) 즉일처리의 원칙

문서는 내용 및 성질에 따라 그 처리기간이나 방법이 다를 수 있으나 효율적으로 업무를 수행하기 위하여 그날로 처리하는 것이 바람직하다. 효율적인 업무수행을 위해서는 즉시 또는 당일에 처리하는 것을 원칙으로 한다. 문서의 내용에 따라 처리기간이 달라질 수 있지만 효율적 업무수행을 위해서는 당일 발생한 업무에 대해서는 그날 즉시 처리하는 것이 바람직하다고 하겠다.

2) 책임처리의 원칙

문서는 정해진 사무분장에 따라 각자가 직무의 범위 내에서 책임을 가지고 관계 규정에 따라 신속, 정확하게 처리해야 한다. 문서처리에서 담당자는 직무의 범위 안에서 책임을 지고 신속하게 업무를 처리하여야 한다. 문서처리는 기관의 결재절차에 맞춰 정확하게 이뤄져야 한다. 이때 타부서와의 관계성을 비롯하여 필요한 조치를 취해야 한다.

3) 적법성의 원칙

문서는 법령의 규정에 따라 일정한 형식 및 요건을 갖추어야 함은 물론 권한 있는 자에 의하여 작성, 처리되어야 한다. 문서는 일정한 형식과 요건을 갖추게 마련이다. 따라서 기관의 문서관리 규정에 의거하여 적법하게 처리하는 것을 원칙으로 한다. 이러한 요건은 문서로서의 제 기능을 갖추고 합법성을 가질 수 있다.

4) 표준화 원칙

문서를 기안(품의), 시행, 접수, 회람(공람), 편철, 보관함에 있어 표준화된 방법과 절차에 따라 관리되어야 한다.

5) 간소화의 원칙

가능한 사무처리의 절차나 방법 등을 간결하고 요약된 합리적인 것을 만들고자 하는 원칙이다.

6) 행정계통 처리의 원칙

사회복지현장은 기관의 상하 지휘계층에 따라 문서를 처리한다. 이는 문서처리에 있어 기본적인 내용이다. 이는 쉽게 말해 문서처리에 대한 단계 혹은 절차가 있다는 뜻으로 그 일련의 과정을 지키는 것이 중요하다.

4. 문서의 종류

1) 내부 및 대외문서

(1) 내부결재 문서

내부결재 문서는 사회복지기관에서 사업을 기획, 조직관리 등의 계획을 수립하는 것 등을 검토하고 결재 받기 위하여 작성하는 문서를 말한다. 내부적으로 결재이며, 기관의 내부에서 상호간 협조를 하거나 보고 또는 통지를 위하여 수발하는 모든 문서를 말한다. 내부결재 문서는 대내문서와 유사한 개념을 갖고 있다.

(2) 대외문서

내부문서가 기관에서 이뤄지고 내부 구성원들과의 정보교류와 이에 대한 결재를 받기 위한 문서라고 한다면, 대외문서는 다른 기관과의 업무교류, 사업 및 지침 등을 안내하는 문서를 말한다.

2) 문서의 성질에 의한 분류

행정 효율과 협업 촉진에 관한 규정에 의하면, 공문서의 종류는 여섯 가지로 나뉜다. 여기서는 사회복지시설에서 주로 활용되는 세 가지 문서의 성질에 대해서만 알아보기로 한다.

(1) 지시문서

행정기관이 하급기관 또는 소속공무원에 대하여 일정한 사항을 지시하는 문서로서 훈령 · 지시 · 예규 및 명령 등을 말한다. 지시문서는 행정법에서는 행정규칙 또는 행정명령이란 용어로 사용하고 있다. 사회복지시설은 주로 행정문서를 받는 역할을 하며, 간혹 관공서에서 문서가 송부되는데 이는 지시문서라고 불린다.

(2) 공고문서

일정한 사항을 구성원에게 알리기 위한 문서로서 행정기관에서는 고시·공고 등이 이에 해당된다. 사회복지시설에서는 내부에서 이뤄진 의사결정을 기관에 고시할 때 사용되는데 이를 공고문서라고 한다.

(3) 비치문서

사회복지시설에서 일정한 사항을 기록하여 기관 내부에 비치하면서 업무에 활용하는 비치대장·비치카드 등의 문서를 말한다. 기관에서 사용되는 대부분의 문서는 비치문서의 성질을 갖고 있다.

참고

용어의 정의(행정 효율과 협업 촉진에 관한 규정 1장 제3조)

1. "공문서"란 행정기관에서 공무상 작성하거나 시행하는 문서(도면·사진·디스크·테이프·필름·슬라이드·전자문서 등의 특수매체기록을 포함한다. 이하 같다)와 행정기관이 접수한 모든 문서를 말한다.

2. "전자문서"란 컴퓨터 등 정보처리능력을 가진 장치에 의하여 전자적인 형태로 작성되거나 송신·수신 또는 저장된 문서를 말한다.

3. "문서과"란 행정기관 내의 공문서를 분류·배부·보존하는 업무를 수행하거나 수신·발신하는 업무를 지원하는 등 문서에 관한 업무를 주관하는 과(課)·담당관 등을 말한다.

4. "처리과"란 업무처리를 주관하는 과·담당관 등을 말한다.

5. "서명"이란 기안자·검토자·협조자·결재권자[제10조에 따라 결재, 위임전결 또는 대결(代決)하는 자를 말한다. 이하 같다] 또는 발신명의인이 공문서(전자문서는 제외한다)에 자필로 자기의 성명을 다른 사람이 알아볼 수 있도록 한글로 표시하는 것을 말한다.

6. "전자이미지서명"이란 기안자 · 검토자 · 협조자 · 결재권자 또는 발신명의인이 전자문서상에 전자적인 이미지 형태로 된 자기의 성명을 표시하는 것을 말한다.

7. "전자문자서명"이란 기안자 · 검토자 · 협조자 · 결재권자 또는 발신명의인이 전자문서상에 자동 생성된 자기의 성명을 전자적인 문자 형태로 표시하는 것을 말한다.

8. "행정전자서명"이란 기안자 · 검토자 · 협조자 · 결재권자 또는 발신명의인의 신원과 전자문서의 변경 여부를 확인할 수 있도록 그 전자문서에 첨부되거나 결합된 전자적 형태의 정보로서 「전자정부법 시행령」 제29조에 따른 인증기관으로부터 인증을 받은 것을 말한다.

9. "전자이미지관인"이란 관인의 인영(印影)을 컴퓨터 등 정보처리능력을 가진 장치에 전자적인 이미지 형태로 입력하여 사용하는 관인을 말한다.

10. "전자문서시스템"이란 문서의 기안 · 검토 · 협조 · 결재 · 등록 · 시행 · 분류 · 편철 · 보관 · 보존 · 이관 · 접수 · 배부 · 공람 · 검색 · 활용 등 모든 처리절차가 전자적으로 처리되는 시스템을 말한다.

11. "업무관리시스템"이란 행정기관이 업무처리의 모든 과정을 제22조 제1항에 따른 과제관리카드 및 문서관리카드 등을 이용하여 전자적으로 관리하는 시스템을 말한다.

12. "행정정보시스템"이란 행정기관이 행정정보를 생산 · 수집 · 가공 · 저장 · 검색 · 제공 · 송신 · 수신하고 활용할 수 있도록 하드웨어 · 소프트웨어 · 데이터베이스 등을 통합한 시스템을 말한다.

13. "정보통신망"이란 「전기통신사업법」 제2조 제2호에 따른 전기통신설비를 활용하거나 전기통신설비와 컴퓨터 및 컴퓨터의 이용기술을 활용하여 정보를 수집 · 가공 · 저장 · 검색 · 송신 또는 수신하는 정보통신체제를 말한다.

14. "정책실명제"란 정책의 투명성과 책임성을 높이기 위하여 행정기관에서 소관 업무와 관련하여 수립 · 시행하는 주요 정책의 결정 및 집행 과정에 참여하는 관련자의 실명과 의견을 기록 · 관리하는 제도를 말한다.

5. 문서의 성립과 효력

1) 문서의 성립시기

문서는 결재권자가 해당 문서에 서명(전자이미지서명, 전자문자서명 및 행정전자서명을 포함한다. 이하 같다)의 방식으로 결재함으로써 성립한다. 문서는 수신자에게 도달(전자문서의 경우는 수신자가 관리하거나 지정한 전자적 시스템 등에 입력되는 것을 말한다)됨으로써 효력을 발생한다. 다만, 앞서 제시한 내용에도 불구하고 공고문서는 그 문서에서 효력발생 시기를 구체적으로 밝히고 있지 않으면, 그 고시 또는 공고 등이 있은 날부터 5일이 경과한 때에 효력이 발생한다.

2) 효력발생시기

① 일반문서 : 수신자에게 도달된 때에 효력이 발생한다.

② 공고문서 : 고시 또는 공고가 있은 후 5일이 경과한 날에 효력이 발생한다. 다만, 효력발생 시기가 법령에 규정되어 있거나, 공고문서에 특별히 명시되어 있는 경우는 그에 의한다.

③ 전자문서 : 수신자의 컴퓨터파일에 기록된 때에 효력이 발생한다.

6. 공문서 작성법

1) 작성 원칙

① 문서는 「국어기본법」에 따른 어문규범에 맞게 한글로 작성하되, 뜻을 정확

하게 전달하기 위하여 필요한 경우에는 괄호 안에 한자나 그 밖의 외국어를 함께 적을 수 있으며, 특별한 사유가 없으면 가로로 쓴다.

② 문서의 내용은 간결하고 명확하게 표현하고 일반화되지 않은 약어와 전문용어 등의 사용을 피하여 이해하기 쉽게 작성하여야 한다.

③ 문서에는 음성정보나 영상정보 등이 수록되거나 연계된 바코드 등을 표기할 수 있다.

④ 문서에 쓰는 숫자는 특별한 사유가 없으면 아라비아 숫자를 쓴다.

⑤ 문서에 쓰는 날짜는 숫자로 표기하되, 연 · 월 · 일의 글자는 생략하고 그 자리에 온점을 찍어 표시하며, 시 · 분은 24시각제에 따라 숫자로 표기하되, 시 · 분의 글자는 생략하고 그 사이에 쌍점을 찍어 구분한다. 다만, 특별한 사유가 있으면 다른 방법으로 표시할 수 있다.

⑥ 문서 작성에 사용하는 용지는 특별한 사유가 없으면 가로 210밀리미터, 세로 297밀리미터의 직사각형 용지로 한다.

2) 작성 방법

(1) 글자

문서는 「국어기본법」 규정에 의한 어문 규칙에 맞게 한글로 쉽고 간명하게 작성한다. 그리고 뜻을 정확하게 전달하기 위하여 필요한 경우 괄호 안에 한자 이외의 외국어를 넣어 쓸 수 있으며, 특별한 사유가 없으면 가로로 쓴다.

(2) 숫자

문서의 숫자는 아라비아 숫자를 쓰는 것을 원칙으로 한다. 그러나 수를 세는 단위와 함께 쓰는 간단한 숫자와 순서를 나타내는 경우에는 한글로 쓰는 것도 무방하다.

〈예시〉 한 개, 두 개, …… , 열 마리, 백 권, 첫째, 둘째, …….

(3) 날짜

문서에 쓰는 날짜의 표기는 숫자를 쓰는 것을 원칙으로 하되, 년·월·일의 글자는 생략하고 그 자리에 마침표를 찍어 표시한다.

〈예시〉 2013년 5월 31일 → 2013. 5. 31.

(4) 시간

문서에서 시간을 표시할때는 시·분의 표시를 24시간제에 따라 숫자로 표시하되, 시·분의 글자는 생략하고 그 자리에 쌍점(:)을 찍어 구분한다.

〈예시〉 오후 2시 40분 → 14 : 40

〈예시〉 오전 10시 10분 → 10 : 10

(5) 금액

문서에 금액을 표시하는 때에는 아라비아 숫자로 쓰며, 숫자 다음에 괄호를 하고 한글로 기재한다.

〈예시〉 금15,790원(금일만오천칠백구십원)

※ 다른 법령에 표시방법이 따로 있는 경우 그 법령에 따름

※ 항목의 구분

가. 항목구분

기관에서 작성한 문서 중에서 그 내용을 둘 이상의 항목으로 구분하여 작성하고자 할 때에는 다음과 같이 나누어 표시한다.

구분	항목부호
첫째 항목	1., 2., 3., 4., · · · · · ·
둘째 항목	가., 나., 다., 라., · · · · · ·
셋째 항목	1), 2), 3), 4), · · · · · ·
넷째 항목	가), 나), 다), 라), · · · · · ·
다섯째 항목	(1), (2), (3), (4), · · · · · ·
여섯째 항목	(가), (나), (다), (라), · · · · · ·
일곱째 항목	①, ②, ③, ④, · · · · · ·
여덟째 항목	㉮, ㉯, ㉰, ㉱, · · · · · ·

※ 둘째, 넷째, 여섯째, 여덟째 항목의 경우에 하., 하), (하), ㉻, 이상 더 계속되는 때에는 거., 거), (거), ㉮, 너., 너), (너), …… 로 이어 표시한다.
※ 부분적으로 필요한 경우에는 □, ○, -, · 등과 같은 특수한 기호 쓸 수 있음

나. 각 항목의 표시위치 및 띄우기

1) 첫째 항목부호는 제목의 첫 글자와 같은 위치에서 시작한다.
2) 첫째 항목 다음 항목부터는 바로 앞 항목의 위치로부터 1자(2타)씩 오른쪽에서 시작한다.
3) 항목부호와 그 항목의 내용사이에는 1타를 띄운다.

수신×○○기관장(○○○과장)
제목×문서작성요령
1.*첫째 항목 ○○○○○○○○○○○
×가.*둘째 항목 ○○○○○○○○○○○
××1)*셋째 항목 ○○○○○○○○○○○
×××가)*넷째 항목 ○○○○○○○○○○○
××××(1)*다섯째 항목 ○○○○○○○○○○○
×××××(가)*여섯째 항목 ○○○○○○○○○○○

※ ×표시는 한글 1자(2타), *표시는 숫자 1자(1타)를 띄움.

다. 하나의 본문 아래 항목 구분

수신 ×○○○관장(○○○과장)
제목 × 문서관리교육 실시
××× 문서관리교육을 다음과 같이 실시하오니 참석하여 주시기 바랍니다.
×××1.*일시 : ○○○○○
×××2.*장소 : ○○○○○
×××3.*참석대상 : ○○○○○.×끝.

(6) 붙임물의 표시

가. 문서에서 본문이 끝난 다음 줄에 붙임의 표시를 한다.

나. 붙임물이 두 가지 이상일 때에는 항목을 구분하여 표시한다.

(본문) --------------------- 하시기 바랍니다.
붙임×1.*○○○계획서 1부.
2.*○○○서류 1부.×끝.

(7) 문서의 “끝”표시

가. 본문이 끝났을 경우 : 1자(2타)를 띄우고 “끝”자를 쓴다.

〈예시〉 …… 주시기 바랍니다.×끝.

나. 붙임물이 있는 경우

붙임의 표시를 한 다음에 1자(2타)를 띄우고 “끝”자를 쓴다.

〈예시〉 붙임 1. 서식 승인 목록 1부.
2. 승인서식 2부.×끝.

다. 본문 또는 붙임의 표시문이 오른쪽 한계선에서 끝났을 경우

다음 줄의 왼쪽 기본선에서 1자를 띄우고 “끝”자를 표시한다.

〈예시〉 붙임 ------------------------------- 1부.×끝.

라. 연명부 등의 서식을 작성하는 경우

1) 기재사항이 서식의 중간에서 끝나는 경우 기재사항의 마지막 다음 줄에 "이하빈칸"이라고 표시한다.

응시번호	성 명	주민등록번호	주 소
10	이상수	96****-1******	성북구 **동 **번지
33	최동순	95****-1******	강남구 **동 **번지
이하빈칸			

2) 기재사항이 서식의 마지막 칸까지 작성되는 경우

서식의 칸 밖 다음 줄의 왼쪽 기본선에서 1자를 띄우고 "끝"자를 표시한다.

응시번호	성 명	주민등록번호	주 소
10	이상수	96****-1******	성북구 **동 **번지
33	최동순	95****-1******	강남구 **동 **번지

× 끝.

(8) 문서의 면 표시

가. 문건별로 면 표시는 중앙하단에, 문서철 단위 면 표시는 우측하단에 표기한다.

나. 두 장 이상으로 이루어진 문서 중 전후 관계를 명백히 할 필요가 있는 중요한 문서의 경우에는 당해 문건의 전체 면수와 그 면의 일련번호를 붙임표(-)로 이어 표시한다.

붙임서류로 본문과 함께 일련번호를 기입한다.

〈예시〉 전체 면수가 4면일 경우, "4-1, 4-2, 4-3, 4-4"로 표시

다. 양면에 기재된 문서는 양면에 모두 표시한다.

라. 동일 기록물철을 두 권 이상으로 나누어 편철 시 두 권 이후부터 철 단위 면 표시는 전권의 마지막 쪽수 다음부터 시작한다.

마. 기록물 철 단위 면 표시는 잉크 또는 넘버링기기로 표시한다.

(9) 문서의 로고 · 상징 등 표시

문서는 가능한 한 행정기관의 로고・상징・마크 또는 홍보문구 등을 표시하여 행정기관의 이미지를 높일 수 있도록 하여야 한다. 로고는 왼쪽 상단(2cm×2cm 범위 내에서 시작부분은 왼쪽 기본선이며, 높이부분은 행정 기관명임)에 상징은 오른쪽 상단(2cm×2cm 범위 내에서 끝나는 부분은 오른쪽 한계선이며, 높이부분은 행정기관명)에 홍보문구는 행정기관명 바로 위에 표시한다.

7. 문서의 구성 체제

1) 문서의 구성

(1) 일반기안문

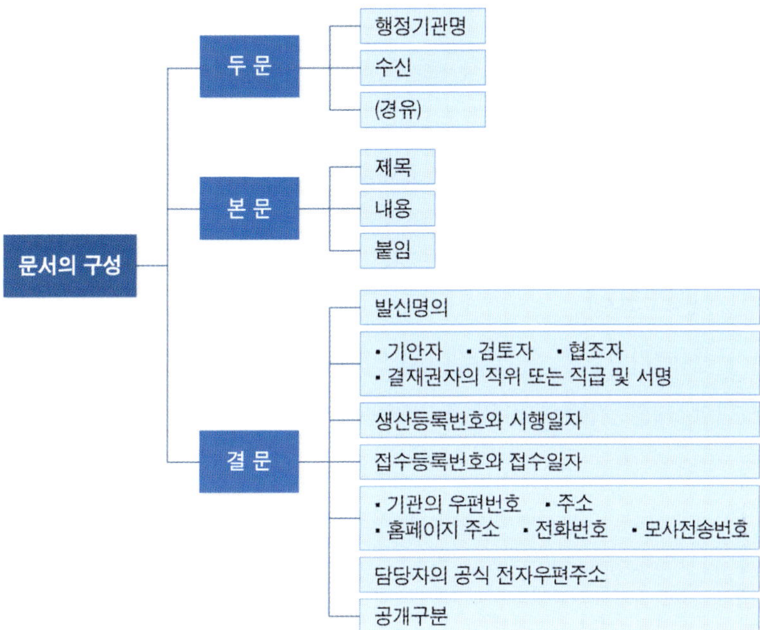

(2) 문서의 등록번호

문서의 등록번호는 처리과 혹은 팀명과 연도별 등록 일련번호로 구성한다. 여기서 처리과 혹은 팀명은 처리부서명(담당부서명)을 말한다.

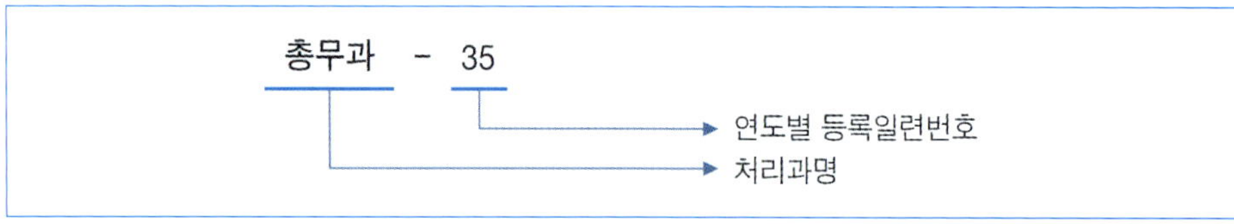

<처리과가 있는 경우>

<처리과가 없고 행정기관명이 10자 이내인 경우>

(3) 수신기관의 표시

문서의 두문(머리말) 중 수신란의 표시방법은 다음과 같다.

① 수신란에 해당 기관의 장의 직위(수신자명)를 쓰고, 필요 시 이어서 괄호안에는 처리할 기관의 주담당자를 표시한다.

〈예시〉 수신 ○○관장(○○과장), ○○법인 이사장(○○홍보담당)

② 민원회신 문서에는 수신란에 먼저 민원인의 성명을 쓰고(예: 이재원 귀하), 이어서 괄호안에는 우편번호와 주소를 쓰되, 전자문서시스템에서 우편번호는 검색이 용이하도록 하여야 한다.

〈예시〉 수신 이재원 귀하(우110-035 서울특별시 종로구 ○○)

③ 수신자가 많아 본문의 내용을 기재할 칸이 줄어들어 본문의 내용을 첫 장에서 파악하기 곤란한 경우에는 두문의 수신란에 “수신자 참조”라고 쓰고, 결문(꼬리말)의 발신명의 밑의 왼쪽 기본선에 맞추어 수신자란을 설치하여 수신자명 또는 수신자기호를 표시한다.

* (두문) 수신 수신자 참조 (○○업무담당과장)

(결문) 수신자 ○○기관, ○○기관...

④ 내부결재 문서에는 수신란에 “내부결재”라고 표시한다.

〈예시〉 수신 내부결재

(4) 제목의 표시

① 제목은 그 문서의 내용을 함축하여 나타내는 문구로서 문서의 내용을 쉽게 알 수 있도록 쉬운 말로 간단하고 명확하게 표시한다.

② 제목의 끝에는 문서의 성격을 쉽게 알 수 있도록 관련 내용(개최, 조사, 의뢰, 신청, 회신) 등으로 용어를 사용하는 것이 바람직하다.

(5) 발신명의 표시

① 관련 사회복지시설의 장의 명의로 발신한다(예시: ○○기관장, ○○이사장, ○○청장 등).

② 합의제기관의 권한에 속하는 사항은 당해 기관의 명의로 발신한다(예시: ○○위원회).

③ 법령에 의하여 행정권한이 위임・위탁된 경우 위임 또는 위탁을 받은 자의 명의로 발신한다.

④ 행정기관 내 보조기관 및 보좌기관 상호 간에 발신하는 문서는 당해 보조기관 또는 보좌기관의 명의로 발신한다(예시: ○○과장, ○○실장, ○○담당관 등).

⑤ 내부결재문서는 발신명의를 표시하지 아니한다.

8. 문서의 기안

1) 기안의 일반사항

(1) 기안의 의의

기안이라 함은 사회복지시설의 의사를 결정하기 위하여 문안을 작성하는 것을 말한다.

(2) 기안자의 자격

기안자의 범위에 관하여는 아무런 제한이 없다. 업무의 담당자라면 누구든지 기안자가 된다. 또한 접수문서를 공람하는 결재권자는 규정에 의하여 그 처리담당자를 따로 지정할 수 있으므로 이 경우의 지정된 자도 기안자가 된다.

(3) 기안의 요인

기안은 접수한 문서를 처리하기 위한 경우, 상급자의 지시사항을 처리하기 위한 경우, 순수한 자기발안의 경우, 법령이나 훈령・예규 등의 근거에 의하여 하는 경우 등이 대부분이다.

2) 기안문의 작성순서

좋은 기안문이란 내용이 정확하고 간결・명료하며 알기 쉽게 표현되어 전달하고자 하는 내용이 읽는 사람에게 쉽게 이해되도록 작성된 것을 말한다. 또한 상대방이 호감을 갖도록 표현하는 것도 중요한 요건이다. 좋은 기안문을 만드는 순서는 대체로 다음과 같다.

(1) 작성 전

① 작성목적의 정확한 파악

가. 작성이유 또는 그 문서의 역할

나. 상사의 의도 또는 지시내용

다. 접수문서의 (요구)내용

② 목적에 알맞은 정보의 수집 및 선택

가. 관계법령, 행정선례, 참고문헌 등

나. 수집정보 중 필요한 내용의 선택 및 정리

③ 수집 · 정리한 정보를 기안의 목적에 알맞게 초안 작성 및 검토

④ 정리된 논점을 바탕으로 기안의 목적에 알맞게 초안 작성 및 검토

작성목적 파악 ⇨ 관련정보의 수집/선택 ⇨ 논점의 정리/명확화 ⇨초안의 작성/검토

(2) 작성 시

① 문서의 중점을 분명하게 하여 문장구성

② 읽는 사람의 입장에서 명확하고 간결하게 표현

(3) 작성 후

① 작성 후 검토 및 수정

가. 읽는 사람의 입장에서 전달하고자 하는 내용이 쉽게 이해되는가?

나. 누락된 사항이나 틀린 부분은 없는가?

다. 불필요한 부분은 없는가?

Tip 기안문 작성을 위한 착안점

가. 기안의 준비(고려사항)

1) 기안자는 기안에 앞서 안건에 관련된 문제를 파악하고 관계규정 및 과거 행정선례를 숙지하고 있어야 한다. 다만, 행정선례에 따라 업무를 처리하는 것은 행정의 일관성을 유지하기 위하여 매우 중요하나 지나친 선례답습은 발전을 저해하므로 항상 새로운 시각과 발전적인 안목을 가질 필요가 있다.
2) 당해 사항을 기안하는 목적과 필요성을 파악하고 자료를 수집·분석하며 필요한 경우에는 설문조사, 실태조사, 회의 등을 통하여 의견을 청취하여야 한다.
3) 기안의 방법 등을 결정하여 복잡한 기안의 경우에는 폐지(廢紙) 등에 초안을 작성하여 논리의 일관성을 해치는 내용이나 빠지는 사항이 없도록 검토한 다음 작성한다.
4) 기안자는 당해 업무에 대한 책임의식을 가지고 기안하고 당해 기관과 수신자와의 관계 및 입장을 고려하여야 한다.

3) 기안문 작성 시 유의사항

기안문의 내용은 그 조직체의 의사를 상대방에게 전달하는 것이 대부분이므로 문서의 구성이나 문장표현에 신중을 기해야 한다. 문서의 올바른 작성은 정확한 의사의 소통을 위하여 필요할 뿐만 아니라 문서 자체의 품격을 높이며, 그 조직체의 대외적인 권위와 신뢰를 높여준다.

따라서 당해 업무에 대한 책임의식을 가지고 수신자와의 관계를 고려하여 작성한다. 특히, 문서작성 시 어문 규범(「국어기본법」 제3조의 규정에 의한 어문 규범 : 한글맞춤법, 표준어규정, 외래어표기법, 국어의 로마자표기법 등 국어사용에 필요한 사항)과 법령제명 띄어쓰기 기준 및 예시 등을 잘 지켜야 한다. 문서의 구성은 법령이나 규칙에 정해진 서식에 따라 형식을 갖추면 될 것이나, 문장의 표현은 일정한 형식이 없으므로 다음과 같은 사항에 유의하여 작성하여야 한다.

(1) 정확성(바른 글)

① 내용, 설명, 기록이 틀리지 않도록 한다.

문서의 내용이 정확하여야 함은 물론이고 오자, 탈자 또는 계수착오가 없어야 한다. 상대방에게 전달하려고 하는 내용이 바르게 표현되어 있지 않으면 당연히 그 내용이 정확하게 전달될 수 없는 것이다.

② 필요한 내용이 빠지지 않도록 한다.

예를 들어 회의개최를 통보하는 문서에 개최일시, 장소, 참석범위 등이 포함되어 있으나, 회의주제를 빠뜨렸다면 참석자들이 사전준비를 하지 못하여 효율적인 회의가 되지 못할 것이다.

③ 문장부호를 정확하게 사용한다.

문장부호란 문장 각 부분 사이의 논리적 관계를 분명히 하거나 글의 정확한 의미를 전달하기 위하여 표기법의 보조수단으로 쓰이는 부호를 말한다. 문장부호는 문맥을 명확히 함으로써, 문장을 읽는 사람으로 하여금 뜻을 정확히 파악하도록 해 준다.

④ 용어를 정확하게 사용한다.

우리들이 사용하고 있는 문자나 언어는 모두 사회적인 약속이므로 이를 준수하여 바르게 표현해야 한다. 특히 다음과 용어는 혼동을 일으키기 쉬우므로 주의하여야 한다.

〈'이상', '이하', '초과', '외' 등의 용어를 정확히 사용하도록 한다.〉

- '이상' 및 '이하'는 그 숫자를 포함한다. 즉, "시속 80km 이하로 제한한다."고 하는 경우에는 시속 80km가 포함된다.
- '미만'이나 '초과'는 그 숫자를 포함하지 않는다. 즉 "20세 미만 출입 금지"라고 하면, 20세는 출입할 수 있으나, 19세까지는 출입할 수 없다는 뜻이다.

- '외'는 표시 숫자를 포함한다. 예를 들어, "홍길동 외 10명"하면 사람 수는 전부 11명이다.

〈'이전', '이후', '전', '후' 등의 용어를 정확히 사용하도록 한다.〉

- '……이후', '……이래' 등은 표시된 일시를 포함한다. 예를 들면, "3월 31일 이전까지 지급하시오."하는 경우에 3월 31일이 포함된다.
- '후'는 표시된 일시를 포함하지 않는다. 예를 들면, "4월 1일 전에 간부회의가 소집될 예정입니다."고 하는 경우, 4월 1일은 포함되지 않고 3월 31일까지만 포함된다.

〈'과' 또는 '와'와 '및'의 사용을 정확히 해야 한다.〉

- '과' 또는 '와'는 두 단어 사이에서 사용된다. 즉, "문장의 형식과 내용에 ……"와 같은 경우이다.
- '및'은 '과'나 '와'보다는 긴 병렬적인 문자에 사용되며, 문장의 맨 뒤에서 앞뒤를 연결한다. 즉, "총무과 와 행정과의 남자 및 여성과의 여자 ……"와 같은 경우이다.

(2) 명확성(구체성이 있는 글)

① 육하원칙을 적용하여 내용을 구체적으로 작성한다.

무엇을 · 무엇 때문에 · 언제 · 누가 · 어디서 · 어떻게의 육하원칙(5W1H)을 적용하면 대체로 내용이 구체화될 수 있다. 그리고 여기에다 소요경비, 예산, 효과 등이 어느 정도인지(How Much)를 추가하여 5W2H로 작성하면 명확해진다. 더 나아가 얼마나 기간이 소요될 것인지(How Long)를 추가하여 5W3H로 작성하면 더욱 더 명확해진다.

② 구체적이며 개별적인 표현을 쓴다.

추상적이고 일반적인 용어보다는 구체적이고 개별적인 용어를 쓴다. 즉, "생산이 증가했다."고 하는 것보다는 "생산이 25%가 더 증가했다."로 하고, "발병했다."보다는 "독감에 걸렸다."고 하는 것이 보다 구체적인 표현이다.

③ 적극적인 표현을 쓴다.

"목표가 달성되도록 노력하겠다."보다는 "노력하여 목표를 달성하겠다."고 하는 것이 훨씬 적극적이며 강력한 표현이다.

④ 애매한 표현이나 과장된 표현을 피한다.

한계가 분명하지 아니한 표현, 즉, 구체적인 사례가 없이 막연하게 '중대한 과실', '경미한 사항'이라고 표현하거나, '가능하면' 등의 모호한 표현, 그리고, 'A과 직원과 B과 직원의 반수'와 같이 수식이 어느 말에 걸리는지 불분명한 표현은 좋지 않다.

(3) 신속성(이해가 빠른 글)

① 문장은 짧게 끊어서 개조식으로 쓴다.

내용을 개조식으로 항목을 구분하여 열거하는 형식을 취하면 뜻도 간명하여질 수 있고, 상대방에게 강조하는 사항을 시각적으로 돋보이게 할 수 있다. 또한 문자의 길이가 짧아야 간결한 문서를 작성할 수 있다.

② 가급적 먼저 결론을 쓰고, 그 다음에 이유 또는 설명을 쓴다.

③ 한 문장 한 뜻의 짧은 글로 표현한다. '무엇을 어떻게 한다.' 또는 '무엇이 어떠하다.'는 식으로 짧게 표현한다.

(4) 용이성(쉬운 글)

① 읽기 쉽고 알기 쉬운 말을 쓴다.

추상적이고 개념적인 어구를 피하고 쉬운 용어를 사용함으로써 상대방이 쉽게 이해할 수 있도록 한다. 쉽게 표현하려면 우선 문장화하고자 하는 내용 자체를 잘 알아야 한다. 내용을 잘 알아야 표현도 자유롭게, 또 쉽게 할 수 있다.

② 어구의 표현을 간략하게 한다.

예를 들면, '검사를 실시한다.'보다는 '검사한다.'로 '……에 해당한다고 할 수 있으므로'보다는 '……에 해당하므로'의 표현을 사용한다. 물론 법률적인 판단 또는 해석 등을 하는 경우 어구의 표현을 간략히 하는 것보다는 구체적으로 할 필요가 있는 경우가 있는데, 이 경우에는 이에 따라야 한다.

③ 한자나 어려운 전문용어는 피한다.

한자 또는 전문용어를 쓸 필요가 있을 때에는 한글 다음에 ( )를 하여 한자를 쓰거나 용어의 해설을 붙인다.

④ 받는 사람의 이해력과 독해력을 고려하여 쓴다.

⑤ 다루기 쉽게 1건 1매주의(1매 BEST)로 한다.

불필요한 정보의 제시나 장황한 설명을 피하고, 상대방에게서 온 문서에 있는 내용을 회신 문서에 다시 되풀이하지 않는다.

(5) 경제성(효율성이 있는 글)

① 일상 반복적인 업무는 표준 기안문을 활용한다.

② 용지의 규격 · 지질을 표준화한다.

③ 서식을 통일한다.

④ 문자를 부호화하여 활용한다.

(6) 성실성(호감이 가는 글)

① 문서를 성의 있고 진실 되게작성한다.

상대방에게 호감과 친근감을 심어 줄 수 있게 한다는 것이다. 성의 있게 작성된 문서는 상대방으로 하여금 그 조직에 대해 호감과 신뢰를 가지게 할 것이며, 호의적이고 긍정적인 행동을 하도록 할 것이다.

② 문장은 과장하지 말고 진실하게 표현한다.

내용은 사실 그대로 정직하게 나타내야 한다.

③ 적절한 경어를 사용한다.

평상시 대화에서 일상적으로 쓰는 정도가 적당하다. 지나친 경어와 겸양어의 사용은 오히려 상대방에게 불쾌감을 줄 수도 있으므로 적절하게 사용한다.

(7) 상대방을 무시하는 표현이나 감정적 · 위압적인 과격한 표현을 쓰지 않는다.

아직도 일부 기관에서는 하급기관에 보내는 문서에 "……할 것" 또는 "……하기 바람" 등과 같은 권위적인 표현을 쓰고 있는데, 이러한 표현은 조직 상하 간의 관계를 경직시켜 원활한 의사소통에 지장을 초래하기 쉽다. 따라서, 비록 조직 구조상 지휘 · 감독 관계에 있다 하더라도 상호 간에 의견을 존중하는 의미에서 평상시의 대화에서와 같이 "……하시기 바랍니다." 또는 "……을 통보합니다."와 같은 부드러운 표현을 쓰는 것이 바람직하다.

Tip 좋은 문서 체크리스트

■ 정확성

① 정확한 자료의 수집을 하고 있는가?
② 자료의 출처는 정확한가?
③ 자료의 선택·정리는 좋은가?
④ 용어는 적절하며, 틀리기 쉬운 표현은 없는가?
⑤ 문법적으로 잘못된 부분은 없는가?
⑥ 지나친 수식이나 과장은 없는가?
⑦ 객관적인 기술로 되어 있는가?

■ 간결성

① 한 문장 한 뜻의 짧은 글인가?
② 결론이 먼저 쓰여져 있는가?
③ 단락을 나누어 개조식으로 되어 있는가?
④ 행 바꿈, 단락 나눔 등은 적당한가?

■ 경제성

① 5W2H(5W3H)로 쓰여져 쉽게 이해되는가?
② 요약문은 1매로 모아지는가?
③ 도표 등을 사용하여 읽기 쉽게, 이해하기 쉽게 하고 있는가?
④ 서식화하고 있는가?

Chapter 04

문서관리

사회복지조직에서 사용되는 모든 문서는 내부규칙에 의거하여 적절하게 관리되어져야 한다. 이는 정보의 전달을 비롯하여 보관, 보존, 폐기 등에 이르기까지 다양한 형태로 나타날 수 있다.

1. 문서관리의 필요성

1) 문서와 문서관리

일반적으로 기업체나 관공서 등의 조직체에서 업무상 취급되는 일체의 서류와 모든 기록물을 문서라고 한다. 이러한 조직에서 문서를 적절하게 활용할 수 있도록 정리, 활용하고 인계, 보관, 보존을 거쳐 폐기에 이르는 일련의 제도를 문서관리라 한다. 문서관리를 위해서는 다음과 같은 사항이 요구된다.

① 문서의 작성방법, 서식 등의 기준제정
② 문서의 수신, 발신 등의 처리제도
③ 문서보관 및 활용을 위한 분류체계, 파일링(Filing System)
④ 문서의 이관 및 폐기 등의 절차 마련

참고 **일반적인 문서관리 현황**

■ 문서의 개인 소유화
- 개인 PC중심의 문서 생성과 저장, 유통 → 담당자 퇴사, 이동 시 확보의 어려움 발생
- 문서의 진본확인이 힘들어 문서 신뢰성 저하
- 문서의 품질 만족도 저조로 활용도 미흡
- USB메모리, 외장하드, E-mail, 메신저 등 유출경로가 많아짐에 따라 중요문서가 유출 위험에 노출

■ 업무와 문서가 따로따로
- 업무의 최종 결과물인 문서만 보관되어 업무 따로 문서 따로 진행되는 경우 빈번
- 문서가 어떤 목적으로 누가 작성하고, 어떤 경로 과정을 통해 검토, 수정, 승인되었는지 그 이력을 알 수 없음
- 문서관련 수행과정에 대한 모니터링 곤란

■ 일관되지 않은 문서관리 정책

- 문서를 효과적으로 보관, 공유, 활용할 수 있는 기준이나 가이드 미흡하고 생산된 문서들이 여기저기에 산재되어 보관
- 불필요한 문서의 보유, 문서저장별 중복저장, 문서가 개인의 판단이나 시스템에 따라 임의삭제 되는 경우도 빈번

▶ 주요시사점

- 문서를 조직의 자산으로 인지하고, 자원낭비와 문서의 유출 위험을 방지하고, 문서의 신뢰성 확보
- 업무와 그 업무의 결과물이자 도구인 문서를 통합 관리하고, 모니터링 할 수 있는 협업환경 구축
- 조직의 문서관리 정책이 다방면에서 일관되게 적용될 수 있도록 정책수립

2) 문서관리의 중요성

업무를 원할히 수행하려면 공식적인 의사소통 수단의 하나로 다양한 문서가 필요하며, 이러한 문서를 어떻게 작성, 처리, 통제하면서 어떤 방식으로 보관, 보존할 것인가는 매우 중요하다. 문서관리 체계없이 모든 문서를 한없이 보관하고 있다면 사무실에서 문서가 차지하는 공간은 계속 늘어날 것이다. 필요한 문서를 신속, 정확하게 찾아내는 데도 당연히 어려움이 따를 것이다.

처리가 완결된 문서를 정리하고 보관하는 것은 직무수행상 차후에 참조하고 활용하기 위해서이다. 체계적인 분류를 통해서 안전한 방법으로 보관해야 하며, 필요한 문서가 빠짐없이 보관될 수 있도록 관리해야 한다. 통일된 문서처리로 부서간, 조직 간 혼선을 피하게 함으로서 업무의 효율성을 높일 수 있는 문서관리가 가능하다. 그래서 문서의 본래 기능을 최대한 살릴 수 있는 시스템을 갖추는 것이 중요하다.

Tip 사회복지 조직 내 문서관리 현황 점검리스트

- 조직내부에서 수집/ 확보되는 자료나 문서들을 적절하게 관리하는 방법이 있다. ( )
- 문서관리 시스템이 있지만 업무문서 대부분이 개인 PC에 보관된다. ( )
- 문서관리 시스템에 등록된 문서라도 체계적으로 분류되지 않아 찾는 데 어려움이 있다. ( )
- 문서관리 시스템에 동일하거나 유사한 문서가 많이 검색되고, 어떤 문서가 최종본인지 또는 원본인지를 확인할 수 없다. ( )
- 문서가 어떤 목적으로 작성되고, 어떤 과정을 통해 검토, 수정되었는지 그 이력을 알 수 없다. ( )
- 담당자 인사이동 시 관련자료 요청, 확보, 유통과정에서 많은 시간이 소요된다. ( )
- 조직의 기밀 문서를 개인이 보관, 관리하고 있다. ( )
- 조직 내 문서 유통 현황을 모니터링 또는 확인하는 도구나 체계가 없다. ( )

3) 문서와 기록

문서는 기록에 편입되지 않은 초안이나 사본, 또는 업무 활동과 직접 관련되지 않은 자료라는 의미로 사용되기도 하는데, 이 경우 문서는 그 자체로는 공식 처분 일정에 의한 처리 대상으로 취급되지 않는다. 하지만 문서는 기록과 동의어로 사용되기도 하는데, 이 경우는 기록이 공식적인 문서라는 의미를 강조한 것이다.

(1) 기록(記錄)

주로 후일에 남길 목적으로 어떤 사실을 적는 행위를 기록이라하며 그런 종류의 글, 서류를 말한다(네이버사전).

(2) 정보(情報)

관찰이나 측정을 통하여 수집한 자료를 실제 문제에 도움이 될 수 있도록 정리한 지식이나 그 자료를 관찰이라고 말하며, 정보란 자료의 개념을 뛰어넘어 자료 그 자체로서 특정한 의미를 갖도록 조직화된 것을 의미한다. 아울러 특정 목적을 위하여 광(光) 또는 전자적 방식으로 처리되어 부호, 문자, 음성, 음향 및 영상 등으로 표현된 모든 종류의 자료 또는 지식을 말한다(「국가정보화 기본법」 제3조).

(3) 문서(文書)

문자나 기호를 사용하여 실무상 필요한 사항을 구체적으로 기록하고 표시한 것으로 기업이나 관공서 등의 모든 조직에서 업무상 사용되는 모든 서류 및 기록물을 문서라고 한다(네이버 지식백과).

2. 문서관리의 목적

1) 문서관리의 목적

문서관리의 목적은 문서의 적극적인 활용과 보관, 보존, 집중관리 및 활용문서의 분산관리를 통하여 효율적인 업무도모에 있다. 앞서 설명한 바와 같이 문서관리의 범주에는 일반문서 이외에도 다양한 서식, 도면, 사진, 디스크, 필름 등 기관이 접수한 모든 문서를 말한다. 문서가 유효하게 성립되기 위해서는 일반적 요건을 갖추어야 하는데 그 요건은 다음과 같다.

① 기관의 의사표시가 명확하게 표시될 것
② 위법, 부당하거나 시행 불가능한 사항이 없을 것
③ 기관의 권한 내의 사항 중에서 작성될 것
④ 규정된 절차에 따라 형식이 정리될 것

참고 **사회복지현장과 문서관리활동**

대부분의 회사나 정부기관의 모든 사무활동은 문서에 의해 이루어지고 있다. 특히 정부기관과 같은 공공분야의 사무활동 과정과 결과를 정확하게 전달하고 보존하기 위한 수단의 중심으로 문서가 활용되고 있는데, 이는 사회복지현장 역시 예외일 수 없다. 따라서 문서는 사회복지현장에서 발생되고 있는 많은 활동과 실천의 결과를 정확히 전달하고 증거할 수 있는 자료로서 보존하고 이용한다는 점에서 매우 중요하다고 할 수 있다.

2) 문서관리 시 고려사항

(1) 표준화

문서관리에 있어 표준화는 업무처리에 있어서 다양한 수단과 방법 중에 주어진 사무환경에 가장 적합하고 신속, 정확하게 처리할 수 있는 표준적이고 통일적인 문서관리 환경을 만드는 것이다. 표준화는 세가지로 구분할 수 있다.

① **서식관리의 표준화** : 프로젝트에 사용할 서식의 크기, 내용, 설계 및 사용방법의 표준화

② **운영관리의 표준화** : 문서의 접수·배부 및 결재·방법 등 문서운영의 전반적인 과정의 표준화

③ **보존관리의 표준화** : 문서의 분류·정리·보관·검색 및 폐기 등 문서의 보존관리에 관한 표준화

(2) 간소화

간소화란 문서사무를 처리하는 과정에서 중복되는 것이나 불필요한 것을 없애고 꼭 필요한 절차나 방법만을 채택하여 시행함으로써 문서처리 시간을 단축시키는 것을 말한다.

(3) 용이성

문서관리는 누구나 쉽게 사용할 수 있도록 관리되고 추진되어야 하며, 해당 조직의 업무환경에 부합되도록 하는 것이다.

(4) 경제성

문서관리는 경영활동을 촉진시키는 보조역할을 하는 취지이므로 최소의 비용으로 최대의 사무능률을 올릴 수 있도록 경제적이어야 한다.

(5) 신속성

신속성은 문서처리를 빠르게 하자는 것으로, 문서의 경유처를 최대한 줄여 문서의 유통경로와 처리과정을 단축할 수 있도록 절차를 설정하며 문서의 처리기간을 사전에 정하여 주어진 시간 내에 문서가 처리될 수 있도록 규정하는 것이다.

(6) 정확성

정확성은 문서를 착오없이 올바르게 처리하는 과정으로 문서 활용 시 옮겨적거나 다시 기재하는 것을 줄이고, 되도록 복사해서 사용하고 사람이 처리하기에 분량이나 규모가 큰 경우에는 자동화된 사무기기를 이용하며 배부, 인계인수, 결재 등의 근거를 남겨두는 것이다.

3) 효율적인 문서관리를 위해 일하는 방식의 변화필요

문서관리 측면	일하는 방식 측면
• 지속적인 문서량의 증가 • 필요한 문서 검색에 많은 시간 소요 • 개인 PC저장으로 협업 및 공유에 많은 어려움 발생 • 문서 유통과정에서 정보유출 가능성 내재	• 책임권한 불명확(작성자와 보고자 상이) • 의사결정 과정을 알 수 없는 문서 • 빈번하게 수정되는 보고서 • 보고, 승인되지 않는 불필요한 문서 과다

▼

• 문서의 생성, 저장, 활용, 폐기 등 문서의 Life Cycle 과정 속에 숨어있는 낭비를 제거하고, 문서를 효율적으로 활용하고, 보완 등급에 맞게 관리하는 일하는 방식의 변화가 필요(문서관리 시스템 도입, 스마트워크 등 사회복지조직에서 현실적으로 접목가능한 방안 강구 필요)

3. 단계별 문서관리 방법

1) 문서관리 계획 수립

문서관리는 문서내용의 정확성이 유지되고, 효과적으로 문서화할 수 있도록 수행되어야 한다. 보통 영리조직에서는 전자문서관리시스템(EDMS) 또는 PMIS 등을 활용한 문서관리를 추진하는 경우가 있다. 이 경우 문서작성을 위한 전산 소프트웨어를 통일하고, 전자결재, 전자우편시스템(이메일)을 통해 신속한 문서교환이 가능하고 의사결정 시간을 단축할 수 있다.

| 표 4-1 | 과거와 현재의 단계별 문서관리

구분	생성	저장	활용(공유)	폐기
과거 (종이)	소수의 생성자	• 캐비닛 보관 • 문서대장 관리	• 반입/반출통제 • 열람대장관리	• 부서/팀별 수작업 • 문서보완 용이
현재 (디지털)	다수의 생성자	개인PC보관	• 무제한 배포 가능 • 문서유통 관리불가	• 미활용 문서 누적 증가 • 문서 보완 미흡

2) 문서관리 파일번호 체계 수립

체계적인 문서관리를 위해서는 각 문서를 보관하는 파일에 일정한 번호체계를 부여하여 관리해야 한다. 이를 기반으로 '관리'라는 기능이 비로소 제 기능을 갖게 된다. 대부분의 사회복지조직에서는 기관별 문서관리 파일번호체계를 갖고 있다.

업무별 구분 → 대분류 → 중분류 → 분야별 구분 → 소분류 → 세분류

| 그림 4-1 | 문서관리 파일번호 체계 수립 단계

4. 문서작성의 실제

문서는 사회복지조직에서 원활한 의사소통을 가능하게 하고, 경영활동에 효율성을 증진케 하는 유익한 도구이다. 이는 영리조직에서도 마찬가지다.

문서를 처리하는 과정에서 가장 타당하고 간편한 절차나 방법을 채택하여 문서관리의 시간단축을 기하고 정확한 처리가 될 수 있도록 지속적인 개선이 이루어져야 한다. 문서관리는 사무의 효율을 최대한 증진시킬 수 있도록 구성되어야 하고, 최소한의 사무비용으로 최대의 능률을 가져올 수 있도록 경제성에 기본을 두

어야 한다. 문서의 체계적 분류를 통한 안전한 보관과 필요한 문서를 필요한 시기에 활용할 수 있도록 적정한 문서관리시스템을 갖추는 것은 매우 중요하다.

현대에는 전산화를 통해 업무수행의 간편화와 더불어 문서의 Hardcopy를 줄이고, 업무환경의 Paperless가 이루어질 수 있도록 프로그램의 개발과 적용이 늘어나고 있는 추세이기도 하다.

1) 문서의 성립과 효력발생

① 문서의 성립시기 : 당해 문서에 대한 결재권자의 서명(전자문자서명・전자이미지서명 및 행정전자서명을 포함함)에 의한 결재가 있음으로써 성립한다.

※ 결재권자 : 기관의 장, 위임전결규정에 의하여 기관의 장으로부터 결재권을 위임받은 자(전결권자) 또는 위임대결규정에 의하여 대결하는 자(대결권자 = 직무대리자 : 법정대리자와 지정대리자)

② 문서의 성립요건 : 정당한 권한이 있는 임직원이 업무의 범위 내에서 업무상 작성하고 결재권자의 결재가 있어야 한다.

③ 문서의 효력발생시기

일반문서	공고문서	전자문서
수신자 도달	고시 또는 공고 후 5일 경과	수신자의 컴퓨터파일 기록일

2) 문서의 기안

① 기안의 의의 : 기안이란, 사회복지조직의 의사결정을 위하여 문안을 작성하는 것으로 조직의 공적인 의사표시에 해당되는 행위다. 기안문서는 중간관리자의 의견과 더불어 기안 내용과 관계있는 부서의 의견 및 협조를 얻은

다음 최종 결재권자의 결재를 받아 처리한다.

기안자의 자격과 범위에 관하여는 아무런 제한이 없다. 기관의 직원이면 누구나 기안자가 될 수 있다.

Tip 기안에 따른 고려사항

- 기안자는 안건에 관련된 문제를 파악하고 관계규정 및 과거 행정선례 숙지
- 당해 사항을 기안하는 목적과 필요성을 파악하고 자료를 수집·분석
- 기안의 방법 등을 결정하여 복잡한 기안의 경우에는 폐지 등에 초안을 작성하여 논리의 일관성을 해치는 내용이나 빠지는 사항이 없도록 검토한 다음 작성
- 기안자는 당해 업무에 대한 책임의식을 지녀야 하며, 당해 기관과 수신자와의 관계 및 입장 고려

② 기안문의 서식(일반기안문 작성 양식의 예시) : 기안문은 두문, 본문, 결문으로 구성되며 두문에는 기관명, 수신자 등을 기록하고, 본문에는 제목과 내용, 붙임서류를 기록하며 결문은 발신명의와 문서작성자, 결재자 및 문서의 시행일자와 접수일자, 기관의 주소 등을 기록한다.

5. 문서의 결재

1) 결재의 의의

문서의 결재란 사회복지조직의 의사를 결정할 권한을 가진 자가 그 의사를 결정하는 행위이다. 기관의 최종 결정권자가 최종적으로 문서의 내용을 승인, 허가함으로써 문서의 내용이 결정되는 것을 뜻한다.

의사 결정자의 결재 이전에 이루어진 과장, 부장 등의 결재는 엄밀한 의미에서

결재라 할 수 없으나 단계적으로 거치는 과정을 통하여 의견수렴, 검토를 받으며 부분적으로 수정을 거친 후 최종 결정권자의 승인을 받을 수 있도록 한다. 문서는 다른 법령에 특별한 규정이 있는 경우를 제외하고는 당해 문서에 대한 결재권자의 서명(전자문자 서명 포함)에 의한 결재가 있음으로써 성립하며, 따라서 결재는 문서가 성립하기 위한 최종적이며 절대적인 요건이라고 할 수 있다.

2) 결재의 종류

사회복지조직의 결재 제도에는 전결, 대결, 후결 등 세 가지 방법이 있으며, 내용은 다음과 같다.

① 전결	업무 능률을 위하여 사무의 내용에 따라 결재권의 일부를 위임받은 자가 행하는 결재를 뜻한다.
② 대결	결재권자의 휴가, 출장 등의 사유로 결재권자의 가정에 의해 결재할 수 없는 때에 그 직무를 대리하는 자에 의해 행하는 결재를 받는 방법으로, 중요한 안건은 반드시 나중에 최종 결재권자의 후결을 받는다.
③ 후결	최종 결재권자가 일시적으로 자리를 비운 동안 기안문서의 내용이 급히 시행되어야 할 경우, 최종 결재권자를 대행할 수 있는 사람이 우선 결재하여 시행하고 나중에 결재권자가 돌아오면 결재를 받는 방법을 의미한다.

3) 문서의 검토 및 협조

기안자는 기안문에 대한 형식 · 내용을 최종적으로 확인한 후 결재권자의 결재를 받기 전에 보조기관 또는 보좌기관의 검토를 받는다.(※ 전자문서인 경우 결재 후에는 수정이 불가능함으로 결재 전에 형식 · 내용 등을 반드시 확인하여야 한다.)

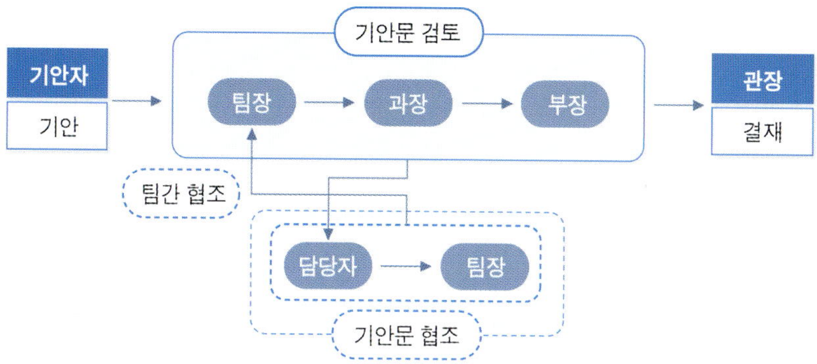

| 그림 4-2 | 기안문의 검토 및 협조 절차

4) 문서의 발송

문서의 발송은 공문 기안문에 대한 결재가 완료된 후 작성된 시행문을 기안자의 확인 및 발송 요청에 따라 문서 발송 담당자가 문서발송대장에 기록한 후 관인을 날인하여 발송하는 과정을 의미한다. 문서는 우편을 이용하여 발신함을 원칙으로 하되, 업무의 성격상 기타 특별한 사정이 있는 경우에는 인편 · 전송 · 전신 · 전화 등으로 발신할 수 있다. 또한 내용이 중요한 문서는 인편 · 등기우편 등 기타 발송사실을 증명할 수 있는 특수한 방법으로 발송하며, 문서발송의 일반적인 절차는 다음과 같다.

| 그림 4-3 | 문서발송의 일반적인 절차

5) 문서의 접수

외부에서 기관으로 접수되는 문서 중 문서 접수란이 있는 경우, 문서사무 담당자에 의하여 문서접수란에 날인 또는 서명한 후 문서접수대장에 기재하여 접수한다. 그리고 문서접수란이 없는 경우, 문서접수인을 찍어 기재한 후 문서접수대장에 기재, 접수한다.

Tip **문서접수 양식을 클라우드 기반 웹오피스로 가능**

근래에 대부분의 사회복지시설은 문서관리를 전산화를 통해 구현하고 있기도 하다. 그러나 규모가 작은 시설에서는 별도의 전산 프로그램을 두기 보다는 스마트폰과 연동이 가능한 클라우드 기반으로 문서접수 대장을 설정하여 상시확인이 가능한 환경을 구축하기도 한다.

Chapter 05

예산과 결산

사회복지서비스는 예산을 통해 진행되기 마련이다. 따라서 예산과 결산에 대한 이해는 사회복지서비스를 이해하는 데 있어 가장 기본적인 내용이다.

1. 예산 개요

예산이란 기관운영에 소요되는 비용을 추정하는 것으로 일정기간(회계연도)에 걸친 조직의 수입 및 지출에 관한 계획안이다(원석조, 2009). 사회복지조직에서 예산이란 사회복지법인·시설의 한 회계연도(매년 1월 1일에 시작하여 12월 31일에 종료)에 있어서의 세입과 세출에 관한 예정계획으로 재무회계규칙이 정하는 바에 따라 법인 또는 시설이 일정한 형식에 의해 편성하고 이사회의 심의 및 의결을 거쳐 확정된 한 회계연도의 재정계획을 의미한다.

1) 예산의 의의

예산은 법인과 시설의 1회계 연도에 있어서의 활동에 수반되는 지출경비와 그 경비의 재원을 계수화하여 집계한 재정계획을 말한다. 사회복지법인 재무회계 규칙에 따르면, 법인과 시설의 회계연도의 모든 수입을 세입으로 하고 모든 지출을 세출로 하여야 하며, 수입과 지출은 모두 예산에 편입하도록 하는 예산총계주의를 채택하고 있다.

2) 세입과 세출의 의의

법인과 시설의 회계연도의 모든 수입을 세입이라 하고, 모든 지출을 세출이라고 한다.

참고 **재무회계의 기본원칙**

사회복지법인 및 시설은 설립목적에 따라 건전하게 운영되어야 한다.

3) 기본개념 정리

(1) 예산

① 필요한 비용을 미리 계산

② 1회계연도 수입 지출을 계산하여 정한 계획

③ 미래 재정 운영에 대한 계획

④ 회계 자료를 비교하는 근거

(2) 재정

① 돈에 관한 여러 가지 일

② 행정활동, 공공정책 시행을 위하여 자금을 만들어 관리하고 이용하는 경제활동

(3) 회계

① 재정적인 내용을 보고하는 것을 말함

② 재정상태 분석, 수입지출의 예측, 예산집행 통제, 예산과정에서 유용한 정보

(4) 재무 및 재무회계

① 재무란 돈이나 재산이 하는 일

② 재무회계란 이해관계자에게 재무보고를 하기 위하여 수행되는 회계기록과 계산을 말함

(5) 세입세출 및 수입지출

① 세입세출은 일정기간에 발생이 예상되는 수입 및 지출

② 수입지출은 현금, 유가증권 등의 취득 · 지불활동

2. 예산의 원칙

1) 공개성의 원칙

사회복지조직은 사회적으로 책임성을 승인받고 사회복지사업을 수행하므로, 사회복지사업에 소요되는 예산을 공개하는 것을 원칙으로 한다.

2) 명료성의 원칙

명료성의 원칙이란 예산항목의 분류, 수입원과 지출목적 등에 대하여 명료하게 표현되어야 함을 말한다.

3) 엄밀성의 원칙

세입액 및 세출액을 가능한 실제와 가깝게 계상할 것을 요구한다. 예산은 계획에 지나지 않으며, 특히 세입은 추정액이라는 성격이 강하지만 실제와 동떨어지게 편성하면 예산의 의미가 없어진다.

4) 사전결정의 원칙

예산이 회계연도 개시 이전에 결정되어져야 한다(「재무회계규칙」 제10조).

5) 한정성의 원칙

수입이나 지출에 있어서 그 속에 포함되어 있는 각 항목은 시간과 사항별로 명확한 한계를 갖고 있어야 한다.

3. 예산의 종류

1) 본예산

최초 의결된 예산으로 확정된 예산이라고도 하며, 관계 법령에 의거하여 매 회계연도 개시 전 이사회의 심의와 의결을 거쳐 확정하고 법정기일(회계연도 개시 5일 전까지) 내에 시·군·구에 제출한 예산을 일컫는다.

2) 준예산

회계연도 개시 전까지 법인의 예산이 성립되지 아니한 경우 대표이사가 시·군·구청장에게 그 사유를 보고하고 예산이 성립될 때까지 다음의 경비를 전년도에 준하여 집행할 수 있는 예산으로 통상 임직원 보수, 필수적 경비, 법령상 지급의무가 있는 예산을 말한다.

① 임직원의 보수

② 공공요금, 급식비 등 법인 및 시설운영에 직접 사용되는 필수적인 경비

③ 사회보험 보험료 등 법령상 지급의무가 있는 경비

3) 수정예산

예산안을 이사회에 제출한 후 부득이한 사정으로 그 내용의 일부를 수정하여 제출하는 예산을 말한다.

4) 추가경정예산

예산성립 후 특정한 사유로 인하여 이미 성립된 예산에 변경을 가할 필요가 있을 때에는 예산편성 등의 절차를 거쳐 편성·확정하는 예산으로 추가예산과 경정

예산을 통칭하여 사용하며, 회계연도 개시 후 변경함을 원칙으로 하며, 추가경정이 필요한 경우는 ① 수입이 현저히 증가한 경우, ② 지출이 현저히 증가한 경우, ③ 특정 과목의 예산이 현저히 증액 또는 감액되어야 하는 경우, ④ 새로운 예산과목의 신설이 필요한 경우이다.

① 추가예산은 이미 성립한 예산의 부족을 보충하기 위하여 비목을 신설하거나 기존 비목의 금액을 추가·증액하는 경우에 편성되며 전체 예산규모에 변동이 일어난다. 즉, 추가예산이라 함은, 당초예산을 편성하여 법인 이사회 심의·의결을 거쳐 확정하고 시·군·구에 보고하고 난 이후 새로운 예산과목이 필요하거나 기존 예산과목의 금액을 추가·증액하는 경우에 편성하는 예산이다.

② 경정예산은 기존 예산 범위 내에서 각 항목 간의 예산조정을 통해 사업별로나 과목 상호 간 예산금액을 변경하는 예산으로 새로 세입의 추가없이 기존 예산의 범위 내에서 각 비목 간의 예산조정 등을 통해 예산과목(관,항,목) 상호 간의 예산금액을 변경 조정하여 편성되며, 전체 예산규모에 변동을 가져오지 않는다.

③ 추가경정예산의 편성절차는 당초 예산편성과 마찬가지로 이사회에서 심의·의결을 거쳐 확정하고 확정된 날로부터 7일 이내에 시·군·구청장에게 제출하여야 한다(「재무회계규칙」 제13조).

4. 예산편성의 원칙

예산편성에서 가장 중요한 것은 투명한 관리이다. 관련하여 몇 가지 개념을 살펴보자. 예산수립은 목표에 대한 정확한 설정과 판단 및 우선순위에 의한 예산계획, 과도한 예산수립을 지양하며, 평가와 성과에 의해 필요예산이 수립될 수 있도록 함을 말한다. 예산집행은 사회복지시설별 예산통제의 원칙을 준수하며, 지출의 사전 승인을 통한 수입과 지출의 균형을 유지하고 불필요한 지출을 사전에 방지한다. 회계는 회계기록의 일일 결산을 철저히 시행하고, 수입원 및 지출원, 물품출납원 지정을 통한 업무진행하는 것을 말한다. 또한 예산전반에 관한 규정이 있어야 하는데, 이는 예산총칙이라고 한다.

1) 예산관련 법규

(1) 사회복지사업법

① 「사회복지사업법」 규정에 의한 재산과 그 회계에 관하여 필요한 사항은 보건복지부령으로 정한다(제1항: 법인은 사회복지사업의 운영에 필요한 재산을 소유하여야 한다).

② 「사회복지사업법」 규정에 의해 후원금에 관한 영수증 교부, 수입 및 사용 결과보고 등 기타 후원금 관리에 필요한 사항은 보건복지부령으로 한다.

2) 예산의 편성 지침

(1) 법인 · 시설 예산편성 지침

법인의 대표이사는 사회복지법인 · 시설 설립목적에 따른 건전운영 원칙의 취지(「재무회계규칙」 제2조)에 따라 매 회계연도 개시 1개월 전까지 그 법인과 당해 법인이 설치 · 운영하는 시설의 예산편성 지침을 정하여야 한다(「재무회계규칙」 제9조).

(2) 지방자치단체 예산편성 지침

법인 또는 시설의 소재지를 관할하는 시 · 군 · 구청장은 특히 필요하다고 인정되는 사항에 관하여는 예산편성 지침을 정하여 매 회계연도 개시 2개월 전까지 법인 및 시설에 통보할 수 있다(「재무회계규칙」 제9조).

3) 예산의 편성 및 결정절차

(1) 예산편성

예산편성은 법인회계와 시설회계 및 복지관, 어린이집 회계를 구분하여 각각의 세입 · 세출예산 과목 구분에 따라 편성하여야 한다.

① 법인 및 시설

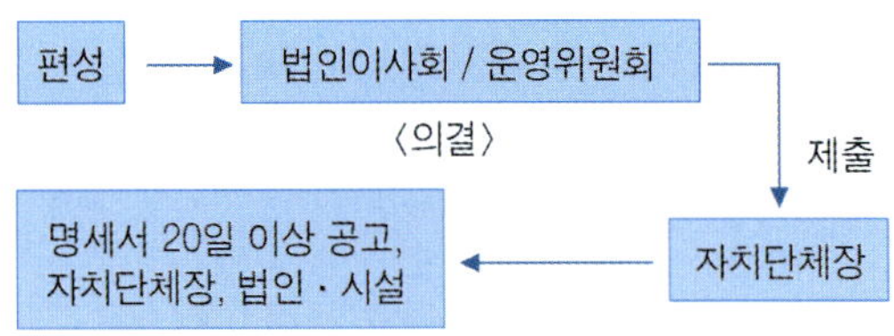

② 법인이 설치한 시설

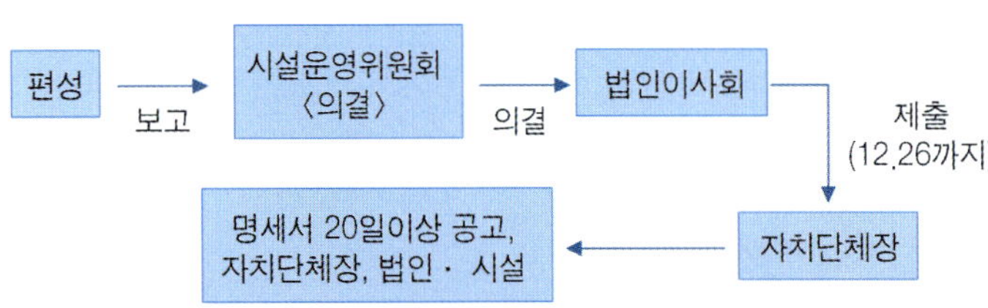

③ 소규모 시설

정부 · 법인 외의 자가 설치 · 운영하는 시설 중 거주자 정원이나 1일 평균 이용자가 20인 이하인 경우의 소규모 시설의 경우에는 예산 · 결산 서류 간소화, 전용절차 간소화, 지출결의서의 생략이 가능하다(지방보조금 관리기준).

주 요 내 용	주 체	일 정
시 · 군 · 구에서 법인 또는 시설에 특히 필요하다고 인정하는 사항에 관해 예산편성지침 통보 가능	법인 또는 시설 소재지 관할 시장 · 군수 · 구청장	회계연도 개시 2개월 전까지
▼		
법인은 법인과 법인 산하 시설의 예산편성지침을 결정	법인 대표이사	회계연도 개시 1개월 전까지
▼		
회계별 예산(법인회계, 시설회계, 수익사업회계) 편성	법인 대표이사 및 시설의 장	회계연도 개시 전까지
▼		
시설회계 예산안에 대한 시설 운영위원회 보고 ※ 법인이 설치 · 운영하는 시설의 경우에도 시설회계는 법인 이사회 의결 전 시설 운영위원회에 보고 필요 ※ 법인회계 및 수익사업회계에 대해서는 불필요	시설의 장	예산안 편성 완료 시
▼		
법인의 회계별 예산(법인회계, 시설회계, 수익사업회계)안에 대한 이사회 의결, 예산안 확정 ※ 법인이 설치 · 운영하는 시설의 시설회계도 포함 ※ 법인이 아닌 경우에는 시설 운영위원회 보고로 예산안이 확정됨	법인 이사회	예산안 편성 완료 시
▼		
확정된 예산안을 시장 · 군수 · 구청장에 제출 ※ 법인은 법인의 회계별 예산(법인회계, 시설회계, 수익사업회계)을 법인 소재지를 관할하는 시장 · 군수 · 구청장에 제출하고, 시설의 장(법인이 운영하는 시설도 포함)은 해당 시설의 시설회계를 시설 소재지 관할 시장 · 군수 · 구청장에 제출	법인 대표이사 및 시설의 장	회계연도 개시 5일 전까지
▼		
법인과 시설의 회계별 세입 · 세출 명세서를 시 · 군 · 구, 법인, 시설의 게시판과 인터넷 홈페이지에 20일 이상 공고 ※ 게시판 공고는 「신문 등의 진흥에 관한 법률」 제2조 제1호에 따른 신문 또는 「잡지 등 정기간행물의 진흥에 관한 법률」 제2조 제1호에 따른 정기간행물에 게재로 갈음 가능	시장 · 군수 · 구청장, 법인 대표이사, 시설의 장	예산안 제출 20일 이내

| 그림 5-1 | 사회복지시설 예산편성 절차

출처: 보건복지부(2014). 2014 사회복지관 운영관련 업무처리 안내.

(2) 예산확정

법인의 대표이사 및 시설의 장은 예산편성지침에 따라 예산을 편성하고 각각 법인 이사회의 의결 및 시설 운영위원회에 보고를 거쳐 확정한다. 위의 절차에 의해 확정한 예산에 대해 법인의 대표이사 및 시설의 장은 매 회계연도 개시 5일 전까지 관할 시·군·구청장에게 제출하여야 한다(「재무회계규칙」 제10조).

4) 예산공고

시·군·구청장은 예산을 제출받고 20일 이내에 법인과 시설의 회계별 세입·세출 명세서를 시·군·구의 게시판과 인터넷 홈페이지에 20일 이상 공고하고, 해당 법인 및 시설의 게시판과 인터넷 홈페이지에 20일 이상 공고하도록 하여야 한다(「재무회계규칙」 제10조).

5) 예산편성 시 유의사항

(1) 회계별 예산편성

① 예산은 법인회계, 시설회계, 수익사업회계의 예산으로 구분한다.

| 표 5-1 | 사회복지회계의 구분

구분	내용	등록
법인회계	법인의 업무 전반	고유번호증
시설회계	시설에 관한 회계	고유번호증
수익사업회계	법인이 수행하는 수익사업	사업자등록

② 법인회계와 시설회계 예산은 필요할 경우 일반회계 예산과 특별회계 예산으로 구분할 수 있다.

(2) 예산규모

① 예산규모는 전년도 또는 수개년분의 실적을 검토한 후에 익년도의 물가 상승률을 고려하여 추정한다.

② 과거의 실적과는 상관없이 완전히 영(0)인 상태에서 편성할 수도 있다.

③ 지방자치단체의 보조금에 따라 예산규모를 정하는 경우가 많다.

(3) 예산의 주안점

① 예산의 편성과정과 절차가 적절히 이루어지고 있는지, 예산형식과 내용이 예산과목체계를 유지하고 있는지 여부를 확인한다.

② 예산편성과정의 법정시한이 지켜지고 있는지 확인한다.

③ 클라이언트의 재정수요가 반영되고 있는지 확인한다.

가. 클라이언트들이 무엇을 가장 바라고 있는가 하는 욕구를 파악, 예산에 반영 여부

나. 법인 및 시설의 역점사업과 지역사회 문제해결 사업에 우선권을 두고 있는지 여부

④ 건전재정을 유지하고 있는지 확인한다.

가. 불요불급한 사업을 실시하거나 경비 계상에 있어 중복계상 여부

(4) 세입예산

① 세입 재원은 수입 가능한 범위 내에서 계상하여 예산의 안정성과 건전성을 유지하여야 한다.

② 정부 및 지방자치단체의 보조금은 확정 내시된 금액을 예산에 계상하여 세입 결함이 없도록 한다. 단, 익년도 예산 제출기간 전에 보조금 증액이 없을 경우에는 현 연도 보조금액에 준하여 계상한다.

③ 법인 전입금은 본예산에 계상한다.

④ 후원금 수입은 지정후원금과 비지정 후원금 수입으로 구분하여 계상한다.

⑤ 이용자부담금, 입소자부담금 등 수입은 사업내용별로 구분하여 계상한다.

(5) 세출예산

① 사업비 예산은 사업계획에 근거하여 수입 및 지출 예산을 편성하되 국가시책에 반하는 사업비 계상은 지양한다.

② 인건비 예산은 정부의 보수기준에 따르고, 정부의 기준 이상 또는 별도의 수당은 운영자 부담으로 지급함을 원칙으로 한다.

③ 사회보험료(국민건강보험, 요양보험, 국민연금, 고용보험, 산재보험)는 필히 본예산에 계상한다.

④ 지출단가에 대한 정부의 지침(예산편성기준)이 있는 경우 이를 적용하며, 물가상승률을 고려한다.

⑤ 여비, 수용비 및 수수료, 공공요금, 차량비, 연료비 등 운영비는 전년도의 실적을 분석하여 절감할 수 있는 부분이 있는지를 검토하고 편성한다.

⑥ 지출단가 금액은 조달청 가격 또는 월간 종합물가정보를 참조하거나 시장가격 조사를 통해 결정한다.

⑦ 재산조성비

가. 시설비: 건물의 신·증축 개보수비용, 부지조성 비용 등

나. 자산 취득비: 시설의 기본운영을 위하여 필요한 비품, 장비 구입비

⑧ 후원금 세입·세출의 예산편성(규칙 제41조의7 제2항): 후원금의 수입 및 지출은 규칙 제10조의 규정에 의한 예산의 편성 및 확정절차에 따라 세입·세출 예산에 편성하여 사용한다.

Tip 후원금에 대해서 알아봅시다.

1. 후원금의 접수

1) 기부금 영수증 발급 및 목록 비치

① 소득세법 · 법인세법 시행규칙의 서식활용

② 전용계좌 개설(법인 및 시설 별도)

③ ①, ②번 위의 사항 위반 시 300만 원 이하 과태료 부과 대상

2. 후원금의 지출

1) 지정 후원금 지출

① 후원자가 지정한 용도로 사용

② 예외사항

- 후원금의 15%까지
- 모금홍보, 관리, 운영, 결과 등에 필요한 비용으로 사용가능(사후 관리비용)

2) 비지정 후원금 지출

① 법인 및 시설 운영비로 사용가능

② 간접비 사용 비율을 50% 초과 못함

- 업무추진비(기관운영비, 직책보조비, 회의비), 법인회계 전출금, 부채상환금, 잡지출, 예비비 사용금지
- 업무추진비 중 후원금 모집 등을 위한 운영비, 회의비는 15% 내 사용 가능

③ 당해연도 후원금 지출금액 기준(수입금액은 아님)

3. 지도점검 지적사례

1) 후원금을 보조금 수입으로 편성하는 경우

2) 법인에서의 후원금을 일반 전입금으로 처리하는 경우

3) 후원금 계좌를 법인의 대표자 개인 명의로 개설하는 경우

4) 후원금으로 시설 및 법인의 부채원금, 이자 상황하는 경우

5) 후원 물품을 기부처에 직송하는 경우

5. 예산관리의 원칙

1) 예산의 집행품의

(1) 의의

세출 예산에 편성된 예산의 목적을 달성하기 위해서 집행의사를 결정하는 행위를 의미하나, 실질적으로 예산지출을 확정하는 행위는 아니다.

(2) 집행품의 방법

① 집행품의는 집행내용과 집행액의 규모에 따라 시설의 위임전결 규정에서 정한 전결규정에 의하여 결재권자의 결재를 받음으로써 완료됨

② 품의종류 : 공사집행(수선), 물품의 매입・수리・제조, 전출금 및 출연금의 교부 등

③ 품의서의 작성요령

- 제목은 집행목적을 나타낼 수 있도록 표기
- 집행의 목적, 집행액, 집행내역
- 지급처, 예산과목
- 집행의 내용에 따라 예산, 세입, 회계부서의 협조

(3) 품의서 작성 시 검토사항

① 집행의 내용이 예산편성의 목적과 부합되는지 여부

② 집행예정금액은 예산액의 범위 이내인지, 예산배정 여부 등

③ 집행예정금액이 법령・지침 등에서 정한 기준액과 부합되는지 여부

④ 자금의 지급처는 정당한지 여부

※ 집행품의를 생략할 수 있는 경우(시도「재무회계규칙」 제21조 제6항)

- 직무수행비, 공공요금, 제세공과금
- 급여, 여비, 복리후생비(연가보상비, 직원 도외연수 · 산업시찰경비 제외)

Tip 예산집행의 원칙

1. 목적 외 사용금지
   1) 세출예산의 목적 외에 경비 사용금지
   2) 관 · 항 · 목을 상호 간에 바꾸어 집행하는 것 금지
   3) 예외 : 예산의 전용

2. 회계연도 독립

당해연도 세출은 그 해의 세입으로 충당

2) 지출원인행위

(1) 개념

① 지출원인행위란 세출 예산에 대하여 사회복지 시설의 지출원인이 되는 계약 및 이미 법령에 의하여 발생되어 있는 채무에 대한 지출을 확정하는 행위를 말함

② 지출원인행위의 주종은 계약이라 할 수 있으나 이외에도 보조금 교부결정, 출연금 교부결정 등이 있음

(2) 지출원인행위 제한사항

① 예산집행품의는 제대로 되었는가(특히 예산의 범위 내인지, 재무회계규칙에 따라 정상적으로 결재가 이루어졌는지 등)

② 법령, 규칙 등의 범위 내에서 집행되는 것인가

③ 회계의 일반원칙(예산총계주의 원칙, 회계연도 독립의 원칙 등)은 준수 되는가

④ 예산의 목적외 사용은 아닌가

⑤ 예산과목의 임의 전용되지 않았는가

(3) 지출원인행위 시 확인사항

① 지출원인행위 제한사항 저촉 여부

② 계약에 의할 경우

- 계약대상자, 계약금액, 계약기간 등 계약내용의 정당 여부
- 계약보증금 납부, 정부 수입인지 소화여부 등 확인

③ 경비 지급액은 규정을 준수하여 적정하게 산정하였는지 여부

④ 집행 내용은 예산편성목적과 부합되는지 여부

Tip 예산집행 절차관련

1. 지출원인행위는 계약행위, 지출결정행위를 말함
2. 예산집행품의는 예산집행의 방침(결재)를 받는 행위를 말함
3. 적격증빙서류는 신용카드, 현금영수증, 세금계산서, 계산서 등을 말함
   1) 회계서류에 붙이는 서류는 원본이 원칙
   2) 지출증빙서류는 지출일자순으로 편철
   3) 금액은 아라비아 숫자와 한글을 사용하여야 함

| 그림 5-2 | 사업진행절차 예시

6. 예산의 전용

① 예산은 세출예산이 정한 목적 외에 이를 사용하지 못한다(규칙 제15조).

② 그러나 예산집행에 탄력성을 부여함으로써 사업계획이나 여건변동에 따른 집행의 효율화를 기하기 위하여 예산의 전용이라는 제도를 인정하고 있다.

1) 예산의 전용(규칙 제16조)

① 예산의 전용은 어떤 사업을 집행하고 남은 잔액을 사용 처분하기 위한 제도가 아니라 계획이나 여건변동에 따라 탄력적으로 예산을 운용함으로써 사업을 보다 효율적으로 추진하기 위한 제도이다.

② 법인의 대표이사는 관 · 항 · 목 간의 예산을 전용할 수 있으며, 다만 법인 및 시설(소규모시설은 제외한다)의 관 간 전용 또는 동일 관 내의 항간 전용을 하려면 이사회의 의결 또는 시설 운영위원회에의 보고를 거쳐야 하되, 법인이 설치 · 운영하는 시설인 경우에는 시설운영위원회에 보고한 후 법인 이사회의 의결을 거쳐야 한다.

③ 법인의 대표이사 및 시설의 장은 관 · 항 간 예산의 전용한 경우에는 관할 시정, 군수, 구청장에게 제19조 및 20조에 따른 결산보고서를 제출할 때에 과목전용조서를 첨부하여야 한다.

| 표 5-2 | 예산의 전용

구분	내용
관, 항	이사회 의결, 운영위원회 사전보고
목	대표이사, 시설장 결정
전용의 제한	• 예산 총칙에서 제한한 경우 • 예산심의 시 삭감한 내용 • 보조금 지원 주체의 제한(사전협의 필요)
사용 시	전용조서 작성하여 이를 결산보고서에 첨부

7. 수입 · 지출관리

1) 수입 및 지출의 사무관리(규칙 제21조, 22조)

① 수입 및 지출사무 관리주체 : 법인의 대표이사 및 시설의 장

② 법인 대표이사 및 시설장은 해당 사무를 소속직원에게 각각 위임 가능

③ 법인과 시설에는 수입과 지출의 현금 출납업무를 담당하기 위하여 "각가"수입원과 지출원을 둠

④ 법인 또는 시설의 규모가 소규모인 경우에는 수입원과 지출원을 동일인으로 할 수 있음

⑤ 수입원과 지출원은 법인의 대표이사와 시설장이 임면

2) 재정보증보험의 가입

① 수입원과 지출원 등 회계 담당자는 재정보증 보험 가입

② 임면한 날로부터 20일 이내에 재정보증을 설정하며, 보증기간은 1년으로 하며, 매 1년마다 이를 갱신

③ 수입원과 지출원에게는 임명장(사령장)을 수여하고 임명사항을 인사발령부와 개인 인사기록카드에 기재

참고 **재정보증금 예시**

- 경리, 지출원, 경비출납원 : 3천만 원 ~ 5천만 원
- 그 밖의 회계관직 : 1천만 원 ~ 5천만 원

3) 수입금의 수납관리(규칙 제25조)

① 모든 수입금의 수납은 이를 금융기관에 취급시키는 경우를 제외하고는 수입원이 아니면 수납하지 못함

② 수입원이 수납한 수입금은 그 다음날까지 금융기관에 예입

③ 수입금에 대한 금융기관의 거래통장은 제6조의 규정에 의한 회계별로 구분될 수 있도록 보관, 관리

④ 수입금의 직접 사용은 허용되지 않음

⑤ 과오납된 수입금은 수입한 세입에서 직접 반환(규칙 2 제29조)

⑥ 세입에 해당하는 수입은 수입결의서를 작성

⑦ 결의서의 의미 : 결의서의 작성은 수입원이 수입명령을 발행하기 위해 의사를 결정하는 서류

⑧ 결의서의 종류 : 수입결의서, 반납결의서

4) 과년도 수입, 반납금 여입(규칙 제26조)

① 출납이 완결한 연도에 속하는 수입, 기타 예산 외의 수입은 모두 현년도의 세입에 편입하여야 함

② 지출된 세출의 반납금은 각각 지출한 세출의 당해과목에 여입

| 표 5-3 | 과년도 수입 및 지출

항	목	내역
과년도 수입	과년도 수입	전년도에 세입 조정된 수입으로 금년도에 수입으로 확정된 것
과년도 지출	과년도 지출	• 과년도 미불금, 과년도 사업비 • 전년도에 한함

5) 지출의 원칙(규칙 제28조, 제29조)

① 지출은 지출사무를 관리하는 자 및 그 위임을 받아 지출명령이 있는 것에 한하여 지출원이 행함

② 지출명령은 예산의 범위 안에서 하여야 함

③ 지출은 상용의 경비 또는 소액의 경비지출을 제외하고는 예금통장에 의하거나 「전자거래기본법」 제2조 제5호에 따른 전자거래로 행함

TIP) "전자거래"라 함은 재화나 용역을 거래함에 있어서 그 전부 또는 일부가 전자문서에 의하여 처리되는 거래를 말함

④ 다만, 시설에 지원되는 국가 또는 지방자치단체의 보조금 지출은 보건복지부장관이 지정하는 수단으로 행하여야 함(보조금전용카드)

⑤ 지출원은 상용의 경비 또는 소액의 경비를 지출할 수 있으며, 이를 위해 100만 원 이하의 현금을 보관할 수 있음

⑥ 상용경비 또는 소액의 경비 지출이라도 1만 원 이상 지출 시 카드를 사용하거나 현금영수증을 발급받아 지출함

6) 보조금 통장 개설

① 보조금 통장은 "단체명의" 통장으로 개설

② 자부담이나 기타 사업의 사업비와 혼용하여 사용할 수 없음

③ 사업기간 내 보조금의 계좌 입금이 늦어지는 경우 사업비를 자부담으로 대체 지출하고, 추후 보조금에서 보전 가능

7) 카드사용방법

① 카드결재 시 카드전표 서명란에 단체명, 사용자명 반드시 기재

② 카드 사용으로 인해 발생한 인센티브(포인트, 마일리지, 적립금 등)은 현금으로 전환하여 세입조치

③ 기타 현금으로 전환되지 않는 경우에는 세출예산을 대신하여 집행하거나 행정용도로 사용

④ 신용카드를 사용하여 현장에서 여러 업체의 가격비교를 한 후에 거래처에서 직접 구매하는 경우 가격이 표시된 상품소개서 및 카탈로그를 견적서로 간주할 수 있음

8) 통장인출일자와 지출일자 일치

① 통장의 인출일자와 회계 지출일자와 일치해야 함

9) 지출결의서 작성

① 사업비 집행내역을 육하원칙에 의하여 구체적으로 기재

② 결재란에 단체장 결재를 반드시 득해야 함

③ 지출결의서는 지출일자 순으로 편철

④ 1건의 지출원인행위에 대하여 2회 이상 지출하였을 때에는 제2회이후 지출결의서 전회까지의 지출 연월일 및 금액을 덧붙여 기재

⑤ 지출 원인행위 관계증빙서는 최초의 지출결의서에 서류 첨부

10) 지출증거서류

① 수입 또는 지출결의서에 붙이는 증빙서류는 원본에 한함

② 증빙서에는 재상용 방지를 위하여 지출증빙서에 ‘지급필’(또는 출납필)이 원본과 틀림없다고 원본 대조자의 도장 날인

③ 외국어로 쓰여진 증거서류에는 그 번역문을 붙임

④ 지출 증거서류

- 지출에 관한 결의서
- 세금계산서, 계산서, 신용카드의 매출전표
- 견적서 및 청구서(필요시)
- 계약서(필요시)
- 검사조서(필요시)
- 세출금액에의 반납 또는 과목경정의 관계서류
- 계약의 변경, 해제 또는 위약처분을 한 것이 있을 때는 그 관계서류
- 기타 지출의 내용을 증명하는 데 필요한 서류

⑤ 실제적인 수입과 지출없이 단지 현금과 예금 간의 이동(동일한 금액)이 있을 경우는 그 내부결재 서류를 당일의 결의서들과 함께 편철

TIP) 세법상의 증빙서

⑥ 과세사업자중 일반과세자 ⇒ 세금계산서 발행

⑦ 면세사업자 ⇒ 계산서 발행

⑧ 간이과세자 ⇒ 세금계산서 대신 영수증 발행

11) 지출 시 유의사항

① 지출원인행위 여부(예산집행품의 등)

② 세출 예산과목의 적정여부

③ 채주가 정확한지 여부

④ 물품, 공사, 기타 대금 지불 시 구비서류 확인

⑤ 채주와 예금주명의 일치여부(사업자등록증의 대표자 성명과 일치여부)

⑥ 회계 문서상의 모든 날인은 무인(손도장), 서명, 기타 표시로 갈음할 수 없으며

강의, 회의참석 여비, 보상금의 경우 실비 변상으로 지급하는 100만 원 이하의 수당은 가능(도 「재무회계규칙」 제132조)

8. 결산방법

1) 결산절차

예 · 결산 및 감사결과, 후원금수입 사용결과 보고 공개를 통한 투명성 확립은 필수적이면서 기본적인 조건이다. 관련 근거는 첫째, 사회복지법인 「재무회계규칙」 제10조(예산의 편성 및 결정절차), 둘째, 사회복지법인 「재무회계규」칙 제19조(결산서의 작성 제출), 셋째, 사회복지법인 「재무회계규칙」 제41조의6(후원금의 수입 · 사용결과보고 및 공개)이다.

구 분	일정(시기) 및 방법	관련 근거
예산내역보고 및 공개	• 이사회 의결, 자문위원회 보고 • 게시판 20일 이상 공고 • 예산개요를 홈페이지 게재	사회복지법인 재무회계규칙 제10조
결산내역보고 및 공개	• 이사회 의결 후 1개월 이내	사회복지법인 재무회계규칙 제19조
감사결과 공개	• 정기 감사 후 1개월 이내	사회복지법인 재무회계규칙 제2조(기본원칙) 준용
후원금의 수입 · 사용결과보고 및 공개	• 반기 종료 후 30일 이내 시청보고, 인터넷 공고(3개월 이상) • 매월 후원금 수입 및 사용결과보고, 게시판 공고	사회복지법인 재무회계규칙 제41조6항

2) 결산보고를 위한 장부확인(사회복지시설 정보시스템 활용)

생산성 및 투명성 제고를 위해서는 사회복지시설 정보시스템(국가복지정보시스템) 활용(www.w4c.go.kr)을 통한 효율적인 업무시스템을 구축한다. 또한 시설회계의 투명성을 확보하고 사회복지시설 소재지 지방정부와의 즉각적인 업무연계시스템을 통하여 업무생산성을 높이는 경우가 많다. 또한 관내 복지서비스 소비자의 서비스 이용현황을 체계적으로 관리하고, 각종 서비스 제공기록 및 사례관리의 통합적 관리를 위한 전산 프로그램을 활용하기도 한다. 최근에는 기관별로 전자결재시스템의 운영을 통해 공문 및 기안 결재, 문서관리의 효과성을 극대화하는 경우도 있다.

(1) 계좌별 입출내역

- 장부와 통장계좌의 금액이 상이하면 자금일보에서 일자별 조회

(2) 총계정원장

- 계정과목별 수입금액과 지출금액을 확인

(3) 수입지출명세서

- 계정과목별 예산대비 집행금액에 대한 누계 및 백분율 확인

(4) 세입결산서

- 세입 계정과목별 자금원천에 대한 예산대비 결산금액의 증감액을 확인

(5) 세출결산서

- 세출 계정과목별 자금원천에 대한 예산대비 결산금액의 증감액을 확인

(6) 세입계정 별 잔고현황

- 세입 계정과목별 수입과 지출잔고 확인, 회계사업별 조회하는 것이 정확함

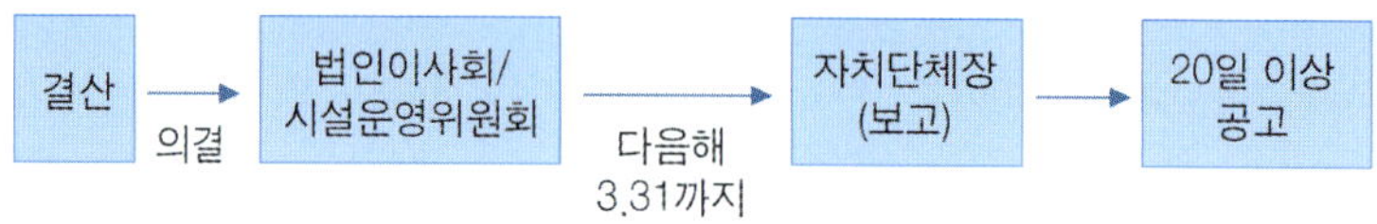

(7) 세입계정 대 세출내역

- 세입계정을 중심으로 각 세부 일자별로 수입과 지출내역을 보여주면서 현재 세입계정의 잔고액 확인

참고 **반납금(여입) 및 반환의 정의 알아보기**

1. 반납금이란 당해 과목에 여입하여 재사용할 수 있음
2. 반환은 과오납된 수입금으로 그 수입에서 반환하여야 함

Chapter 06

자원봉사

사회복지현장에서 보다 효과적인 자원봉사활동을
이해하고 실천하기 위해서는 자원봉사에 대한
체계적인 이해가 요구된다.

1. 자원봉사의 이해

1) 자원봉사활동의 필요성

자원봉사활동은 사회의 다양한 문제를 해결하고, 공동체 회복이라는 가치 아래 봉사자의 헌신적인 노력으로 사회의 공익을 증진시키는 것이라고 말할 수 있다. 이러한 자원봉사활동은 우리 사회의 전통적인 공동체 의식 및 생활 방식과 긴밀한 연관성을 갖고 있다고 볼 수 있다. 이러한 자원봉사활동의 장려를 위해 중·고등학교를 비롯하여 대학에서도 자원봉사 학점제를 실시하고 있으며, 기업에서도 자원봉사활동을 독려하기 위해 다양한 제도적, 정책적 활동을 이어가고 있다. 또한 최근에는 기업임직원 봉사활동에 대한 욕구가 증대되고 있으며, 이는 사회공헌활동의 새로운 형태로 발전하고 있기도 하다.

2) 자원봉사의 개념

자원봉사(Volunteer)라는 말은 라틴어인 볼런타스(Voluntas)에서 유래한다고 한다. 이는 마음 속에서 우러나오는 의사라는 뜻을 담고 있다. 즉, 의무(Duty)보다는 자발적인 의지에 의해 행하는 활동을 의미한다. 자원봉사의 개념은 국가에 따라, 사회, 학자에 따라 다르게 해석되기도 한다. 이러한 특성을 바탕으로 우리나라에서는 통상 「자원봉사활동 기본법」에 근거하여 자원봉사 관련한 개념을 정의할 수 있다.

「자원봉사활동 기본법」을 들어, 자원봉사활동을 정의하면 '자원봉사활동'이란 개인 또는 단체가 지역사회·국가 및 인류사회를 위하여 대가 없이 자발적으로 시간과 노력을 제공하는 행위를 말하며, '자원봉사자'란 자원봉사활동을 하는 사람으로 정의하고 있다. '자원봉사단체'란 자원봉사활동을 주된 사업으로 하거나 이를 지원하기 위하여 설립된 비영리 법인 또는 단체를 말한다. 또한 '자원봉사센터'란 자원봉사활동의 개발 · 장려 · 연계 · 협력 등의 사업을 수행하기 위하여 법령과 조례 등에 따라 설치된 기관 · 법인 · 단체 등을 말한다.

이러한 자원봉사활동의 개념은 그것이 처한 시대적인 상황에 따라 다양한 의미로 사용되어 왔다. 앞서 자원봉사활동 기본법을 바탕으로 우리나라에서 정의한 자원봉사자를 '사회복지분야에서 자발적인 활동을 하는 사람으로 공공복지 분야에서 복지사업에 공감하고 이를 바탕으로 그 사업을 돕기 위하여 자신의 기능과 시간을 자발성에 기인하여 무보수로 제공하는 사람들'을 말하기도 한다.

3) 자원봉사자의 특성

자원봉사활동은 목적, 주체, 대상에 따라 다양한 유형과 특성을 가질 수 있다. 일반적으로 자원봉사활동은 자발성, 무보수성, 이타성이라는 세 가지 기본적인 특성이외에도 조직성, 민주성, 자아실현성 등의 특성을 가진다.

(1) 자발성

자원봉사활동은 지시에 의한 강제적으로 활동하는 것이 아니라 개인의 의지에 따라 이루어지는 활동이다. 자원봉사자는 자기 삶의 주인이고자 하는 사람이 특수한 이익 또는 개인의 사익(私益)에 의해서가 아니라, 남을 돕는 것이 곧 자신을 돕는다는 공동체의 의식에 기초하여 행하는 활동이다.

(2) 무보수성

자원봉사활동은 정신적, 심리적인 보람과 가치 등 이외의 어떠한 물질적인 대가를 받지 않는 무보수의 활동이다. 자원봉사활동은 무보수성을 강조한다. 그러나 최근에는 자원봉사활동에 쓰여 진 최소한의 경비나 수당은 받을 수 있어야 한다는 여론이 많다. 다만, 봉사활동 그 자체가 최우선적인 목표가 되어야 하며, 이러한 경제적 보상은 자원봉사활동이 잘 유지되도록 하는 매개체에 불과한 것이다. 이 경우에는 자원봉사활동의 기본정신에 크게 위배되지 않는 범위에서 고려해야 할 것이다.

(3) 이타성

자원봉사활동은 이웃과 함께 하는 가치관에 바탕을 두고 공동체의 번영을 위한다는 인식에서 출발한다. 이타주의(altruism)는 다른 사람이나 사회의 선을 위하는 헌신을 의미한다. 물론 절대적인 이타주의란 불가능하지만, 자원봉사활동 과정을 통해 상대적인 이타주의를 실천할 수 있다. 또한 자원봉사활동은 새로운 것을 배우는 기회를 습득하고, 도덕적 선행이나 도움을 실천했다는 심리적인 만족감 등의 반대 급부를 얻을 수도 있다. 헌신(commitment)은 자원봉사활동에서 필요한 구성요소다. 헌신의 목적은 도움을 필요로 하는 개인이나 혹은 사회적 정의와 같은 비전이나 이상을 실현하는 것 등으로 존재하기도 한다.

| 표 6-1 | 자원봉사활동의 가치

개인적 차원	사회적 차원
• 참여의 자발성을 바탕으로 공공의 이익추구 • 호혜성에 기반, 이타성의 구현을 통해 자아실현 기회 마련 • 지역사회 문제해결에 적극적으로 개입함으로서 사회구성원으로서의 책임감과 성취감 달성 • 궁극적으로 사회통합에 기여	• 복지공급에 있어 정부의존의 한계를 극복 • 지역단위의 복지를 실천하여 지역사회의 유용한 복지자원으로서 활용 • 다양한 사회문제를 공동체 차원에서 예방, 해결하기 위한 사회적 연대체계의 구축 • 공공-민간협력 실현의 핵심가치

2. 자원봉사 관리시스템

1) 1365 자원봉사 포털시스템

자원봉사자를 모집하기 위해서는 자원봉사 포털 시스템을 알아야 한다. 자원봉사 포털시스템은 행정안전부에서 주관하는 1365자원봉사 포털을 비롯하여, 사회복지 관련기관에서 주로 이용하는 사회복지 자원봉사 인증관리시스템(VMS)등이 있다. 그중 사회복지 영역에서 가장 많이 활용하는 관리 시스템의 주요 내용을 살펴보면 다음과 같다. 「자원봉사활동 기본법」 및 동법 시행령에 의해 국가 및 지방자치단체가 자원봉사센터를 설치하도록 함에 따라 국가차원의 한국중앙 자원봉사센터를 설치하여 지역자원봉사센터의 전문성 보완과 운영의 활성화 및 네트워크를 구축하고 전국적인 자원봉사활동의 허브역할을 담당하고 있으며, 운영하는 사이트는 아래와 같다.

| 표 6-2 | 자원봉사관리 시스템

구분	사회복지 자원봉사 인증관리시스템	1365 자원봉사 포털
사이트주소	www.vms.or.kr	www.1365.go.kr
주관 및 운영	보건복지부 주관 한국사회복지협의회 운영	행정안전부 주관 자원봉사센터 운영
특성	사회복지시설 및 기관, 비영리단체의 자원봉사활동을 관리, 인증	사회복지를 포함한 모든 자원봉사활동을 관리, 인증
인증 및 교육	시군구 사회복지협의회를 통해 기관은 자원봉사관리센터로, 담당자는 자원봉사 인증요원으로 소정의 교육을 거쳐 위촉받아 활동	1365사이트 가입 후 관리자 인증 요청하여 수요처 관리자로 승인받아 활동
자원봉사자 모집	위촉받은 인증요원이 인증관리 DB시스템에 접속하여 자원봉사자 모집게시판 양식에 맞춰 내용 작성(인증요원만 가능함)	교육 받은 담당자가 자원봉사 관리 DB시스템에 접속하여 모집게시판 양식에 맞춰 내용 작성(인증서로 담당자 관리)

2) 사회복지 자원봉사 인증관리(VMS)

사회복지 자원봉사 인증관리제도는 전국의 다양한 자원봉사 단체와 기관 상호 간의 네트워크 체계를 구축하여 자원봉사자의 봉사실적을 정확하고 체계적으로 관리하고 봉사실적에 대한 인센티브를 제공하기 위해 마련된 제도이다. 사회복지 자원봉사 관리센터 상호 간의 유기적인 협력체계를 구축하여 사회복지 자원봉사 프로그램을 운영하고, 소속 자원봉사자의 봉사활동 실적을 인증관리시스템(VMS)의 데이터베이스에 누적·관리함으로서 봉사실적을 공정하게 관리하고 있다. 법적 근거는 「사회복지사업법」과 「자원봉사활동 기본법」에 따라 시행하고 있으며 한국사회복지협의회와 시·도 사회복지협의회가 사업을 주관하고 있다.

| 표 6-3 | 사회복지 자원봉사 인증관리요원

구분	내용
정의	관리센터 종사자로서 관리요원 양성교육 이수 후 「사회복지 자원봉사 관리규정」 제7조에 의하여 인증관리업무를 수행하도록 위촉된 자
역할	• 당해 관리센터의 사회복지 자원봉사 관리 및 조정 • 인증관리 DB 시스템 운용 • 자원봉사자 인적사항·봉사실적 및 관리센터 정보 등록·관리 • 웹 신청 자원봉사자 승인 및 타 관리센터 이관 처리 • 자원봉사관련 각종 자료의 엄정한 관리로 사업의 신뢰성 확보 노력 등
위촉절차	시·도 사회복지협의회가 제공하는 인증관리요원 양성교육 이수 후 인증관리요원 위촉 및 위촉장 교부

3) 자원봉사 관련단체

우리나라에는 다양한 자원봉사 관련단체가 있다. 자원봉사 관련단체를 알리는 여러 사이트가 있으나 대표적인 몇 가지만 소개하면 아래와 같다.

| 표 6-4 | 자원봉사 관련단체 추천사이트

기관명	인터넷주소
한국자원봉사협의회	http://www.vkorea.or.kr
한국자원봉사포럼	http://www.kvf.or.kr
한국자원봉사연합회	http://www.volunteer.or.kr
한국자원봉사문화	http://www.volunteer21.org
서울시자원봉사센터	http://volunteer.seoul.go.kr
한국자원봉사문화	http://volunteeringculture.or.kr
한국자원봉사이음	www.facebook.com/volunteereum

3. 자원봉사 배치 및 교육

1) 자원봉사자 배치

자원봉사자들의 욕구 조사에서 조사된 내용(자원봉사자들의 기대, 능력)과 자원봉사를 필요로 하는 기관과 담당부서 간의 욕구를 고려하여 적절한 업무에 자원봉사자를 배치하여야 한다. 배치란 봉사자의 기술과 재능을 봉사활동을 요구하는 수요처의 특별한 요구와 연결시키는 것으로, 적절한 배치는 어떤 자원봉사에 있어서도 가장 중요한 열쇠가 된다. 배치는 봉사활동 지원자가 처음 봉사활동을 시작하기 전에 한 번 이루어지는 것이 아니라, 봉사자들이 더 좋은 발달 단계로 옮겨갈 수 있도록 수행되어야 하는 중요한 활동이다. 효과적인 자원봉사자 배치를 위해서 고려할 사항은 다음과 같다.

| 표 6-5 | 자원봉사자 배치 시 고려할 사항

구분	내용
봉사활동 수행기관의 조건	봉사자를 필요로 하는 기관에서 요구하는 업무내용과 조건, 기관에 대한 기본적인 이해, 이전 또는 기존의 봉사활동 현황의 고려
봉사활동 조직에 대한 조건	봉사자들이 개별로 활동하는 것이 아니라 팀으로 활동할 경우 활동을 함께 할 집단이자 조직에 대한 충분한 정보 확인
봉사자의 조건	봉사자가 희망하는 활동내용, 희망시간대, 봉사자의 속성, 의식 등의 고려

2) 자원봉사자 교육

자원봉사활동은 가치 중심적이며 사람들이 행복하게끔 하는 소중한 일이다. 자원봉사자들이 배치 받은 일정한 업무를 효과적으로 수행하기 위해 기관의 설립목적, 자원봉사 시 태도와 준수사항, 수행업무에 대한 이해 등의 교육을 진행해야 한다.

자원봉사자 교육의 목적은 첫째, 그들의 활동이 변화시키는 사회적 가치에 대한 의미를 공유하고, 둘째, 활동을 하는 데 있어서 실제적으로 필요한 정보와 기술을 얻으며, 셋째, 기관의 직원들과 이용자들과 관계를 맺는 데 도움이 될 수 있는 태도와 기술을 익힐 수 있도록 하며, 넷째, 봉사자의 인격 형성과 자기계발에 도움이 될 수 있도록 하는 것이다.

| 표 6-6 | 자원봉사자 교육훈련 5단계

구분	제목	내용
제1단계	만남과 인식단계	자원봉사활동을 하고자 하는 사람들이 다양한 사회문제 현상과 사회복지시설에서 지원받는 사람들과의 만남(체험학습), 장애체험, 시청각 교육을 통하여 감동, 감격, 깨달음과 은혜, 감사하는 마음을 통해 타인에 대한 존엄성과 공생적 삶의 가치를 깨닫게 하는 단계
제2단계	상호 간의 관심단계	제1단계를 통해 감상문을 작성하게 하고, 소집단 모임을 통해 발표, 토론하여 자원봉사자 상호 간 관심을 가지는 단계

구분	제목	내용
제3단계	문제발견 및 협의단계	자원봉사자 간의 협의과정을 통해 가정과 지역사회 문제를 발견하고 그 문제해결을 위한 실천과제를 협의하게 하는 단계
제4단계	문제해결을 위한 계획과 실천단계	자원봉사자들이 문제해결과 예방을 위한 실천계획을 세우고 필요시 타 집단과 더불어 실천하는 생활체험 단계
제5단계	평가 및 발전단계	실행한 자원봉사활동을 통해 평가하며 또 다른 자원봉사 프로그램으로 확대, 발전할 수 있도록 계획하는 단계

출처: 이준우 외(2011). 대학생을 위한 신나는 사회봉사 길라잡이, pp.40-41 재구성.

3) 자원봉사활동의 자세

자원봉사활동의 대상을 선정할 때 많은 사람들이 사회 복지 시설이나 기관을 생각하게 되고 특히 고아원, 양로원, 장애인 시설 등을 생각하기 쉽다. 자원봉사는 봉사자가 관심 있는 일부터, 또한 주위에 있는 일부터 시작하는 것이 바람직하다. 대상이 선정되면 봉사할 가정 및 기관에 대해 정보를 사전에 습득하는 것도 봉사활동을 하는 데에 많은 도움이 될 것이다. 또 자원봉사활동을 시작하기에 앞서 가족들의 이해를 받아야 한다. 그리고 자원 봉사를 할 때는 항상 겸손한 태도, 감사하는 마음의 자세가 필요하고 자발적·적극적으로 책임감을 가지고 봉사활동에 임해야 하며 봉사의 가치를 믿어야 한다.

자원봉사자란 주는 자와 받는 자와의 관계에서 일어나는 것과 같은 일시적인 자애심, 감상주의, 또는 값싼 영웅주의 등에서 볼 수 있는 것과 같은 것이 아니라, 인간성을 회복하고 주장하며 특히 이웃과 더불어 행복한 삶을 살기 위하여 자립성과 연대성을 갖는 활동이며 무보수로 서비스하는 사랑의 복지활동이라는 점에 그 가치를 두고 있다. 따라서 봉사자는 어떠한 대가도 바라지 않고 항상 배우려는 자세로 봉사에 임해야 한다.

봉사자는 봉사기관에 정성을 다해야 하며 기관의 안내와 결정에 따라야 한다. 또 봉사자는 매사에 약속을 잘 지켜야 한다. 봉사활동을 하다 보면 "자원봉사자는 믿을 수 없다."는 말을 종종 듣게 된다. 아마도 자원봉사자들이 지속성을 갖고 꾸준히 활동을 하지 못하는 것과 약속을 이행하지 못하는 데서 기인한 말일 것이다. 많은 사람들이 자원봉사활동을 하겠다고 자원을 하지만 얼마가지 않아 대다수의 사람들이 중도에 봉사활동을 중지하게 된다. 어떤 시설이나 단체 등에서 업무보조자를 요청할 경우 꼭 필요한 인원을 요구하지 않고 그 이상의 인원을 요구한다. 그것은 만약의 경우 약속을 이행하지 않는 자원봉사자가 있을지도 모르기 때문이다. "무책임한 약속은 침묵만 못하다." 약속은 바로 자원봉사자의 생명과 같은 것이라고 생각해야 한다. 자원봉사자는 자신의 역할에 대한 중요성과 자신의 역할에 대한 확신을 갖고 신속하고 확실하게 일을 수행한다.

봉사자는 항상 겸손한 태도로 상대방의 처지를 이해하고 웃는 얼굴과 공손한 언어를 사용해야 한다. 말을 포함한 의사소통은 인격을 존중하고 사용자에 대한 이해를 깊게 하며 상호 신뢰관계를 형성하는 측면에서도 매우 중요하기 때문이다.

봉사활동을 하는 데에 있어 대상자 및 가족과의 관계도 중요하지만 같은 봉사활동을 하고 있는 봉사자들과의 관계도 중요하다. 봉사자들 상호 간에 친밀감이 형성되었다고 해서 기본적 예의를 생략하지 말고 항상 상대방을 존중하는 자세를 가지도록 한다. 또한 봉사자는 항상 건강하고 청결한 분위기를 지니는 것이 바람직하며, 평소 몸과 마음 모두가 건강하고 안정된 생활을 하고, 불쾌감을 주지 않는 말과 태도를 갖는 것을 항상 명심해야 한다.

(1) 자원봉사자의 자세(복지서비스 소비자와의 관계)

자원봉사자는 자유의지에 따라 봉사에 나섰다고 해서 함부로 행동해도 되는 것은 아니다. 만약 그렇게 한다면 그것은 차라리 자원봉사를 하지 않는 것만도 못하다. 자원봉사자는 흔히 자신을 도와주는 자, 베푸는 자로 생각하고 클라이언트를 자신의 도움이 필요한 사람으로 전제한다. 그러나 이것은 위험한 발상이다. 그 같은 생각에서 잘못 접근했다가는 봉사가 아닌 강요가 돼 복지서비스 소비자(클라이언트)의 자존심을 건드리게 된다.

자원봉사자는 클라이언트를 자신과 대등한 인격적 존재로 대해야 한다. 특히 상대방의 입장에서 이해하는 자세가 되어야 한다. 그러면서 친구와 같은 신뢰관계를 쌓아가야 한다. 매사에 약속을 잘 지키며, 책임 있고 겸손한 언동과 신뢰받는 활동이 되어야 한다.

그러나 한편으로 자원봉사자는 자신의 한계를 깨닫고 클라이언트(들과)와의 관계를 확실히 해두는 게 좋다. 즉, 자신은 때때로 봉사에 나서는 파트타임 봉사자일 뿐 클라이언트들의 모든 것을 책임지는 직원이 아니라는 사실을 클라이언트(들)에게 확실하게 인식시켜야 한다. 그리고 일의 양, 시간, 목적, 만나는 횟수 등의 한계를 정하여 이해가 되도록 해야 한다. 그렇지 않고 마치 자신이 모든 책임을 질 수 있는 것 같이 행동했다가는 낭패를 볼 수가 있다. 예를 들어, 고아원의 원생은 자칫 학생 자원봉사자를 친오빠나 형 또는 누나로 생각할 수 있다. 무책임한 동정심이 잘못하다가는 서로에게 상처만 남길 수 있다.

(2) 자원봉사자의 자세(기관과의 관계)

자원봉사는 어느 경우, 어느 때나 환영받는 게 아니다. 어떤 분야나 일에선 자원봉사자를 배치하거나 그들에게 새로운 수준의 책임을 맡기려 할 때 직원 중에서 경계를 하고 저항하고 배척하는 경우가 있다. 그 저항은 많은 경우 전문직들에서 온다. 즉, 일의 중요성과 전문성을 내세워 자원봉사자를 거부하는 것이다. 그것은 사실이 그럴 때도 있지만 때로는 전문직에 대한 자원봉사자들의 도전을 경계하기 때문일 때도 있다.

자원봉사자에 대한 경계는 직원들뿐 아니라 시설 기관장들에게서도 온다. 우리나라의 사회복지시설과 같이 열악한 환경 속에서 어렵게 살림을 꾸려나갈 경우 부득이 법에 저촉되는 일을 해야 할 때가 많다. 예를 들어, 부족한 의료비를 부식비를 전용해 메우거나 직원 월급을 후원금으로 올리는 등, 정부가 정한 원칙을 제대로 지키지 못할 때가 많다. 물론 잘못된 비리도 상당수 존재하고 있지만 대다수의 시설, 기관장들은 열악한 환경 속에서 고군분투하고 있는 것이다.

그런데 이 같은 상황을 제대로 알지도 못하고 시설에서 자원봉사를 하다 잘못된 운영사례가 눈에 띄어 풍파를 일으키는 경우가 종종 있다. 예를 들어, 양로원을 찾아간다 할 때 노인들은 흔히 자원봉사자들을 붙들고 이런 저런 얘기를 하면서 그 중 많은 얘기를 시설운영에 대한 불만을 토로하는 데 쏟는다. 자원봉사자와 친해졌다 싶으면 그 불만은 더 노골적이고 구체적인 사례를 인용할 때가 많다. 이때 자원봉사자는 그 불만을 그대로 믿고 무책임한 정의감에서 시설장을 향해 단죄를 하려 든다. 이 같은 사례가 한국의 사회복지시설들이 자원봉사자를 꺼려 하는 이유이다.

기관과 자원봉사자 사이의 이 같은 갈등은 중·고생 자원봉사자의 경우도 마찬가지이다. 청소년들의 경우 시설, 기관 측의 경계가 일반 성인들에게서보다는 적겠지만 오히려 사리판단의 부족으로 자칫 풍파를 일으킬 수도 있어 경계하기는 마찬가지이다.

자원봉사자는 결코 그 역할을 넘어서는 안 된다. 물론 시설원생들의 불만이나 얘기를 듣지.말라는 말이 아니다. 그들의 말을 경청하되 그에 대해 100% 신뢰를 보내서는 안 된다는 말이다. 그렇다고 나하고는 관계없는 일이라고 무책임한 태도를 보여서도 안 된다. 원생과 시설 사이에 긴장관계가 있을 때 우선은 시설 기관장의 입장을 이해하는 자세에서 원생들의 불만에 지혜롭게 대처하는 슬기를 가져야 한다는 뜻이다.

4. 자원봉사자 관리

1) 자원봉사자 관리

자원봉사자가 지속적으로 보람을 가지고 자원봉사를 하게 하기 위해서는 지속적으로 동기가 부여될 수 있도록 관리하여야 한다. 관련 이론들을 살펴보면 다음과 같다.

(1) 참여 동기

동기란 목표지향적인 행동을 유발하도록 지시하고 유인하며 격려함으로써 행동을 촉진시키도록 자극하고 고무하는 내적상태(Clary & Snyder, 1999; Phillps & Phillips, 2010)이다. 동기는 각 개인의 이해와 욕구를 반영하는 지극히 개인적인 것으로 주로 이타주의(Altruism)와 계발된 자기이해(Enlightened self-interest)사이의 어느 지점에서 나타난다.

(2) 동기부여

동기(Motive)란 행동을 유발하는 인간 내면적인 추진력으로서 개인이 어떤 목적을 위하여 행동을 일정한 방향으로 작동시키려는 내적인 심리상태를 말한다. 따라서 동기부여란 조직의 목표를 달성하기 위한 지속적인 노력을 유발시키는 것으로 그 행동의 방향과 정도에 영향을 주는 의식적인 행위이다. 따라서 기관에서는 자원봉사자들의 자원봉사활동에 대한 동기를 부여 할 수 있도록 다양한 방법으로 관리해주어야 한다.

① 동기부여의 특성

㉠ 행동을 위한 동인과 자발적 의욕을 부여하는 것이다.

㉡ 행동을 일으키는 내적인 상태이고, 내적인 힘이다.

㉢ 단순한 행동이 아니라 목표지향적인 행동이다.

㉣ 강제된 것이 아니라 자발적이어야 한다.

㉤ 다양한 욕구의 결핍으로부터 시작되는 과정이다.

㉥ 경영자나 관리자가 의식적으로 시도된 행위이다.

② ERG 이론

알더퍼(Alderfer)는 ERG 이론을 통해 동기부여를 위한 3단계의 ERG 이론을 제시하였다. 자원봉사자들의 동기부여를 위한 관리 프로그램을 개발 및 진행할 시 인간 욕구에 근거한 접근방법을 활용하도록 한다.

| 표 6-7 | 알더퍼(Alderfer, 1972)의 ERG 이론

구분	세부내용
존재욕구 (Existence)	• 모든 형태의 생리적이고 물질적인 욕망 • 활동에 대한 보상이나 쾌적한 작업환경에 대한 욕구 • 생리적 욕구와 안전에 대한 욕구
관계욕구 (Relatedness)	• 주위 사람들과 의미 있는 인간관계를 맺고자 하는 욕망 • 사회적 욕구와 존경의 욕구
성장욕구 (Growth)	• 창조적이고 개인적인 성장을 위한 개인의 노력과 관련된 욕망 • 자아실현의 욕구

출처: 강종수(2011 : 130). 사회복지행정.

2) 자원봉사자 만족도 조사

자원봉사자들이 배치된 부서에서 부여된 자원봉사활동을 진행 후 만족도 조사를 실시하여 이후 지속적인 활동을 할 수 있도록 동기부여가 필요하다. 자원봉사활동 만족도를 조사할 때 파악해야 할 내용은 다음과 같다.

| 표 6-8 | 자원봉사활동 만족도 조사 시 파악해야 할 내용

구분	세부내용
지속의지	지속의지, 즐거움, 타인에 권유, 지속적 교육참여 의지 등
참여강도	적극성, 신념과의 일치성, 봉사활동에 대한 지식, 시간과 비용투자 등
활동만족도	만족과 긍지, 잠재력발휘, 동료 간 지지, 관리자의 조언과 지도, 관리자 이해
관리과정	교육훈련, 지도관리, 인정보상, 담당자의 지원
대인관계	관리자와의 관계, 대상자와의 관계, 동료 자원봉사자와의 관계
봉사내용	다양한 기술과 기능의 사용, 활동의 정체성, 활동의 유의미성, 활동의 자율성, 피드백의 적절성

출처: 배성은(2013), 자원봉사활동의 지속성 영향요인에 관한 연구.

3) 자원봉사자 일감 메뉴판

자원봉사 일감 메뉴판은 사회복지 실천현장에서 유용한 도구이다. 일감 메뉴판은 필자가 사회복지 실천현장에서 근무할 때 만든 도구이다. 일감 메뉴판은 자원봉사활동에 대한 명확한 안내를 자원봉사활동마다 한 장에 제시하여 자원봉사자를 비롯, 기관 실무자에게도 정확한 자원봉사활동에 대한 안내가 가능하다. 이를 통해 사회복지현장에서 자원봉사활동을 관리하거나 운영하는 데 있어 실제적인 도움을 줄 수 있을 것이다.

| 표 6-9 | 자원봉사 일감 메뉴판 예시

2017. 00. 00 기준

○○장애인종합복지관 더불어 나누는 행복!

[job description]

자원봉사 일감 메뉴판 !

목욕탕 봉사	체력단련실 봉사	교육활동 봉사	직업활동 봉사
가사활동 봉사	이미용 봉사	먹거리나눔 봉사	외출동행 봉사
학습지도 봉사	주거환경개선 봉사	사무행정 봉사	기타업무 봉사

자원봉사 일감 메뉴판은 자원봉사의
효과적인 참여를 위하여 작성되었습니다.
'자원봉사 일감 메뉴판'이라는 용어는 자원봉사에 참여하시는 봉사자분들의
입장에서 자원봉사활동을 보다 친근하고 편안하게
다가서기 위하여 이름지어졌습니다.
메뉴판은 기준일을 기점으로 복지관에서 이뤄지는
모든 자원봉사 일감을 안내하고 있으며
수시로 업데이트 될 것입니다.

"우리의 행복한 내일을 위해
그리고 **당신의 평범한 일상을 위해"**
언제나 그 자리에서 최선을 다하는
○○장애인종합복지관이 되겠습니다.

자원봉사 일감 메뉴판_ 목 차

목욕탕 도우미 봉사

구분		내용
목 적		일상에서 목욕이 어려운 장인을 대상으로 목욕 자원봉사를 실시하여 이용자의 위생 및 청결을 지원한다.
프로그램대상		목욕탕 이용 장애인
활동내용		① 목욕보조(옷 갈아입기, 등밀기 등) ② 목욕탕 정리 등
자격요건		① 일반인(대학생, 주부, 회사원) ② 경증장애인
활동기간		월, 화, 목, 금/ 13:00 ~16:00 (남자: 월요일, 금요일/ 여자: 화요일, 목요일)
인센티브	교육내용	① 자원봉사자 기본교육 · 소양교육 · 전문교육 참여 ② 목욕탕 기재 사용방법 교육
	기타	① 자원봉사활동 시간인정 ② 중식제공
종결조건		① 무단결석 3회 이상 시 ② 고의로 목욕탕 기구훼손 및 파손 시 ③ 담당자가 인정하는 기타사유
평가내용		자원봉사자 만족도 체크리스트
담당자		

체력단련실 도우미 봉사

<table>
<tr><td colspan="2">목 적</td><td>체력단련실의 환경을 정리하고 이용자들의 편의를 제공한다.</td></tr>
<tr><td colspan="2">프로그램대상</td><td>복지관 이용장애인</td></tr>
<tr><td colspan="2">활동내용</td><td>① 단련실 정리정돈
② 단련실 내 이용자 보조
(예: 휠체어에서 내릴 때 보조하거나, 기구에 이용 시 보조함)</td></tr>
<tr><td colspan="2">자격요건</td><td>① 일반인(대학생, 주부, 회사원)
② 경증장애인</td></tr>
<tr><td colspan="2">활동기간</td><td>연중 (프로그램 시간 내)</td></tr>
<tr><td rowspan="2">인센티브</td><td>교육내용</td><td>① 자원봉사자 기본교육 · 소양교육 · 전문교육 참여
② 체력단련실 내 기구사용법 교육</td></tr>
<tr><td>기타</td><td>관내 자원봉사관련 행사 시 우선권부여, 봉사활동 시간인정</td></tr>
<tr><td colspan="2">종결조건</td><td>① 무단결석 3회 이상 시
② 고의로 장비훼손 및 파손 시
③ 담당자가 인정하는 기타사유</td></tr>
<tr><td colspan="2">평가내용</td><td>자원봉사자 만족도 체크리스트</td></tr>
<tr><td colspan="2">담당자</td><td></td></tr>
</table>

교육활동 도우미 봉사_영유아교육1(하늘반)

<table>
<tr><td colspan="2">목 적</td><td>장애특성과 발달수준에 적합한 교육적 경험을 제공하여 아동의 발달을 향상시킨다.</td></tr>
<tr><td colspan="2">프로그램대상</td><td>뇌병변장애 및 중복장애로 발달이 지연되는 4~6세 아동 6명
(독립보행 불가능)</td></tr>
<tr><td colspan="2">활동내용</td><td>① 프로그램 활동지원(수업 및 놀이활동 지원, 1:1 지원)
② 수업 후 정리(교실정리)
③ 프로그램실 내벽청소</td></tr>
<tr><td colspan="2">자격요건</td><td>① 대학생(전공자)
② 대학생(비전공자)
③ 고등학생(방학 중 : 정기적인 봉사활동 가능 학생, 주1회)</td></tr>
<tr><td colspan="2">활동기간</td><td>① 요일 : 월, 화, 목, 금
② 시간 : 10~12시
③ 기타사항 : 자원봉사 10분 전 프로그램실 도착 요망</td></tr>
<tr><td rowspan="2">인센티브</td><td>교육내용</td><td>① 자원봉사자 기본교육 참여
② 장애아동에 대한 이해와 자원봉사에 대한 전문성을 향상</td></tr>
<tr><td>기타</td><td>① 봉사활동 시간인정</td></tr>
<tr><td colspan="2">종결조건</td><td>① 무단결석 3회 이상 시
② 책임 및 약속을 지키지 않을 시
③ 담당자가 인정하는 기타사유(참가아동과의 관계여부)</td></tr>
<tr><td colspan="2">평가내용</td><td>자원봉사자 만족도 체크리스트</td></tr>
<tr><td colspan="2">담당자</td><td></td></tr>
</table>

교육활동 도우미 봉사_영유아교육2(하늘반)

목 적		장애특성과 발달수준에 적합한 교육적 경험을 제공하여 아동의 발달을 향상시킨다.
프로그램대상		뇌병변장애 및 중복장애로 발달이 지연되는 3~5세 아동 6명 (독립보행 가능)
활동내용		① 프로그램 활동지원(수업 및 놀이활동 지원, 1:1 지원) ② 수업 후 정리(교실정리) ③ 프로그램실 내벽청소
자격요건		① 대학생(전공자) ② 대학생(비전공자) ③ 고등학생(방학 중 : 정기적인 봉사활동 가능 학생, 주1회)
활동기간		① 요일 : 월, 화, 목, 금 ② 시간 : 10~12시 ③ 기타사항 : 자원봉사 10분 전 프로그램실 도착 요망
인센티브	교육내용	① 자원봉사자 기본교육 참여 ② 장애아동에 대한 이해와 자원봉사에 대한 전문성을 향상
	기타	① 봉사활동 시간인정
종결조건		① 무단결석 3회 이상 시 ② 책임 및 약속을 지키지 않을 시 ③ 담당자가 인정하는 기타사유(참가아동과의 관계여부)
평가내용		이용자 만족도 체크리스트
담당자		

교육활동 도우미 봉사_유치통합지원1(산호반)

<table>
<tr><td colspan="2">목 적</td><td>장애특성과 발달수준에 적합한 교육적 경험을 제공하여 아동의 사회통합력을 향상시킨다.</td></tr>
<tr><td colspan="2">프로그램대상</td><td>일반 유아교육기관을 이용 중이나 발달이 지연되는 6~7세 아동 8명</td></tr>
<tr><td colspan="2">활동내용</td><td>① 프로그램 활동지원(수업 및 놀이활동 지원)
② 수업 후 정리(교실정리)</td></tr>
<tr><td colspan="2">자격요건</td><td>① 대학생(전공자)
② 대학생(비전공자)
③ 고등학생(방학 중 : 정기적인 봉사활동 가능 학생, 주1회)</td></tr>
<tr><td colspan="2">활동기간</td><td>① 요일 : 월, 목
② 시간 : 14시 30분~16시 30분
③ 기타사항 : 자원봉사 10분 전 프로그램실 도착 요망</td></tr>
<tr><td rowspan="2">인센티브</td><td>교육내용</td><td>① 자원봉사자 기본교육 참여
② 장애아동에 대한 이해와 자원봉사에 대한 전문성을 향상</td></tr>
<tr><td>기타</td><td>① 봉사활동 시간인정</td></tr>
<tr><td colspan="2">종결조건</td><td>① 무단결석 3회 이상 시
② 책임 및 약속을 지키지 않을 시
③ 담당자가 인정하는 기타사유(참가아동과의 관계여부)</td></tr>
<tr><td colspan="2">평가내용</td><td>이용자 만족도 체크리스트</td></tr>
<tr><td colspan="2">담당자</td><td></td></tr>
</table>

교육활동 도우미 봉사_초등통합지원1(별하반)

목 적		발달특성과 욕구에 적합한 교육적 경험을 제공하여 아동의 사회통합력을 향상시킨다.
프로그램대상		독립보행이 가능하고 발달이 지원되는 초등 1~3학년 아동 8명
활동내용		① 프로그램 활동지원(수업 및 놀이활동 지원) ② 수업 후 정리(교실정리)
자격요건		① 대학생(전공자) ② 대학생(비전공자) ③ 고등학생(방학 중 : 정기적인 봉사활동 가능 학생, 주1회)
활동기간		① 요일 : 수, 금 ② 시간 : 15~17시 ③ 기타사항 : 자원봉사 10분 전 프로그램실 도착 요망
인센티브	교육내용	① 자원봉사자 기본교육 참여 ② 장애아동에 대한 이해와 자원봉사에 대한 전문성을 향상
	기타	① 봉사활동 시간인정
종결조건		① 무단결석 3회 이상 시 ② 책임 및 약속을 지키지 않을 시 ③ 담당자가 인정하는 기타사유(참가아동과의 관계여부)
평가내용		자원봉사자 만족도 체크리스트
담당자		

교육활동 도우미 봉사_초등통합지원2(해님반)

<table>
<tr><td colspan="2">목 적</td><td>뇌병변 및 중복장애가 있는 아동의 사회통합력을 향상시킨다.</td></tr>
<tr><td colspan="2">프로그램대상</td><td>독립보행이 불가능하고 발달이 지원되는 초등 1~3학년 아동 4명</td></tr>
<tr><td colspan="2">활동내용</td><td>① 프로그램 활동지원(수업 및 놀이활동 지원)
② 수업 후 정리(교실정리)</td></tr>
<tr><td colspan="2">자격요건</td><td>① 대학생(전공자)
② 대학생(비전공자)
③ 고등학생(방학 중 : 정기적인 봉사활동 가능 학생, 주1회)</td></tr>
<tr><td colspan="2">활동기간</td><td>① 요일 : 화, 금
② 시간 : 14시 30분~16시 30분
③ 기타사항 : 자원봉사 10분 전 프로그램실 도착 요망</td></tr>
<tr><td rowspan="2">인센티브</td><td>교육내용</td><td>① 자원봉사자 기본교육 참여
② 장애아동에 대한 이해와 자원봉사에 대한 전문성을 향상</td></tr>
<tr><td>기타</td><td>① 봉사활동 시간인정</td></tr>
<tr><td colspan="2">종결조건</td><td>① 무단결석 3회 이상 시
② 책임 및 약속을 지키지 않을 시
③ 담당자가 인정하는 기타사유(참가아동과의 관계여부)</td></tr>
<tr><td colspan="2">평가내용</td><td>자원봉사자 만족도 체크리스트</td></tr>
<tr><td colspan="2">담당자</td><td></td></tr>
</table>

교육활동 도우미 봉사_미술활동

구분		내용
목　　적		장애아동 및 청소년을 대상으로 다양한 재료를 통해 폭넓은 미술활동을 효율적으로 진행하여 프로그램의 질을 향상시킨다.
프로그램대상		장애아동 및 청소년
활동내용		① 프로그램 활동지원(수업 및 현장학습지원) ② 수업 후 정리(교실정리)
자격요건		① 대학생(전공자) ② 대학생(비전공자) ③ 고등학생(방학 중 : 정기적인 봉사활동 가능 학생, 주1회)
활동기간		① 요일 : 월, 화, 수, 목, 금(택일) ② 시간 : 14~18시 ③ 기타사항 : 자원봉사 10분 전 프로그램실 도착 요망
인센티브	교육내용	① 자원봉사자 기본교육 참여 ② 장애아동에 대한 이해와 자원봉사에 대한 전문성을 향상
	기타	① 봉사활동 시간인정
종결조건		① 무단결석 3회 이상 시 ② 책임 및 약속을 지키지 않을 시 ③ 담당자가 인정하는 기타사유(참가아동과의 관계여부)
평가내용		자원봉사자 만족도 체크리스트
담당자		

교육활동 도우미 봉사_계절학교

<table>
<tr><td colspan="2">목 적</td><td>장애청소년을 대상으로 방학기간 동안 문화체험, 미술, 레크리에이션 등 다양한 활동의 기회를 제공하고 또래와의 집단활동을 통해 사회성을 향상시킨다.</td></tr>
<tr><td colspan="2">프로그램대상</td><td>초등학교 4학년 ~ 고등학교 3학년, 30명</td></tr>
<tr><td colspan="2">활동내용</td><td>① 프로그램 활동지원(이용 학생이 참여할 수 있도록 지원, 1:1지원)
② 현장학습(2회) 간 이용학생과 함께 프로그램 진행</td></tr>
<tr><td colspan="2">자격요건</td><td>① 대학생(전공자)
② 대학생(비전공자)
③ 고등학생(중학생 제외)</td></tr>
<tr><td colspan="2">활동기간</td><td>① 기간 : 연 2회
(여름 : 7월 마지막 주~8월 첫째주, 겨울 : 12월 마지막 주~다음해 첫째주)
② 시간 : 10 ~16시
③ 기타사항 : 1주 단위 봉사활동 가능함</td></tr>
<tr><td rowspan="2">인센티브</td><td>교육내용</td><td>① 장애인에 대한 이해 및 정서적인 교감을 가질 수 있음
② 또래 집단에 대해 이해할 수 있는 계기를 마련해줌
③ 스스로 책임감 및 성취감을 얻을 수 있음</td></tr>
<tr><td>기타</td><td>① 봉사활동 시간인정
② 현장학습 및 프로그램 참여 비용 복지관 부담</td></tr>
<tr><td colspan="2">종결조건</td><td>① 장애에 대한 이해가 부족하며, 자발적인 도움을 주지 못하는 자
② 무단결석 2회 이상 시
③ 기타 담당자 판단 시 프로그램 참여가 불가능한 자</td></tr>
<tr><td colspan="2">평가내용</td><td>자원봉사자 만족도 체크리스트</td></tr>
<tr><td colspan="2">담당자</td><td></td></tr>
</table>

교육활동 도우미 봉사_늘해랑교실

<table>
<tr><td colspan="2">목 적</td><td>장애아동의 방과후 활동 프로그램 지원을 통해 장애아동에 대한 긍정적인 인식을 할 수 있도록 지원하여 프로그램의 질을 향상시킨다.</td></tr>
<tr><td colspan="2">프로그램대상</td><td>장애청소년(초등학교 4~6학년), 8명</td></tr>
<tr><td colspan="2">활동내용</td><td>① 프로그램 활동지원(이용 학생이 참여할 수 있도록 지원)</td></tr>
<tr><td colspan="2">자격요건</td><td>① 대학생(전공자)
② 대학생(비전공자)
③ 일반인(장애아동 교육지도 유경험자)</td></tr>
<tr><td colspan="2">활동기간</td><td>① 기간 : 월, 목
② 시간 : 15 ~16시 30분
③ 기타사항 : 자원봉사 10분 전 프로그램실 도착 요망</td></tr>
<tr><td rowspan="2">인센티브</td><td>교육내용</td><td>① 자원봉사자 기본교육 참여
② 장애아동에 대한 이해와 자원봉사에 대한 전문성을 향상</td></tr>
<tr><td>기타</td><td>① 봉사활동 시간인정</td></tr>
<tr><td colspan="2">종결조건</td><td>① 장애에 대한 이해가 부족하며, 자발적인 도움을 주지 못하는 자
② 무단결석 2회 이상 시
③ 기타 담당자 판단 시 프로그램 참여가 불가능한 자</td></tr>
<tr><td colspan="2">평가내용</td><td>자원봉사자 만족도 체크리스트</td></tr>
<tr><td colspan="2">담당자</td><td></td></tr>
</table>

교육활동 도우미 봉사_성인지원프로그램 (운동재활 및 원예활동)

구분		내용
목적		성인장애인의 특성을 고려한 다양한 활동을 통해 심리·정서적 안정과 사회적응능력을 향상시켜 삶의질을 향상시킨다.
프로그램대상		성인장애인(40~70세), 20명
활동내용		① 프로그램 진행 시 지원역할 (휠체어 이동, 프로그램 진행 간 지원 등)
자격요건		① 대학생(전공자) ② 대학생(비전공자) ③ 일반인(주부 가능)
활동기간		① 기간 : 연 2회 (봄 : 3~5월, 3개월 가을 : 9~11월, 3개월) ② 시간 : 15~16시 30분 ③ 기타사항 : 자원봉사 10분 전 프로그램실 도착 요망
인센티브	교육내용	① 자원봉사자 기본교육 참여 ② 장애아동에 대한 이해와 자원봉사에 대한 전문성을 향상
	기타	① 봉사활동 시간인정
종결조건		① 장애에 대한 이해가 부족하며, 자발적인 도움을 주지 못하는 자 ② 무단결석 2회 이상 시 ③ 기타 담당자 판단 시 프로그램 참여가 불가능한 자
평가내용		자원봉사자 만족도 체크리스트
담당자		

교육활동 도우미 봉사_컴퓨터 교육

<table>
<tr><td colspan="2">목　　적</td><td>장애인 개인에 맞는 정보화 교육을 실시하여 컴퓨터 사용능력 향상과 지식정보화 시대에 적응하는 능력을 배양하는 데 목적을 둔다.</td></tr>
<tr><td colspan="2">프로그램대상</td><td>성인장애인(40~70세), 20명</td></tr>
<tr><td colspan="2">활동내용</td><td>① 정보화 교육 수업지원(초·중·고급반)</td></tr>
<tr><td colspan="2">자격요건</td><td>① 초급반 : 일반인(인터넷, 한글 가능자)
② 중급반 : 일반인(인터넷, 한글, 엑셀, 파워포인트 가능자)</td></tr>
<tr><td colspan="2">활동기간</td><td>① 요일 및 시간 : 기초반(월, 수, 금 10~11시)
중급반(월, 수, 금 15~16시)
② 기타사항 : 자원봉사 10분 전 프로그램실 도착 요망</td></tr>
<tr><td rowspan="2">인센티브</td><td>교육 내용</td><td>① 자원봉사자 기본교육 참여
② 장애아동에 대한 이해와 자원봉사에 대한 전문성을 향상</td></tr>
<tr><td>기타</td><td>① 봉사활동 시간인정</td></tr>
<tr><td colspan="2">종결조건</td><td>① 장애에 대한 이해가 부족하며, 자발적인 도움을 주지 못하는 자
② 무단결석 2회 이상 시
③ 기타 담당자 판단 시 프로그램 참여가 불가능한 자</td></tr>
<tr><td colspan="2">평가내용</td><td>자원봉사자 만족도 체크리스트</td></tr>
<tr><td colspan="2">담당자</td><td></td></tr>
</table>

직업적응훈련 도우미 봉사

구분		내용
목 적		보호된 작업환경 속에서 작업능력향상을 도모하여 취업에 필요한 제반내용을 훈련하여 직업적응력을 향상시킨다.
프로그램대상		직업적응 훈련생 30명
활동내용		① 전기부속품 조립 ② 행주포장 작업 ③ 기타 업무지원
자격요건		① 대학생(전공자) ② 대학생(비전공자) ③ 일반인(중·고등학생, 경증장애인 등)
활동기간		연중 수시진행 (오전 : 10~12시 30분, 오후 : 13시 30분~17시)
인센티브	교육내용	① 자원봉사자 기본교육 참여 ② 장애아동에 대한 이해와 자원봉사에 대한 전문성을 향상
	기타	① 봉사활동 시간인정
종결조건		① 무단결석 3회 이상 시 ② 고의로 기구훼손 및 파손 시(본인부주의는 제외) ③ 담당자가 인정하는 기타사유
평가내용		이용자 만족도 체크리스트
담당자		

가사활동 도우미 봉사

<table>
<tr><td colspan="2">목 적</td><td>가정방문 자원봉사자를 통해 중증장애인의 일상 생활을 지원하여 일상생활의 어려움을 해소하여 삶의 질을 향상시킨다.</td></tr>
<tr><td colspan="2">프로그램대상</td><td>양천지역 장애인가정</td></tr>
<tr><td colspan="2">활동내용</td><td>① 집안청소
② 음식만들기
③ 민원업무 보조(공과금납부, 은행이동 등)</td></tr>
<tr><td colspan="2">자격요건</td><td>① 지역주민</td></tr>
<tr><td colspan="2">활동기간</td><td>주1회 / 2시간(자원봉사자와 이용자 협의 후 결정가능)</td></tr>
<tr><td rowspan="2">인센티브</td><td>교육내용</td><td>① 자원봉사자 기본교육 참여
② 장애아동에 대한 이해와 자원봉사에 대한 전문성을 향상</td></tr>
<tr><td>기타</td><td>① 봉사활동 시간인정</td></tr>
<tr><td colspan="2">종결조건</td><td>① 무단결석 3회 이상 시
② 자원봉사자 및 이용자 협의 시
③ 담당자가 인정하는 기타사유</td></tr>
<tr><td colspan="2">평가내용</td><td>자원봉사자 만족도 체크리스트</td></tr>
<tr><td colspan="2">담당자</td><td></td></tr>
</table>

이미용 도우미 봉사

<table>
<tr><td colspan="2">목 적</td><td>지역사회 장애인을 대상으로 정기적인 이미용을 통해 개인위생 청결을 지원</td></tr>
<tr><td colspan="2">프로그램대상</td><td>○○지역 장애인</td></tr>
<tr><td colspan="2">활동내용</td><td>① 커트
② 파마</td></tr>
<tr><td colspan="2">자격요건</td><td>① 미용사 자격증 소지자
② 자원봉사활동 경험자 우대</td></tr>
<tr><td colspan="2">활동기간</td><td>주1회 수요일 / 10 ~15시
(현재 1, 3주 수요일 자원봉사 가능)</td></tr>
<tr><td rowspan="2">인센티브</td><td>교육내용</td><td>① 자원봉사자 기본교육 참여
② 장애아동에 대한 이해와 자원봉사에 대한 전문성을 향상</td></tr>
<tr><td>기타</td><td>① 봉사활동 시간인정</td></tr>
<tr><td colspan="2">종결조건</td><td>① 무단결석 3회 이상 시
② 고의로 교구훼손 및 파손 시(본인부주의는 제외)
③ 담당자가 인정하는 기타사유</td></tr>
<tr><td colspan="2">평가내용</td><td>자원봉사자 만족도 체크리스트</td></tr>
<tr><td colspan="2">담당자</td><td></td></tr>
</table>

먹거리나눔 도우미 봉사

구분		내용
목 적		지역사회 장애인을 대상으로 자원봉사자를 통한 먹거리를 나눔으로 기본적인 욕구를 해소한다.
프로그램대상		○○지역 장애인가정
활동내용		① 먹거리 만들기 ② 먹거리 전달
자격요건		일반인(단체 및 개인), 경증장애인
활동기간		주1회 또는 월 2회
인센티브	교육내용	① 자원봉사자 기본교육 참여 ② 장애아동에 대한 이해와 자원봉사에 대한 전문성을 향상
	기타	① 봉사활동 시간인정
종결조건		① 이용자 및 자원봉사자 협의 시 ② 담당자가 인정하는 기타사유
평가내용		자원봉사자 만족도 체크리스트
담당자		

외출동행 도우미 봉사

목 적		지역사회 장애인을 대상으로 자원봉사자를 통한 외출을 지원함으로 기본적인 욕구해소 및 사회적인 관계망을 지원
프로그램대상		○○지역 장애인가정
활동내용		① 차량봉사(병원이동, 관공서 방문, 복지관 프로그램 지원)
자격요건		차량소유 자원봉사자
활동기간		수시(자원봉사 요청 시), 활동가능한 날짜 선택가능
인센티브	교육내용	① 자원봉사자 기본교육을 실시 ② 성인장애인에 대한 이해도를 높임
	기타	① 자원봉사자 보험을 가입 ② 주차비 지원 ③ 자원봉사 시간인정
종결조건		① 이용자 및 자원봉사자 협의 시 ② 담당자가 인정하는 기타사유
평가내용		자원봉사자 만족도 체크리스트
담당자		

학습지도 도우미 봉사

<table>
<tr><td colspan="2">목 적</td><td>지역사회 장애인을 대상으로 자원봉사자를 통한 학습을 지원함으로 학습욕구를 해소한다.</td></tr>
<tr><td colspan="2">프로그램대상</td><td>○○지역 내 장애인가정 아동 및 청소년 대상</td></tr>
<tr><td colspan="2">활동내용</td><td>① 학습지원(초・중・고 학생 대상)</td></tr>
<tr><td colspan="2">자격요건</td><td>① 학습지도 자원봉사가 가능하신 분</td></tr>
<tr><td colspan="2">활동기간</td><td>주1회
(이용자와 날짜 및 시간 협의 가능)</td></tr>
<tr><td rowspan="2">인센티브</td><td>교육내용</td><td>① 자원봉사자 기본교육을 실시
② 성인장애인에 대한 이해도를 높임</td></tr>
<tr><td>기타</td><td>① 자원봉사 시간인정</td></tr>
<tr><td colspan="2">종결조건</td><td>① 이용자 및 자원봉사자 협의 시
② 담당자가 인정하는 기타사유</td></tr>
<tr><td colspan="2">평가내용</td><td>자원봉사자 만족도 체크리스트</td></tr>
<tr><td colspan="2">담당자</td><td></td></tr>
</table>

주거환경개선 도우미 봉사

구분		내용
목 적		지역사회 장애인을 대상으로 편의시설 및 주거환경을 개선하여 편의성 및 삶의 질을 높인다.
프로그램대상		○○지역 장애인가정
활동내용		① 경사로 및 안전손잡이 설치 ② 도배 및 장판교체 ③ 기타 수도 및 전기 수리 등
자격요건		① 지역주민 및 전문가 (주거환경개선 전문가)
활동기간		수시(이용자 요청 시, 구체적인 날짜는 조정가능)
인센티브	교육내용	① 자원봉사자 기본교육을 실시 ② 장애인 가정에 대한 이해도를 높임
	기타	① 자원봉사 시간인정
종결조건		① 이용자 및 자원봉사자 협의 시 ② 담당자가 인정하는 기타사유
평가내용		자원봉사자 만족도 체크리스트
담당자		

프로그램실 환경미화

구분		내용
목 적		프로그램이 운영되는 프로그램실을 청소하여 쾌적한 환경에서 수업이 이루어질 수 있도록 진행한다.
프로그램대상		프로그램실
활동내용		① 프로그램실 교구정리 및 세척 ② 프로그램실 내외벽 청소
자격요건		① 일반인, 중고등학생
활동기간		연중(프로그램 진행시간 제외)
인센티브	교육내용	① 프로그램 소개 ② 교구정리 및 사용방법 소개
	기타	① 봉사활동 시간인정
종결조건		① 고의로 장비훼손 및 파손 시(본인부주의는 제외) ② 담당자가 인정하는 기타사유
평가내용		이용자들의 만족도와 정리정돈 수준
담당자		

사무행정

<table>
<tr><td colspan="2">목 적</td><td>복지관의 행정업무에 대한 자원봉사를 통해 원활한 사업수행이 이루어질수 있도록 지원한다.</td></tr>
<tr><td colspan="2">프로그램대상</td><td>복지관 이용장애인</td></tr>
<tr><td colspan="2">활동내용</td><td>① 파일, 서류정리 (파일 철하기, 라벨 작업)
② 색인목록 기록
③ 자료실 도서정리, 라벨 붙이기, 전산입력, 대출・반납 대장 정리
④ 서류 팩스 전송 및 우편물 발송 작업</td></tr>
<tr><td colspan="2">자격요건</td><td>① 월 2~3회 방문 가능한 자로 청소년 및 대학생, 일반 성인 등
② 시간 약속 이행과 세심한 작업 수행이 가능한 자원봉사자
③ 맡은 작업에 대한 책임감있는 업무수행과 정리정돈을 잘 할 수 있는 자</td></tr>
<tr><td colspan="2">활동기간</td><td>연중</td></tr>
<tr><td rowspan="2">인센티브</td><td>교육내용</td><td>① 자원봉사활동 시간 인정
② 복지관 사업 이해</td></tr>
<tr><td>기타</td><td>① 자원봉사해당일 점심식사 제공(주1회 정기적 봉사 시)
② 복지관 사업에 대한 이해 및 참여의식 확대</td></tr>
<tr><td colspan="2">종결조건</td><td>① 무단결석 3회 이상 시
② 약속 불이행 및 서류 파손 시
③ 오작업으로 인한 시행착오 발생 시</td></tr>
<tr><td colspan="2">평가내용</td><td>총 활동시간 및 참가자 자기평가</td></tr>
<tr><td colspan="2">담당자</td><td>프로그램실 담당자</td></tr>
</table>

기타업무_신나는 토요일

구분		내용
목 적		장애 청소년이 이용가능한 여가활동 및 다양한 체험학습을 통해 즐거운 여가생활이 가능하도록 지원한다.
프로그램대상		장애청소년(11~19세), 20명
활동내용		① 등산 및 집단활동 프로그램
자격요건		① 고등학생 ② 대학생
활동기간		① 요일 : 2~7월, 9~12월(4째주 토요일) ② 시간 : 9시 30분 ~15시 ※ 사전예약 필요(사회적응지원팀)
인센티브	교육내용	① 장애청소년에 대한 이해 및 정서적인 교감을 가질 수 있다. ② 스스로의 책임감 및 성취감을 얻을 수 있다.
	기타	① 봉사활동 시간인정 ② 장애바로알기교육(복지관 참여교육) 이수자에 한해 참여가능
종결조건		① 장애에 대한 이해가 부족하며, 자발적인 도움을 주지 못하는 자 ② 무단결석 2회 이상 시 ③ 기타 담당자 판단 시 프로그램 참여가 불가능한 자
평가내용		자원봉사자 만족도 체크리스트
담당자		

기타업무_장애바로알기교육

구분		내용
목 적		장애체험 및 이해교육을 통해 부정적인 인식을 변화시키는데 목적을 둔다.
프로그램대상		중·고등학생
활동내용		① 장애이론교육 ② 장애체험(보장구를 통한 체험)
자격요건		① 중학생 ② 고등학생
활동기간		① 요일 : 2~12월(둘째주 토요일) ② 시간 : 9시 30분~12시 30분 ※ 사전예약 필요(지역복지팀)
인센티브	교육내용	① 장애청소년에 대한 이해 및 정서적인 교감을 가질 수 있다. ② 스스로의 책임감 및 성취감을 얻을 수 있다.
인센티브	기타	① 봉사활동 시간인정 ② 교육은 연 1회 참가 가능(2회 이상 이수 제한)
종결조건		① 장애바로알기 교육시간 교육의지가 없는 자 ② 기타 담당자 판단 시 프로그램 참여가 불가능한 자
평가내용		자원봉사자 만족도 체크리스트
담당자		

기타업무_관보자원봉사

목　　적		양천지역 이용자에게 복지관 사업 및 복지관련 정책을 제공함으로써 정보제공 및 긍정적 이미지를 재고하는 데 목적을 둠
프로그램대상		일반인
활동내용		① 관보봉투라벨 작업 ② 관보발행작업
자격요건		① 일반인(단체 자원봉사자) ② 학생
활동기간		① 월 2회 ② 시간 : 9시 30분~16시 30분
인센티브	교육내용	① 자원봉사자 기본교육을 실시 ② 장애관련 정보 및 소식제공
	기타	① 자원봉사 시간인정 ② 중식제공
종결조건		① 무단결석 2회 이상 시 ② 기타 담당자 판단 시 프로그램 참여가 불가능한 자
평가내용		자원봉사자 만족도 체크리스트
담당자		

기타업무_식당자원봉사

구분		내용
목 적		식당이용자의 균형잡힌 영양관리와 맛있는 식사를 위한 서비스 제공에 목적을 둔다.
프로그램대상		직원 및 이용자
활동내용		① 반찬조리 ② 정리작업
자격요건		① 일반인(단체 및 개인자원봉사자)
활동기간		① 주1회 ② 시간 : 10~14시
인센티브	교육내용	① 자원봉사자 기본교육을 실시 ② 연 2회 자원봉사간담회 실시
	기타	① 자원봉사 시간인정 ② 중식제공
종결조건		① 무단결석 2회 이상 시 ② 기타 담당자 판단 시 프로그램 참여가 불가능한 자
평가내용		자원봉사자 만족도 체크리스트
담당자		

Tip 기업 임직원 자원봉사를 알아봅시다.

기업 사회공헌이 다양한 형태로 이뤄지고 있다. 특히 최근 기업 사회공헌 트랜드 중 하나는 임직원 봉사활동이 주를 이루고 있다. 기업 사회공헌은 사회공헌 3조 시대에 발맞춰 기업의 85.7%가 사내 봉사조직을 구축하여 임직원자원봉사를 활성화하고 있다. 대부분 전담조직을 설립하여 전문성과 지속성을 획득하기 위해 노력하고 있으며, 중간지원 조직과의 연계성을 강화하기 위해 다양한 복지시설들과의 연대와 협력을 통해 사회적 성과를 도출하기 위해 노력하고 있다.

「2016 기업 자원봉사 미래 컨퍼런스」 참조

Chapter 07

사회복지조직의 홍보 및 마케팅

사회복지현장에서 홍보는 매우 중요한 개념이다.
기관의 고유목적사업을 다양한 홍보툴을 이용하여 널리 알려
원하는 바를 얻는 방법으로 홍보 및 마케팅은 유용한 전략이다.

1. 사회복지홍보

1) 사회복지홍보의 개념

사회복지현장에서 홍보는 매우 중요한 개념이자 전략이다. 기관의 고유목적사업을 다양한 홍보틀거리를 활용하여 널리 알려, 후원자 발굴이나 자원봉사자를 확보하기도 하며 기관의 사회복지 프로그램의 성과를 알리는 등은 홍보의 주요한 전략이다. 또는 홍보를 PR로 표현하기도 하는데, PR(Public Relations)은 "대중과의 관계", 즉 조직이 그의 사회적 환경이 되는 대중과 원활한 관계를 유지하고자 하는 제반 노력을 의미한다. 단순히 평판을 좋게 하기 위한 활동만이 아니라 조직 그 자체나 제품, 서비스, 활동 등에 대한 이해관계자의 호의나 신뢰감, 인지도 등을 얻기 위한 일체의 커뮤니케이션 활동이라고도 불린다. 다시말해 조직의 이념이나 상황을 사회에 제대로 알려 조직과 사회가 원활한 관계를 형성하고 공생하도록 도모하는 일체의 활동을 말한다.

사회복지조직은 지역주민에게 복지서비스를 제공하기 위해서 존재하고 이를 위해서는 지역사회 내의 여러 개인, 단체 및 조직 등과의 관계를 유지해야 한다. 후원자 개발과 사업에 대한 정보제공, 지역주민과 후원단체들의 협조, 이해를 얻기 위해서는 효과적인 홍보물을 제작하며 후원단체 성격에 맞는 홍보물을 배포하는 일은 대단히 중요하다.

한국에서 사회복지홍보는 '일반적으로 사회복지기관 및 시설들이 자신의 비전, 정체성, 활동 등을 지역 및 일반주민들에게 알리고 동참을 요청하는 활동'이라고 할 수 있다.

2) 사회복지홍보의 목적

사회복지현장에서 홍보의 목적은 세가지로 정리할 수 있다. 첫째는 조직의 비전을 확장하고 참여시키기 위해 대중에게 널리 알리는 것이다. 둘째는 인적자원 및 물적자원이라는 사회적자본을 확보하기 위한 활동이다. 마지막으로 셋째는 조직이 좋은 평판을 창출하여 지역사회안에서 지속가능한 기관으로서의 자리매김이다.

Tip 홍보 전략을 수립할 때 고려해야 할 질문

1. 홍보의 목표가 무엇인가?
2. 홍보대상은 누구이며, 그 대상은 적절한가?
3. 홍보대상에게 줄 수 있는 이익은 무엇인가?
4. 홍보전략의 수립에 있어 어떻게 감사를 표현할 것인가?

2. 사회복지홍보에 관련 주요개념

1) 사회복지마케팅

사회복지현장에서는 프로그램 활성화, 클라이언트의 욕구충족을 위한 사회적자본 확보 등을 위해 다양한 마케팅 활동이 요구된다. 이를 위해서는 전문적인 기획이 필요하다. 원래 마케팅이란 '상품이나 서비스의 판매를 촉진하는 것과 연관된 과정으로서 고객관계를 그 중심에 두는 것'(김영종, 2011 : 313)이다. 그러나 마케팅은 비영리조직에도 매우 필요한 전략이다. 비영리조직은 서비스를 매개로 대중과의 '상호교환관계'를 이룰 수 있다는 점에서 중요한 기능이다. 영리기관의 교환은 물질 또는 서비스가 되고, 사회복지조직의 경우에는 후원자 또는 회원과 복지기관 사이에서 발생하는 '가치(value)'가 된다.

| 표 7-1 | 영리조직과 비영리조직 간의 마케팅 차이

구분	영리조직	비영리조직
특징	주주의 이윤추구	사회적 가치 추구
지향점	화폐를 통한 서비스 및 상품을 구매케하여 조직의 이윤창출 극대화	사회적 가치를 바탕으로 다양한 참여를 통한 가치확산 및 확장

비영리조직 마케팅이란 사회복지조직을 포함한 비영리조직이, 조직이 가진 사회적 목적을 달성하기 위해 클라이언트 관리, 서비스의 개발, 전달, 비용, 홍보, 자금 확보 등에 있어 영리조직의 마케팅 기법을 도입하여 다변화하는 사회적 환경에 부응하여 경쟁력을 확보하는 활동이다. 다시 말해, 기관이 가진 사회적 목표를 달성하기 위해 어떤 부분에 초점을 두고, 어떤 자원을 어떻게 연결하며, 어떻게 부각할 것인가를 계획하여 진행한다.

| 표 7-2 | 사회복지 마케팅 과정

단계	전략	주요 내용
1단계	Now & Here	• 상황에 대한 점검 문제파악 • 현재의 모든 자원점검 • 이용 가능한 자원검검
2단계	Thinking	점검에 따라 필요한 부문 고민 • Where • What • How
3단계	Plan	생각을 구체화시키는 시점 • 활용가능한 자원동원 • 관련 기관, 인물미팅 • 기획서 작성

4단계	Action	실행단계 • Power(힘있게) • Passion(열정적으로) • Process(과정중심적으로)
5단계	Feedback & Promotion	• 최종점검 및 평가 • 실시한 기획안 점검 • 감사편지 작성 • 차기 프로모션 구상

2) 사회복지조직의 마케팅 필요성

일반적으로 마케팅은 소비자에게 상품과 서비스를 제공하고 그에 걸맞는 대가를 치루도록 격려하는 활동이다. 관련하여 사회복지조직에서는 기관마다 해결하고자 하는 목표를 분명히 정하고, 마케팅 전략을 수립해야 한다.

최근들어 사회복지현장에서 많은 관심을 갖는 분야는 후원활동인데, 후원은 단순히 모금을 넘어 사회적가치를 확장하여 다양한 주체의 참여를 가능케 한다는 특성이 있기 때문이다.

참고 **사회복지 마케팅 과정 예시**

■ **복지관 개관 9주년 홍보 프로젝트 사업수행**

1. 주제 : 복지관 개관 9주년 홍보
2. 마케팅 프로세스

Now & Here	• 개관 9주년의 의미, 지역자원 파악 등 – 당시 복지관의 이미지가 무언가를 요구하는 상황이었음. 이에 대해서 새로운 이미지를 확립할 것을 설정함
Thinking	• 어떻게 무엇을 연결할 것인가? – 지역사회 다양한 사회적 자본 연결 • 제공할 수 있는 가치는 무엇인가?

	- 더불어 살아가는 사회적 의미 구현
Plan	• 누구를 만날 것인가? • 무엇을 전할것 인가?
Action	• Power(힘있게 실행), Passion(열정적으로 실행), Process(과정 중심적으로)
FeedBack & Promotion	• 참여기관 감사인사 & 새로운 사업제안(마케팅 결과를 바탕으로 사회복지현장에서 공유할 수 있는 워크숍 개최)

■ **기부자의 자서전 배포 사업수행**

1. 주제 : 기부자의 자서전을 배포하는 사업
2. 마케팅 프로세스

Now & Here	• 자서전의 의미(실제적으로 읽힐 것인가를 고민) • 기관의 인지도가 존재하는가 고민
Thinking	• 어떻게 무엇을 연결할 것인가? • 제공할 수 있는 가치는 무엇인가?
Plan	• 누구를 만날 것인가? • 무엇을 전할 것인가?
Action	• Power(힘있게 실행), Passion(열정적으로 실행), Process(과정 중심적으로)
FeedBack & Promotion	• 마무리 및 신규 사업구상

3. 홍보전략

사회복지조직에서 홍보란 결국 기관의 비전을 실현시키는 전략이자 전술이다. 또한 홍보란 어떤 목적을 갖고 기관을 외부에 알리기 위한 기능을 한다. 이는 자원을 확보하고 유인하고 연계함으로서 서비스 개발, 자본확보와 지역사회 내 인지도 증진을 통한 신뢰도를 형성하는 중요한 도구이다.

이를 통해 홍보전략은 첫째, 환경분석을 통해 진행된다. 환경분석은 주로 SWOT 분석을 통해 이뤄지는 데 그 내용은 아래와 같다. SWOT분석에서 SW는 내부적 요소이고, OT는 외부적 요소로 분석될 수 있다. SO는 전략적 접근방식으로 집중할 요소이고, WT는 보완할 부분이다.

| 표 7-3 | SWOT분석

S(Strength) 강점	W(Weakness) 약점
기회 O(Opportunity)	위협 T(Threat)

홍보전략을 단계별로 제시하면 첫째, 환경분석이다. 환경분석은 앞서 제시한 SWOT을 통해 진행된다. 둘째, 홍보목표와 추진전략을 수립한다. 이때 활용할 미디어를 분석하고, 활용할 계획을 수립한다. 추진전략을 수립할 때는 최근 홍보 트랜드를 반영한다. 셋째, 추진전략을 어떻게 실행할지 전략별로 실행계획을 수립한다. 추진전략을 세부적인 일정을 수립하여 함께 진행할 필요가 있다. 이 단계에서는 예산수립도 함께 고려해야 한다. 넷째, 실행계획에 맞는 예산을 검토한다.

4. 사회복지홍보방법

1) 보도자료 작성하기

보도자료는 사회복지조직이 언론사에 기관의 사업을 안내하여 신문기사세 형식으로 작성한 자료를 말한다. 보도자료는 가장 많이 쓰이는 홍보방법이다. 최근에 많이 사용되는 페이스북, 블로그 형태의 홍보방법도 대부분은 보도자료를 근거로 시작되는 경우가 많다. 따라서 보도자료에 대한 충분한 이해가 필요하다.

(1) 핵심내용 부각

보도자료를 작성하다보면 기관의 이미지를 높이고, 사업의 우수성을 안내하고자 다양한 수식어를 추가하거나 설명을 붙이는 경우가 많다. 이는 내용의 본질을 흐트러뜨려 제시하고자 하는 메시지를 충분히 말하지 못하는 경우가 많다. 따라서 핵심만 부각하는 노력들이 필요하다.

(×) 건전한 노사문화를 이룩하고자 노사화합을 위해 노력해온 노사정위원회는 올해 임금협상에서 노사가 충분한 대화를 통해 임금문제를 원만히 타결지었다.

(○) 노사정위원회가 올해 임금협상을 타결했다.

(2) 정확하게 표현

보도자료를 작성하여 언론사에 제공한다는 것은 쉬운 일이 아니다. 그러다 보니 실제 현장에서는 소위 '멋'이나 '기교'를 부리는 경우가 많은데, 가능하면 사실만을 간단명료하게 표현하는 것이 필요하다.

(×) 가정의 달을 맞이하여 준비한 이날 행사에는 많은 시민들이 삼삼오오 짝을 지어 참가해 한 마음으로 단합된 의지를 보여주었다.

(○) 가정의 달을 맞이하여 준비한 이날 행사에는 5천 여 시민들이 참가해 성황을 이루었다.

(3) 문장은 짧게 작성

여러 가지 내용을 보도자료에 넣으려면 오히려 내용이 산만해진다. 따라서 명확하고 간결하게 내용을 제시하기 위해서는 가능한 한 짧게 기술하는 노력이 필요하다.

(×) 우리복지관에서 추진하는 5개년 사업계획은 2017년부터 2022년까지 총 5개년에 걸쳐 시작되는 프로젝트로서 1단계는 2017~2018년이며, 2단계는 2018~2019년이며, 3단계는 2019~2020년 등이다. 연도별 사업비는 매년 20억 원 규모이다.

(○) 우리복지관에서 추진하는 5개년 사업계획은 2017년부터 2022년까지 총 5개년에 걸쳐 매년 사업비는 매년 20억 원 규모이다.

(4) 전문용어 피하기

사회복지는 전문가 집단이 사업을 수행하는 기관이다. 그러다보니 다양한 영역의 전문가들이 전문적인 용어를 사용하여 서비스를 제공하거나 목적사업을 수행하는 경우가 많다. 그러나 보도자료의 특성상 많은 일반인들이 보는 문서에 너무 복잡하고 상세한 자료나 전문용어는 오히려 독자의 관심을 저하시키거나 담당 기자의 이해부족으로 오보를 하는 경우도 있다. 따라서 가급적이면 누구나 알 수 있는 일상적인 용어를 사용해 보도자료를 작성할 필요가 있다.

(5) 홍보담당자의 연락처 추가

보도자료 상단에는 홍보담당자의 연락처를 추가하여 기자가 추가정보를 요구하거나 의문이 있을 때 바로 응답이 가능하도록 준비해야 한다. 간혹 보도자료 게시가 어떤 기한 이후에 진행되고자 한다면, 엠바고[1] 보도자료 상단에 엠바고(Embargo)로 명기하고 보도자료가 게시 희망일자를 명기하기도 한다.

| 표 7-4 | 보도자료 양식 샘플

Embargo. 2017년 8월 29일(화) 10시 이후 게시 - 필요시 작성

2017. 8. 28(월)

보도자료	기관명	기관 CI 혹은 심벌

담당부서 : 담당부서 혹은 팀명

사진없음	사진있음	보도자료
☐	■	총매수 : 2 매

직책	홍보담당자 이름	연락처
기관홈페이지 / 담당자 이메일		

보도자료 제목

서론

본론에 앞서 주요 사실을 육하원칙에 맞게 나열식으로 작성한다.

본론

서론에 부합되도록 사업에 대한 배경 및 진행과정 등을 간략히 작성한다.

결론

향후 계획 및 앞으로의 각오에 대하여 전한다.

---

1) 엠바고(embargo)란 저널리즘 영역에서 취재원과 합의를 통해 보도 시점을 조절하는 관행을 말함

2) SNS 활용

(1) SNS의 특징

소셜 네트워킹 서비스(Social Networking Service, 이하 SNS)는 사용자 간의 자유로운 의사소통과 정보공유, 그리고 인맥확대 등을 통해 사회적 관계를 생성하고 강화시켜주는 온라인 플랫폼을 의미한다. SNS에서 가장 중요한 부분은 이 서비스를 통해 사회적 관계망을 생성, 유지, 강화, 확장시켜 나간다는 점이다. 이러한 관계망을 통해 정보가 공유되고 유통될 때 더욱 의미 있어질 수 있다(위키트리 참조).

오늘날 대부분의 SNS는 웹 기반의 서비스이며, 웹 이외에도 전자 우편이나 인스턴트 메신저를 통해 사용자들끼리 서로 연락할 수 있는 수단을 제공하고 있다. SNS는 소셜미디어와 동일한 개념으로 오용되는 경우가 많으나, 범주상 블로그, 위키, UCC, 마이크로 블로그 등과 함께 소셜미디어의 한 유형으로서 보는 것이 타당하다. 최근 들어 스마트폰 이용자의 증가와 무선인터넷 서비스의 확장과 더불어 SNS의 이용자 또한 급증하고 있다.

이제 SNS는 많은 사회복지조직에서 홍보도구로써 기능을 하고 있다. 영리조직 못지않는 다양한 콘텐츠를 바탕으로 기관이 지향하는 사회적 가치들을 확산시키기 위해 SNS만큼 효율적인 도구를 찾기란 쉽지 않을 것이다.

사회복지조직에서의 소셜미디어 중요한 세 가지 활용목적은 다음과 같이 제시된다. 첫째, 기관운영에 필요한 사회적 자본 획득 및 사회복지서비스 소비자들에게 서비스 제공, 둘째, 기관의 사업 내용과 홍보, 세 번째 사회적 관계망이 부족한 사회복지서비스 소비자들에게 지역자원을 연계하는 등이 있다.

| 표 7-5 | 사회복지기관의 주요 홍보물

구분	세부내용	시기/기간
단체소개서	단체의 미션, 비전, 역사, 주요사업, 중요임원진, 조직도, 후원안내 등을 소개하는 자료로 기관의 얼굴과 같은 역할을 하며, 모든 후원 및 자원연계활동에 활용한다. 특히 신규후원자나 잠재후원자에게 필수적으로 제공한다.	비정기 연말/연초 필요시
에뉴얼 리포트	에뉴얼리포트는 해마다 발간하는 사업보고서로 단체의 미션, 비전, 주요 조직, 연간 주요 사업의 내용, 연간 재정현황, 연간 지원사례 등을 수록한다. 기존 후원자에게 해마다 발송하며, 기관운영의 신뢰성을 보여주므로 후원개발에도 사용한다.	연초 연 1회
소식지	기관에서 현재 진행하는 활동내용을 정기적으로 후원자에게 보고하고 활동을 알리는 홍보물로 계간, 월간, 주간 등 일정한 간격을 정해 발행한다. 소식지의 내용은 해당 기간 내에 진행했던 사업의 내용과 진행될 사업의 안내, 관련 이슈의 전문가 기고글, 후원자나 자원봉사자 인터뷰, 단체장 칼럼, 관련 정보 등으로 구성한다. 온라인으로 구성하는 소식지(웹진, E-뉴스레터)와 오프라인으로 구성하는 소식지가 있다.	정기적 규칙적
단위사업 리플렛	기관의 중요사업이나, 참여자가 많은 사업이어서 안내의 필요가 있을 때 제작하는 소개자료로 사업의 의미, 참여절차, 사업내용 등을 포함하여 제작한다.	비정기 필요시
후원가입 신청서	후원가입 신청서는 후원개발을 목적으로 하는 홍보물로 간략한 기관 및 후원할 주요사업의 소개와 함께 후원신청에 필요한 정보와 정보제공동의 등을 내용으로 구성한다.	비정기 필요시
보도자료	보도자료는 언론매체에 기관의 사업이나 행사 등에 대한 보도를 요청하기 위해 작성한다. 기사가 될 자료이므로, 보도의 원칙에 맞게 육하원칙으로 작성하고, 사실여부를 민감하게 확인한다.	비정기 필요시
기타 홍보물품	기타 홍보물품으로는 기관의 기관명, 슬로건, 사업비전 및 미션을 담아 배포하는 기념품, 모금함 등을 활용한다.	비정기 필요시

5. 사회복지조직에서의 소셜미디어 운영 전략

소셜미디어를 개설하기 전에 미리 조직 내부적으로 활용목적과 방향성을 분명하게 설정하는 것이 필요하다. 소셜미디어의 활용 목적이 불명확하면 실제 운영 시 많은 혼란과 시행착오를 경험할 수밖에 없다. 따라서 조직 내부에서 충분한 의사소통을 통해 활용하고자 하는 목적과 조직 내 구성원 간의 충분한 합의와 논의가 필요하다고 하겠다. 또한 소셜미디어 운영은 재미있게 해야 한다. 재미라는 것을 가벼움으로 해석하지 말고, 조직에서 지향하는 가치(Value)를 재미라는 요소를 통해 배가시켜야 하며 그러면서도 의미를 놓치지 말아야 한다. 여기서는 소셜미디어 중에서 제일 많이 사용하는 페이스북을 중점으로 알아보도록 한다.

1) 동일한 관심을 갖고 있는 팬의 확보

페이스북을 운영할 때 가장 중요한 것은 팬수를 빠른 시간 내에 확보하는 것이다. 이때 가장 많이 사용하는 방법이 이벤트다. 이벤트는 페이스북 자체에서의 유료광고도 가능하지만 실제 사회복지시설에서는 예산범주 내에서 고민해보는 게 좋다. 아울러 소위 비싼 선물을 제공하는 것보다 저렴하지만 일상에서 접하기 쉬운 먹거리 등을 지원하는 이벤트를 꾸준히 자주하는 것이 적절하다. 왜냐하면 이를 통해 기관의 생동감을 전할 수 있기 때문이다.

2) 재미있는 콘텐츠 제공으로 소통

앞서 제시했던 것처럼 소셜미디어는 재미있어야 한다. 재미는 팬의 참여를 가능케 할 것이다. 그렇기 때문에 가능하면 긍정적인 용어를 사용하여 내용을 구성한다. 또한 간결한 문장이나 사진, 혹은 그림을 활용하여 기관이 전달하고자 하는 내용을 전해야 한다.

| 표 7-6 | SNS운영 전략 수립 프로세스

Basic Plan	• 브랜드 컨셉 설정 • 타켓을 정의 • 소셜 미디어 운영 전략 수립 : 단기, 중기 • 주요 기관 분석
Action Plan	• 컨텐츠 전략 수립 : 컨셉, 스토리 등 • 활성화 전략 수립 : 이벤트 등 • 운영정책 수립

Chapter 08

자원개발

최근 사회복지현장에서 각광받고 있는 분야가 자원개발이다. 자원개발은 인적 및 물적자원 개발을 비롯하여 사회복지 업무를 수행하는 데 있어 필요한 사회적 자본을 개발하는 일련의 과정을 말한다.

1. 자원개발이란 무엇인가?

1) 자원개발의 정의

자원개발은 비영리조직에서 부족한 자원을 마련하기 위해 여러 가지 방법을 동원하여 노력하는 일련의 과정이다. 비영리조직의 자원개발의 필요성은 필요한 공공재가 한정되어 있기 때문에 언제나 제기되는 문제다. 즉, 비영리조직의 자원은 한정되어 있는데 반해 수요는 언제나 공급을 초과하기 때문에 자원은 부족한 상태에 놓여 있기 마련이다. 비영리단체들은 부족한 자원을 확보하기 위해 기업, 재단, 모금, 수익사업 등 다양한 외부의 기금원에 의존하고 있는 실정이다. 최근 들어 자원개발은 대부분의 비영리조직에서 각광받고 있는 분야이다. 이는 단순히 공공재의 한정으로 외부기금을 확보하는 것 이상으로 해당 기관의 비전에 합의한 결과로서 외부기금이 증가되는 결과이기 때문이다. 또한 자원개발의 필요성과 함께 자원의 효율적인 관리와 사용에 대한 책임성(Accountability) 문제가 제기되었으며 동시에 자원을 효과적으로 개발하기 위한 비영리마케팅의 전개가 요구되고 있다. 이제 마케팅은 영리기업뿐 아니라 비영리조직에도 자원개발을 위한 필수적인 방법이 되었다.

참고 **지역사회 욕구에 부합하는 자원개발 필요**

사회복지관련 기관도 마케팅을 통한 자원개발이 요구되고 있다. 사회복지관련 기관의 경우 보편적인 마케팅 방법보다는 지역사회의 욕구와 지역의 특성을 중심으로 하는 표적시장과 개별 마케팅 활동을 통해 마케팅의 효과를 극대화하는 것이 적합하다.

2) 네트워크의 정의

네트워크를 쉽게 정의하면 '관계'라고 말할 수 있다. 사회적 네트워크란 지역사회 내에 거주하고 있는 개인, 집단, 조직들이 그들의 욕구나 지역 내의 어떤 문제를 해결하기 위해서 상호작용하고 교환관계를 형성하는 관계다. 네트워크 정의는 조직 간의 연계, 조직 간 관계, 기관 간 연계, 조직 간 협력, 지역사회 관계망 등으로 다양하지만 대체로 서비스를 위한 기관(조직)들 간의 연계 내지 협력으로 볼 수 있다. 사회복지서비스 네트워크란 사회복지서비스 제공기관(조직)들 사이의 협력(연계)의 한 유형으로서 각각의 기관들이 그들의 조직적 자율성을 유지하면서 지역사회의 복합적 문제를 해결하기 위해 필요한 자원 조달을 목적으로 공식적, 비공식적으로 협력해 나가는 시스템의 하나이다.

3) 네트워크 이론

사회복지서비스 네트워크를 설명하는 이론의 대표적인 것으로 상호조직 이론, 사회교환 이론, 사회자본 이론, 네트워크 거버넌스 이론 등이 있다. 그 중 사회자본과 사회적자본 이론은 다음과 같다.

(1) 사회적 자본(Social capital)

개인이나 집단 간에 이로운 협력행위를 촉진시키는 신뢰, 규범, 네트워크 등을 통칭하는 것이다. 사회적 윤리와 규율을 자발적으로 준수하려는 자세를 가진 주민들 사이에서 형성되는 연대감이나 인간관계를 의미한다. 이는 공공재적 성격의 사회적 역량으로, 행위자들 간의 관계에 내재되어 있다. 사회적 구조를 통해 개인들에게 객관화된 습성으로 나타나는 것이다.

(2) 사회자본 이론

사회자본 이론과 네트워크와의 연관성은 네트워크가 사회자본을 구성하는 중요한 요소 가운데 하나라는 점에서 의미를 갖는다. 사회자본 이론에서 사회네트워크(Social network)는 신뢰와 호혜성과 더불어 사회 자본을 형성하는 중요한 요인 가운데 하나로 본다. 자연적 측면이나 사회적 측면에서 봤을 때, 네트워크는 반드시 자연발생적으로 형성되는 것은 아니다. 네트워크란 제도적 노력의 산물이다. 이는 네트워크가 의식적, 무의식적 사회관계를 수립하거나 재생산하려는 개인이나 집단의 투자전략의 산물이라고도 볼 수 있다. 사회자본 이론에서는 네트워크를 연결하는 네트워킹 과정을 주목하면서 신뢰와 상호부조가 더해지면 하나의 자본적 속성을 지닌 사회자본이 형성된다고 보았다.

2. 사회복지 네트워킹 단계

| 표 8-1 | 사회복지 네트워킹 네 단계

단계	세부내용
네트워킹 준비단계	1단계 : 네트워킹 적합성 검토하기 2단계 : 네트워킹 승인받기
네트워킹 구성단계	3단계 : 네트워크 찾기 4단계 : 네트워크 접촉하기
네트워킹 실행단계	5단계 : 네트워크 영역 구축하기 6단계 : 네트워킹 실행하기
네트워킹 관리단계	7단계 : 네트워크 갈등 관리하기 8단계 : 네트워크 유지하기

출처: 홍현미라(2008). 한국사회복지행정학회 학술대회자료집. 사회복지네트워킹의 이해와 적용. p.60.

1) 지역사회 자원

지역사회자원은 지역사회라는 지리적, 공간적 범주에 속하는 자원으로 지역성을 근간으로 한다. 사회복지관련 기관의 지역사회 자원개발은 사회복지관이 위치한 경우 정부, 기업, 재단 등 지역성과 상관없는 자원의 개발도 중요하지만 가장 중요한 자원 중의 하나는 공간적 범주에서의 지역자원의 활용이다. 지역사회 자원의 개발을 위해서는 다음과 같은 몇 가지 점에 초점을 두어야 한다. 조직은 자원개발을 통해서 자신의 가치를 지역사회에 제시한다. 재정자원을 개발하는 모금활동은 조직과 그의 사명 및 사업 활동과 분리될 수 없으며, 조직의 명성과 지역사회에 대한 헌신성을 반영하는 비영리조직의 그림자와도 같은 것이다. 사회복지영역에서 개발하는 자원은 현금과 같은 재정자원, 물품과 같은 물질자원, 종사자 및 자원봉사자와 같은 인력자원으로 구성된다. 일반적으로 네트워킹을 자원, 기술, 사회관계, 지식, 신뢰 등을 서로 공유할 수 있는 사람들 또는 조직의 공식적 혹은 비공식적 관계를 형성하는 과정이라고 본다. 이런 관점에서 '자원개발 네트워킹'은 조직의 사명과 헌신성을 반영하는 물적·인적자원을 서로 연계하고 공유할 수 있는 관계망 형성을 목적으로 할 때 사용하는 개념이라고 할 수 있다. 자원개발 네트워킹은 개별조직 자체의 자원개발 과정 내에서 이루어지는 네트워킹을 이미 내포하고 있으며 조직 간 관계 구축을 통해 자원개발 활동을 수행하는 네트워킹까지 확장되어 발전하고 있다. 따라서 자원개발 네트워킹은 지역사회 기관들이 지역사회의 문제해결을 위해 필요한 재정자원을 공동으로 동원 및 획득하는 과정이다.

첫째, 우선적으로 지역자원의 조사가 이루어져야 한다. 지역에는 다양한 인적, 물적 자원이 있다. 사회복지 관련기관에서 지역자원에 대한 사전조사 없이 사업전개 시 자원이 요구될 때마다 자원을 구하는 경우 원하는 필요한 자원을 주어진 시간 내에 구하기 힘들다.

둘째, 지역의 기존 네트워크와 자원을 활용하도록 한다. 지역사회에는 이미 확보된 자원과 자원활용을 위한 네트워크가 형성되어 있는 경우가 있다. 지역자원을 개발할 때 이들 기존 자원과 네트워크를 활용하면 쉽게 자원개발을 할 수 있다.

셋째, 자원을 내용과 분야에 따라 분류하도록 한다. 자원은 크게 인적·물적자원으로 구분된다. 인적자원은 의료, 교육, 법률 등 전문 분야와 일반 자원봉사로 나누어 구분될 수 있으며 물적자원은 업체와 물품 종류, 금액, 유효기간, 보관방법 등 물품의 성격에 나누어 분류되어야 한다.

넷째, 지역욕구에 기반한 자원을 개발하도록 한다. 지역사회의 자원은 지역이 필요로 하는 욕구와 연결될 때 개발이 용이하다. 지역의 문제와 환경개선을 위한 욕구가 있을 때 지역자원개발을 위한 마케팅 전략이 적합하게 이루어질 수 있다.

다섯째, 자원의 관리가 체계적으로 이루어져야 한다. 자원의 종류, 양, 자원의 필요 시기, 자원의 보관, 기부자 서비스 등이 체계적으로 이루어져야 한다.

2) 자원개발의 의의

피터 드러커(Drucker, 2001)는 21세기를 네트워크 사회라고 정의하였다. 그만큼 네트워크가 현대사회에서 차지하는 비중은 점점 커지고 있다. 네트워크의 확산은 정보의 교환, 자원의 공유, 가상공간의 실현을 통해 정치, 경제, 문화, 의료, 교육 등 사회전반에 생활 행태의 변화를 일으키고 있다. 네트워크는 국가, 기업, 개인 간의 장벽을 허무는 동시에 새로운 관계망을 형성해주고 있다. 이제 세계와 지역사회의 공간적·시간적 구분은 더 이상 의미가 없어지게 되었다. 지구상 어느 곳에 위치해 있든지 같은 공간과 동시성을 갖게 된 것이다. 이른바 현대사회는 "사고는 세계적으로 행동은 지역적으로(Thinking Globally and Acting Locally)" 하게 되는 시대가 되고 있다(Judith A. Lewis, op. cit., p.30). 이제 현대사회는 독일의 사회학자 울리히 벡이 말하는 대로 다양성과 비통합성을 특징으로 하는 일종의 전 지구적인 지평이 열리는 '지구화의 길'을 걷게 되는 것이라고 볼 수 있다(울리히

백「지구화의 길」, 조만영 옮김. 거름, 2000, p.30). 피터 드러커(Drucker, 2001)는 비영리조직의 효율적인 경영을 위해서는 계획, 마케팅, 사람, 돈이라는 4가지 요건이 필요하다고 하였다. 사회복지조직에서 자원은 경영을 위한 필요조건이다. 정부, 기업, 재단 등 지역과 상관없는 자원도 있지만 가장 중요한 자원 중의 하나는 지역자원의 활용이다. 지역자원의 개발을 위한 고려사항은 다음과 같다.

① 지역 내 다양한 인적·물적 자원에 대한 사전조사가 필요하다.
② 지역 내 기존 네트워크와 자원을 활용하라.
③ 지역 내 자원은 지역적 욕구와 연결될 때 개발이 용이하다.
④ 평소 지역 내 자원의 종류, 양, 필요시기 등을 체계적으로 관리하라.

3) 자원의 종류

자원의 종류는 크게 인적자원과 물적자원으로 구분할 수 있다. 인적자원개발은 직원과 자원봉사자의 채용, 선발, 모집에서부터 직무분석, 교육, 업무배치, 직무환경, 평가, 보상에 이르기까지 광범위하게 이루어진다. 사회복지 관련기관의 사업은 노동집약적으로 예산의 많은 부분이 급여와 인적자원 개발비용으로 사용된다. 인적자원은 사업의 성과뿐만 아니라 기관의 목적달성을 위한 가장 중요한 자원이다. 따라서 인적자원의 개발을 위해서는 직원의 채용과 자원봉사자의 모집 등이 효과적으로 이루어져야 한다. 물적자원은 위에서 언급했듯이 정부의 지원금과 다양한 형태의 기금, 기업의 협찬금, 일반 시민의 기부금(현금, 부동산, 증권, 물품 등), 서비스 이용료(의료, 상담, 교육 등), 수익사업 등으로 이루어진다.

사회복지자원은 사회적 욕구를 충족시키고 사회적 위험에 대비하여, 사회문제를 해결하기 위해 필요한 모든 유·무형의 서비스와 물질적 요소를 의미한다. 지역사회와 연계하기 위해서는 우리 지역에 존재하고 있는 유무형, 인적·물적자원의 종류를 알고 파악하여야만 사업과 자원의 성격에 맞는 네트워크를 할 수 있다.

| 표 8-2 | 지역사회자원의 종류

<table>
<tr><th colspan="2">구분</th><th>자원의 종류</th></tr>
<tr><td rowspan="2">제공주체</td><td>공공자원</td><td>정부와 지방자치단체(사회보험과 공공부조, 사회복지서비스를 통한 공적 이전, 취약계층에 대한 각종 공공서비스 이용료 감면, 소득공제 및 세금감면 등의 조세지출 등)</td></tr>
<tr><td>민간자원</td><td>• 영리 기업(기업복지 사회공헌 프로그램, 기부금, 자원활동 등)
• 제3섹터(모금지원과 후원, 자원봉사활동 등)</td></tr>
<tr><td rowspan="2">자원형태</td><td>물적자원</td><td>정부보조금, 기업협찬금, 후원, 결연금 등 각종 기부금(현금, 부동산, 증권, 물품 등), 서비스 이용료(의료, 상담, 교육 등) 등의 현금, 바우처, 각종 현물</td></tr>
<tr><td>인적자원</td><td>시설종사자, 자원봉사인력(대학생, 직장인, 전문자원봉사자 등)</td></tr>
<tr><td rowspan="2">공식성</td><td>공식적 자원</td><td>• 공적 자원(동사무소, 초중고대학교, 보건소, 소방서, 경찰서, 구청, 문화재단)
• 사적 자원(상인연합회, 취미단체 등 각종 모임, 교회, 사회복지관, 기업재단 등)</td></tr>
<tr><td>비공식적 자원</td><td>• 자연적 도움제공자(가족, 친척, 이웃, 동호회 등)
• 자원봉사자, 프로보노(전문봉사자)</td></tr>
</table>

이 외에도 지역사회 안에는 다양한 자원들이 존재한다. 해당 기관에 적합하고 우호적인 인적·물적자원을 파악하여 네트워크 함으로서 지역사회문제를 해결할 수 있다.

3. 사회복지기관의 네트워크

사회복지기관의 궁극적인 목적은 좋은 사회를 만드는 것이다. 따라서 기관을 이용하는 이용자의 복지를 증진시키기 위한 각 기관의 노력도 중요하지만 지역사회 자체를 평등하고, 복지지향적인 환경으로 만드는 것 또한 중요하다. 이런 이유로 사회복지서비스를 공급하는 주체 간에 정보를 공유함으로서 누락 없이 더 많은 이용자들에게 복지혜택이 돌아가도록 하고, 더 많은 사람들이 지역의 복지에 관심을 가지고 참여하게 하는 복지연계망을 만드는 데 일조해야 한다.

1) 네트워크 일원으로서의 사회복지기관

사회복지기관에서 진행되는 네트워크 활동의 유형은 크게 사회복지사들의 역량 강화를 위해 이루어지는 네트워크, 이용자의 욕구와 문제를 해결하기 위해 조직하는 네트워크, 기관 간 공조와 행정체계를 확대시키기 위한 네트워크, 어떤 가치를 바탕으로 사회복지제도의 변화나 시민의 의식변화를 기대하고 조직하는 네트워크 등이 있다(김준수, 2006).

2) 네트워크 주체로서의 사회복지기관

기관은 운영목적을 달성하기 위해 지역 안에서 함께 할 다양한 파트너들을 찾아 참여시킴으로서 기관을 중심으로 하는 지역사회의 복지연계망을 만드는 것에도 힘써야 한다. 이런 이유로 기관의 조직구조와 기관이 목적으로 삼고 있는 복지문제에 맞춰 다양한 형태로 함께할 네트워크를 구성한다. 일반적으로 조직이 구성하는 네트워크는 구성목적 및 참여주체에 따라 운영위원회, 실무위원회, 자문위원회, 이용자 대표회의, 교사위원회 등등의 이름으로 구성된다.

| 표 8-3 | 사회복지기관의 네트워크 종류

구분	세부내용
운영 네트워크	기관의 이사회, 운영위원회 등 기관의 운영에 있어서의 의사결정과 연간 사업방향성과 중요한 사업내용을 결정하고 책임지는 역할을 하는 최상위 네트워크다. 운영 네트워크의 구성은 조직 내부 임원, 후원자대표, 전문가대표, 지역의 주요인사, 이용자대표 등으로 기관과 연결되어 있는 주체들의 목소리를 다양하게 담을 수 있도록 구성한다.
자문 네트워크	특정 분야의 전문가들로 구성되어 기관의 전문성을 위해 자문하는 역할을 하는 네트워크로 자문위원회, 전문가 위원회 등이다. 자문네트워크의 구성은 해당 분야의 사업을 진행하기 위해 관련 전문성이 인정되는 학계 전문가와 현장 전문가로 구성한다.
실행 네트워크	다양한 실행위원회들이 속하는데, 사업이나 특별한 단기 목표에 따라 특정 사업의 실행방법을 결정하고, 진행하는 네트워크다. 목적에 따라 홍보위원회, 후원회, 멘토단, 교사위원회, 추진위원회 등이 있다. 이들은 보통 공동으로 달성하고자 하는 분명한 목적이나 활동내용이 있고, 자신들의 전문성을 기반으로 구체적인 활동을 제공한다.
이용자 네트워크	이용자들이 주축이 되는 네트워크로 자치회, 이용자 대표회, 자조회 등이 여기에 속한다. 기관을 이용하는 이용자들이 서로 간의 관계를 맺음으로서 친밀감을 높이고, 기관의 사업에 스스로의 욕구를 반영하기 위해 구성한다.

4. 지역사회와 네트워크

1) 지역사회

지역사회의 인적 · 물적조직을 파악하고 네트워크화 하기 위해서는 지역사회 개념에 대한 이해가 필요하다. 웹스터(Webster's) 사전에는 지역사회(Community)를 "같은 조건 아래에서 같은 장소에 살고 있는 일군의 사람들"이라고 정의하고 있다. 지역사회란 일정한 물리적 공간에 모여 공동의 문제를 해결하기 위한 사회적, 교육적, 경제적 활동을 수행하는 공동 생활권을 의미하며 그러한 공동 생활권에 있는 사람들이 다양한 재원을 활용하여 일정한 문화와 경험을 공유 또는 분배하는 곳이라고 할 수 있다. 그러나 20세기 들어서 지역사회 개념은 대체로 지리적인 경계를 기준으로 정의하는 지역적 범위를 어떻게 구성할 수 있는가의 문제가 제기되기도 한다. 21세기의 정보화 사회에서 전통적 의미의 지역적 경계가 무너지고 있다. 사이버 공동체, 네트워크 공동체 등 새로운 지역사회의 형태가 나타나고 있으며, 지구촌(Global Community)의 형성으로 초광의의 지역사회 개념이 등장했다. 단순한 지역성을 강조하는 지리적 의미의 지역사회는 점차 그 의미를 상실하고 있는 것이 오늘날 정보화 사회의 실정이다.

지역사회에 관한 주요 학자들의 개념 정의는 다음과 같이 크게 세 가지 범주로 나누어진다. 첫째, 지리적 개념으로서의 지역사회, 둘째, 집단 상호작용을 강조하는 사회적 동질지역으로서의 지역사회, 셋째, 지리적 및 사회적 동질성을 강조하는 자연지역으로서의 지역사회이다.

지역적인 경계(Boundary)를 중심으로 하는 지역사회 개념이든 네트워크 공동체를 중심으로 하는 초광의의 지역사회 개념이든 장인협의 지역사회 개념처럼 "지역사회란 공통적인 욕구 및 관심들이 의식적으로 동일시된 인구집단"으로 볼 수 있다.

2) 지역사회의 네트워크 대상 조직

지역사회 내 복지네트워크의 대상이 되는 조직은 매우 다양하다. 어떤 목적으로 네트워크를 하느냐에 따라 그 대상은 무한정 확장될 수 있다.

3) 지역사회복지협의체

지역사회복지협의체는 「사회복지사업법」에 의거하여, 시·군·구 지역사회복지사업의 중요사항과 지역사회복지계획을 심의 또는 건의하고, 사회복지서비스 및 보건·의료서비스의 연계협력을 강화하기 위하여 민관의 긴밀한 연계로 시·군·구 지역사회복지협의체를 구성하게 되어 있다. 지역사회복지협의체는 지역사회단위로 사회복지관련 공공과 민간의 주체, 그리고 사회복지 또는 보건의료에 관한 학식과 경험이 풍부한자, 사회복지, 보건의료 사업기관단체 대표자, 공의단체 추천자, 담당공무원 등이 참여하는 지역의 복지관련 사안에 대한 논의와 검토를 수행하는 심의 기구이다. 지역사회 내 다양한 인적·물적조직을 공공과 민간으로 구성된 지역사회복지협의체의 활동을 통해서 기관의 개발된 자원과 개발이 필요한 자원을 지역사회 안에서 적극적으로 연계할 수 있으며, 네트워킹 활동의 자료를 축적하여 기관의 자원역량을 높일 수 있다.

(1) 지역사회복지협의체의 운영목적

① 지역사회 내 복지문제를 해결하기 위한 민주적 의사소통 구조 확립으로 지역사회복지계획 심의 등 지역복지 증진을 위한 과정에 민간의 참여기반을 마련하는 데 있다. 특히 서비스제공 실무자들의 문제해결 의지가 지역사회에서 활발하게 논의될 수 있는 상향식 의사소통 구조를 확립하는 데 있다.

② 수요자 중심의 통합적 복지서비스 제공 기반 마련으로, 지역사회의 보건·복지서비스 제공자 간의 연결망(Network)을 구성하여 수요자의 복합적 욕구에 대응하고, 주민이 필요로 하는 서비스를 Any-stop, One-stop으로 제공하는데 있다.

③ 지역사회 내 잠재적 복지자원 발굴 및 자원 간의 연계 협력으로 지역사회복지자원의 효율적 활용체계를 조성해 나가는 것이다.

④ 지역 복지자원의 개발과 조정에 있다. 지역사회의 다양한 잠재적 복지자원을 발굴하고 서비스 제공기관 간 연계, 협력을 통한 자원 제공의 중복과 누락을 방지함에 있다.

(2) 지역사회복지협의체의 조직구성

각 지역사회복지협의체는 대표협의체, 실무협의체, 실무분과로 구성되며 실무분과는 각 지역의 특성에 맞게, 대상별, 지역별, 기능별로 구성된다.

(3) 지역사회복지협의체의 기능과 역할

지역사회복지협의체에서는 지역 안의 사회복지사업에 대한 중요사항과 지역사회복지 계획을 심의하고 건의하는 역할을 하며, 사회복지서비스 및 보건의료서비스의 연계, 협력을 강화함으로써 서비스의 누락을 막고, 지역사회 복지자원의 개발을 확대하는 역할을 한다. 지역사회복지협의체의 안건이 제안되는 과정은 '실무분과 〉 실무협의체 〉 대표협의체'의 순서로 진행되어진다.

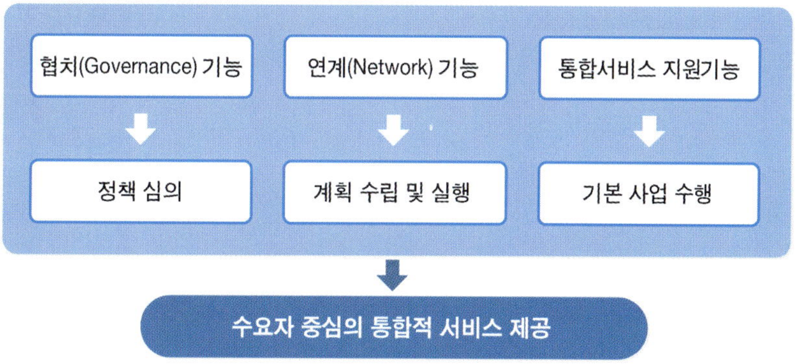

| 그림 8-1 | 지역사회복지협의체의 기능

출처: 지역사회복지협의체 운영지침(2014).

| 표 8-4 | 지역사회복지협의체의 주체별 역할

구조	역할	구성원
대표협의체	• 지역사회복지계획의 심의 및 건의 • 지역사회 복지시책에 대한 심의 및 건의 • 사회복지서비스 및 보건의료서비스의 연계·협력 • 지역의 복지문제에 대한 협의 및 건의 • 지역사회 자원개발 및 관련 협의 • 복지정책에 대한 모니터링	• 공공기관대표(구청장, 국장, 소장급) • 민간기관대표(대표, 위원장급) • 서비스이용자대표 • 기타연계영역대표
실무협의체	• 공동사업개발 및 건의 • 지역사회서비스 제공 및 연계 협력에 관한 협의 및 건의 • 대표협의체 심의(건의)안건 사전검토 • 실무분과에서 발의된 이슈에 대한 논의 • 실무분과 간 역할조정 및 협력도모 • 지역사회 자원개발 관련 협의 및 건의	• 공공기관 실무위원 (관련팀장급) • 민간서비스기관 • 실무위원(중간관리자급)
실무분과	• 공동사업의 수행 • 대상자별 사례회의 • 서비스 제공 및 연계 • 서비스 제공 관련 건의	• 공공기관위원(팀장, 주무관급) • 민간기관 및 직능단체 실무자

출처: 지역사회복지협의체 운영지침(2014).

5. 후원개발 및 관리

1) 후원개발

(1) 왜 후원개발을 해야 하는가?

사회복지기관에서의 후원자개발은 사회복지서비스의 질적인 수준향상과 복지서비스 소비자의 욕구가 늘어나면서 이에 대한 욕구에 대응하고, 다양한 후원 개발을 통해 사회복지시설의 비전이 실행될 수 있는 후원은 단순히 돈을 모으는 행위 이상의 의미를 지니고 있다.

나아가 자원을 공급하는 측면에서의 전문적 수단으로서 중요한 역할을 담당하고 있다. 즉, 사회복지기관에서 후원자의 개발 및 활용 여부가 효율적인 사회복지서비스 제공 및 전문적인 프로그램의 활성화 등 사회복지서비스 내용의 평가와 비례한다고 해도 과언이 아닐 것이다.

(2) 후원업무의 중요성

일반적으로 사회복지시설의 재정은 사회복지 주체가 정부인 경우 조세로서 충당하고, 민간인 사회복지법인이 주체가 되는 경우가 많다. 또한 개인 및 기업의 후원금과 법인의 수익사업으로 사업비를 충당하는 경우가 많다. 우리나라의 경우 두 부분 모두가 미약하므로 정부에서는 법정 보조금을 사회복지법인에 보조하여 법인이 필요로 하는 재정을 대부분 충당하는 경우가 대부분이다. 또한 민간전달체계의 취약한 재정구조는 목적사업 수행상에 필요한 재원확보에도 많은 어려움을 안고 있다. 그렇기 때문에 적극적인 홍보 및 마케팅을 통해 다양한 프로그램을 지역사회의 구성원들을 적극적으로 참여하게 유도하고, 이들을 통하여 인적 · 물적자원을 최대한 활용한다.

조직의 구성원들이 후원의 필요성을 느끼지 못하고 단지 의무감으로만 한다면 성공적인 후원개발은 할 수 없다. 따라서 무엇보다 중요한 것은 후원이 필요성을 조직의 구성원들이 공감하도록 설득하고 함께 참여하도록 의식화하는 부분이다.

(3) 후원개발의 원칙

후원자들은 후원형태에 따라서 일시적인 행사를 통해 참여하는 이와 정기적으로 후원금을 제공하는 결연후원자, 그리고 일시적인 후원금을 제공하는 기부자로 구분할 수 있다. 또한 기업들의 사회공헌 활동에 참여가 활발해지면서 대부분의 사회복지기관에서 기업의 기부금 비중이 매우 중요한 재원이 되었다. 그러나 기업의 기부금을 후원받기 위해서는 이들이 요구하는 조건을 충분히 수용해야 한다.

아울러 이렇게 다양한 후원형태를 비롯하여 일반적으로 후원을 진행하기 위해서는 다음과 같은 원칙들을 성실하게 지켜져야 한다.

첫째, 기관의 사명(Mission)을 철저히 내재화하여야 한다. 이는 재원확보를 위한 노력의 동기를 제공한다. 다시말해, 기관의 사회적 존재의미와 기능 등에 관해 사명의식이 분명하다면, 후원자 개발을 위한 노력에 보다 적극적으로 나서게 될 것이다.

Tip 기관의 사명을 내재화하는 방법

사회복지현장에서 많이 사용되는 단어 중의 하나가 내재화다. 내재화(內在化)의 사전적인 정의는 마음이나 인격 내부에 여러 가지 습관이나 생각, 타인이나 사회의 기준, 가치 등을 받아들여 자기 것으로 하는 일이라고 정의한다(네이버국어사전 참조). 내재화는 정의처럼 쉽지않다. 다양한 교육을 통해 내재화를 실시하지만 교육으로도 내재화는 쉽지 않은게 현실이다.

여기서도 기관의 미션을 내재화라고 말했는데 쉽게 미션을 내재화하는 쉬운 방법을 제시하면, 기관에서 사용하는 내 개인 PC의 인터넷 홈페이지를 기관의 홈페이지로 수정하는 것이다. 물론 기관의 홈페이지가 인터넷 첫 화면인 경우도 있겠지만 많은 구성원은 대부분 포털인 경우가 많다. 우리가 무의식 중에 포털을 인터넷 첫 화면으로 등록하는 경우가 있겠지만 이는 기관의 미션을 내재화하는데 아무런 도움이 되지 않는다. 의도적으로 기관의 홈페이지를 사무실의 PC의 첫 화면으로 등록하자. 내재화는 일상에서 쉬운 것부터 실천할 때 가능하다.

둘째, 후원자(개인 혹은 단체)의 도움을 통한 복지서비스 소비자의 변화와 결과목표를 명확하게 제시하여야 한다. 이는 후원자의 동기를 강화시키게 되며 동시에 사회복지기관의 책임성을 평가할 수 있는 근거를 제공하게 된다. 목표가 결과지향적으로 제시되어 있을 때 후원자들은 사회복지 프로그램에 대한 이해가 쉽게 전달될 뿐만 아니라 나아가서 사회복지기관들도 개입의 목표가 명확해져서 보다 효과적인 서비스를 제공할 수 있다.

셋째, 잠재적 후원자에 대한 빈번한 접촉을 시도하여야 한다. 즉, 후원자들을 감동시킬 수 있는 접근을 통해 그들이 기관과 사업을 이해할 수 있는 기회를 자주 제공하여야 한다는 것이다.

넷째, 프로그램의 기획력이 뛰어나야 한다. 결국 사회복지기관 마케팅의 상품은 프로그램이다. 다시말해 후원자의 마음을 움직일 수 있는 것은 프로그램이기 때문에 후원자 개발을 위해서는 프로그램의 기획을 훌륭하게 해내는 것이 매우 중요하다. 이를 위해서 반드시 예쁜 제안서를 만들 필요는 없다. 스토리를 진실되게 담고 있으면 된다. 최근 트랜드는 스토리 중심이다. 스토리를 잘 구성하는 것도 기획력에서 중요한 덕목일 것이다.

2) 후원자 관리

(1) 후원자 관리

후원자 관리는 현재의 후원자가 계속 후원하도록 도와주어 후원 종결자를 최소화하는 제반 행위를 말한다. 후원자의 욕구와 필요가 무엇인지를 파악하고 후원자의 만족도에 영향을 미칠 수 있는 모든 활동을 통합, 조정하여 후원자로 하여금 보람을 느끼게 하고 그 만족감을 계속 유지함으로써 관계를 지속시키도록 하여야 한다.

(2) 후원자 관리방법

① 정기적인 욕구조사

후원자에게 제공하는 기관의 서비스에 대해서 얼마나 만족하고 있는지를 정기적으로 조사해야 한다. 후원자 개개인을 분류하여 그들에게 맞는 서비스를 제공함으로써 후원행위에 대한 만족감을 느끼고 후원을 더욱 증진할 수 있도록 자극

해야 한다. 편지나 이메일을 통해서 후원자에게 설문조사를 통해서 우리 기관 후원자의 욕구를 파악하고 관리한다. 또한, 전화와 문자를 통해서 소식지를 잘 받고 있는지 확인한다. 매달 후원 감사 문자를 보내기도 하고 후원자 생일일 때는 생일 축하 문자도 보낸다.

② 전산화된 정보체계

후원자가 증가하고 그에 따른 욕구 충족을 위한 자료 분석이 많아질수록 후원자 관리의 효율성을 높이기 위해 전산화된 정보체계가 필요하다. 후원자의 성별, 연령, 주거지역, 후원기간, 후원금 내역 등의 자료를 정보화하여 분석하여 접근하면 보다 효과적인 후원자 관리가 가능하다.

③ 후원자 관리 전문인력

모든 직원에 대한 후원자 서비스 교육이 이루어져 즉각적으로 대처할 수 있는 능력을 갖추는 것도 중요하다. 그러나 무엇보다 모금과 후원자 관리를 전담하는 인력을 배치하는 것이 필요하다.

④ 다양한 후원자 관리 프로그램

후원을 지속시키기 위해서는 단순한 감사 서신이나 기관 소식지 발송만으로는 부족하고, 후원자가 무언가 특별한 대우를 받고 있다고 느끼고 긍지와 자긍심 나아가 소속감까지 느낄 수 있도록 다양한 후원자 관리 프로그램이 필요하다. 예를 들면, 아동이나 노인 등 결연 후원자일 경우 연 1~2회 정도 결연한 클라이언트의 소식이나 상황을 나누고, 개별 만남도 주선하여 지속적인 후원이 이루어질 수 있도록 한다. 현장이 있는 경우 후원자 현장방문, 후원자 소모임, 기관의 음악회나 바자회, 기타 행사에 초대하여 후원자를 지속적으로 만나며 관계를 가진다. 모바일과 SNS를 통해서 이벤트를 실시하여 작지만 의미 있는 참여를 하게 한다.

3) 후원자 관리 시스템

(1) 후원자 관리 시스템의 필요성

효과적이고 지속적인 후원자 관리를 위해서는 후원자 관리 전산 프로그램의 사용이 중요하다. 기관의 상황에 따라서 자체 후원자 관리 전산 프로그램을 개발하기도 하지만 개발비용과 관리비용이 많이 들어 대부분의 기관에서는 이미 개발된 전산 프로그램을 실비를 지불하여 사용하고 있다. 대부분의 후원자들은 현금후원을 가장 많이 함으로 CMS 프로그램을 사용하는 것이 일반적이다.

(2) 사회복지시설 정보시스템

2010년 사회복지시설 업무의 표준화, 업무처리의 간소화와 효율화, 외부 제출자료 작성의 편의성 증진을 위해서 사회복지업무의 전산화를 추진, 사회복지사업법에 의해 국가 및 지방자치단체는 사회복지업무를 전자적으로 처리할 수 있는 법적 근거를 마련 보건복지부에서 사회복지시설 정보시스템을 도입했다.

사회복지시설 정보시스템의 주요기능 중에는 통합고객관리가 있다. 통합고객관리는 고객(후원자, 봉사자) 관리, 후원금 관리, 자원봉사관리 등을 하게 되어있다. 사회복지시설 정보시스템으로 후원자 관리가 가능하며, 후원자 정보, 후원금, 후원 금품 관리, CMS(자동이체), 후원금 정산작업, 후원물품, 후원 영수증관리, 기부금영수증 발행, DM 발송까지 가능하며 사회복지법인이나 사회복지관 등 사회복지시설일 경우 후원금품 수입, 사용 내역보고를 시・군・구에 온라인으로 할 수 있기 때문에 편리하다.

4) 커뮤니케이션

(1) 커뮤니케이션의 개념

커뮤니케이션(Communication)은 의사소통 또는 정보의 상호교류과정으로서 발신자와 수신자 간의 정보나 감정, 사실 등이 전달되어 상호 간의 행동이나 의사결정에 영향을 미치는 것으로 인체의 혈액순환이나 신경계통과 같은 역할을 한다. 조직의 한 구성원으로부터 다른 구성원에게로 상호 이해될 수 있는 언어, 기호, 동작 등을 통하여 사실이나 생각 또는 감정 등을 전달함으로써 생각과 행동 또는 태도에 영향을 미치는 쌍방의 과정이다. 기존에 개발된 후원의 지속과 잠재적 후원자 개발을 위해서는 쌍방의 커뮤니케이션의 기능과 원리를 이해하고 적용하는 능력은 매우 중요하다.

(2) 커뮤니케이션의 기능

① 타인의 행동을 지도하거나 통제하기도 하고
② 자신의 감정과 정서를 표현하기도 하며
③ 의사결정에 필요한 정보를 주고받기도 하고
④ 공식적 커뮤니케이션 경로의 이용과 같은 공식적 조직구조를 강화하기도 한다.

(3) 효과적인 커뮤니케이션의 원리

본인이 전달하고자 하는 바를 다른 사람들에게 잘 이해시키려는 지속적인 노력이 필요하다. 효과적인 커뮤니케이션을 위한 전달자의 유의사항은 다음과 같다.

① 분명하고 적절한 언어를 사용한다.
② 수용자의 입장에서 생각한다.
③ 사후 검토와 피드백을 이용한다.
④ 반복 전달하고, 다양한 경로를 이용한다.

⑤ 사례를 들어 설명한다.

⑥ 물리적 환경(장소, 시간, 분위기 등)을 효과적으로 이용한다.

(4) 커뮤니케이션의 원칙

후원자의 후원의 지속성을 유지하고 관리하기 위해서는 커뮤니케이션 원칙을 가지고 있어야 한다.

| 표 8-5 | 레드필드의 커뮤니케이션 원칙

구분	세부내용
명료성	내용이 명확해야 한다.
일관성	전달되는 정보에 모순이 없어야 한다.
적시성	가장 효율적인 적당한 시기가 전달되어야 한다.
분포성	모든 정보가 모든 대상에게 골고루 전달되어야 한다.
적량성	한 번에 적당량의 정보를 전달해야 한다.
적응성	구체적인 상황에 적응할 수 있어야 한다.
통일성	수신자의 모두에게 동일하게 수용되어야 한다.
관심과 수용	수신자의 주의와 관심을 끌 수 있어야 한다.

Chapter 09

사회복지윤리

사회복지실천 현장에서 윤리는 가장 기본 중의 기본적인 요소이다. 따라서 윤리는 많은 사람들이 알 것 같지만 모르고, 모르는 것 같지만 아는 요소들이 많다. 이 장에서는 사회복지현장에서 주요한 윤리의 개념에 대해서 살펴보기로 하자.

1. 사회복지실천의 윤리

윤리란 어떤 행동의 옳고 그름에 대한 판단으로서 사회의 가치 기준에 맞는 실천을 하였는가에 대한 판단 기준을 제시한다(양옥경 외, 1995 : 29). 이는 가치와 구분되는 것으로 가치가 좋은 것(Good)이라면, 윤리는 옳은 것(Right)이다.

사회복지실천은 다른 사람을 원조하는 전문직으로서 윤리성이 강조되며 일반 사회의 윤리관을 배경으로 그 사회가 추구하는 가치관을 반영하여 활동하며 또한 그 사회의 가치관과 상충되는 활동을 하기도 한다. 따라서 사회복지실천의 전문가로서 사회복지사는 윤리성을 토대로 실천에 임하게 되며, 이 같은 전문직 윤리는 비단 사회복지 전문직뿐만 아니라 다른 모든 전문직에 적용된다. 이때 전문가들이 공통으로 합의하는 윤리강령에 기반을 두게 되는데(문인숙, 1991 : 42), 윤리강령은 전문가들이 지켜야 할 전문적 행동의 기준과 원칙을 기술해 놓은 것으로 해당 전문가로 하여금 그에 준하는 행동을 하도록 지침을 제시하는 행동강령 같은 것이다. 윤리는 그리스어의 'Ethos'에 그 어원을 두고 있으며 '관습'의 의미를 갖고 있다. 사전적 의미로는 "사람이 사회적 관계에 있어 사람으로서 마땅히 행하거나 지켜야 할 도리"(우리말큰사전, 1992)이다. 즉, 사회복지실천에 있어서의 윤리는 사회복지사가 사회복지실천의 현장에서 사회복지사업을 계획, 실행, 평가할 때 클라이언트와의 관계에 있어 전문가로서 마땅히 행하거나 지켜야 할 도리라고 할 수 있다.

1) 윤리의 정의

① 사전적 의미 : 인간이 지켜야 할 도리 또는 바람직한 행동기준

② 어떤 행동에 대한 옳고 그름을 나타내는 판단기준으로서 인간이 마땅히 행

하거나 지켜야 하는 도리

③ 전문직업인으로서 사회복지사가 반드시 지켜야 하는 행동의 원칙이나 지침

2) 가치와 윤리의 관계

가치가 보편적이고 추상적인 체계인 반면, 윤리는 가치와 일치된 행위로 이끄는 행동상의 규칙들이라고 할 수 있다. 즉, 가치가 주로 무엇이 좋고 바람직한가에 관심을 두는 것에 비해, 윤리는 무엇이 옳고 정확한 것인가에 대한 구체적 행동지침을 다룬 것이다.

| 표 9-1 | 사회복지 가치와 윤리의 비교

구분	내용
가치	• 믿음, 신념, 선택 • 무엇이 좋고(Good) 바람직한가(Desirable) • 가정적 개념으로 방향 제시 • 구체적인 실천을 지시하기보다 일반적으로 선호하는 더 폭넓은 사회의 가치를 반영
윤리	• 옳고 그름에 대한 판단 • 무엇이 옳고(Right) 바른가(Correct) • 행동의 원칙이나 지침 제공 • 행동으로 나타나 규범적 기준이 요구됨 • 가치에서 나오기 때문에 가치와 조화를 이루어야 함

3) 인권의 정의

최근 사회복지현장에서는 인권에 대한 논의가 활발하다. 이는 윤리의 확장으로 볼 수 있다. 최근 대두되는 인권에 대해서 알아보자.

(1) 인권(人權)이란?

인권을 가장 넓은 의미에서 정의하면 인권은 "인간이 내재적으로 갖는 존엄과 가치에서 파생되는 것으로서, 인간이 자신의 성장과 발전에 필수적인 활동에 종사할 수 있도록 주장할 수 있는 자유 또는 권리"라는 입장이다(Sweet, 200 3 : 2-3; 김미옥, 2006 : 51 재인용). 이는 권리를 자연적인 철학적 이념에 기반을 둔 것으로, 즉 "인권이란 인간이기 때문에 당연히 갖는 권리(천부인권설)로서 인간의 존엄성을 보장받을 권리"를 의미한다(김미옥, 2006 : 51).

인권의 적용범위는 "모든 인간"이다. 따라서 인권은 보편성(universality)을 띠며, 시간과 공간을 초월하고 모두를 포괄하는 적용원리를 가지고 있다. 한편 인권은 인권의 개념과 범주가 발전하는 과정 속에서 보편적으로 동의할 수 있는 몇 가지 특성을 가지고 있다(인권사랑방, 2000 : 3; 염형국, 2004 : 14-15; 이혜원 역, 2005 : 43-50; 한국장애인단체총연맹, 2000).

(2) 인권이 갖는 일반적 특성

인권을 어떻게 정의해야 할 것인지, 또는 인권은 어떤 것인지, 상당히 혼란스럽다. 인권의 이해를 돕기 위해 인권의 특성들을 소개하면, 인권은 "기본적이고 필수적인 권리", "보편적인 권리", "실정법의 한계를 뛰어넘는 권리", "국가권력의 정당성을 판단하는 기준", "상호의존성", "상호불가분성" 등이다.

(3) 인권이 추구하는 기본적인 가치

인권의 가치는 "생명", "자유", "평등", "정의", "사회적 책임", "평화", "자연과의 조화" 등이다.

2. 사회복지실천의 가치

1) 가치(價値)의 정의

① 사전적 의미 : 어떤 사물이 가지고 있는 의의나 중요성

② 우리가 인간으로서 존재하고 행동함에 있어 옳고 좋은 것으로 선호되는 것에 대한 지속적인 신념들

2) 가치의 특성(Williams, 1952)

① 가치는 개념적 요소로서 감각, 정서, 반응, 욕구 등 그 이상의 의미를 가지며, 이는 개인의 다양한 경험에서 유추한다.

② 가치는 구체적인 행동목표가 아니라 그 목표를 결정하는 기준이다.

③ 가치는 감정적인 특성이 강하여 현실적으로 표현될 수 있는 잠재성이다.

④ 가치는 인간이 원하는 것, 되고 싶은 것, 의무로 느끼는 것, 숭배하고 싶은 것 등을 포함하는 모든 관심의 대상이며, 인간행동의 조직과 방향을 제시하는 정서적 성격을 지닌 규범원리이다.

㉠ 가치는 사회적, 문화적 체계와 분리될 수 없는 것이기 때문에 개인의 가치는 다양한 환경과의 상호작용에 의한 학습과정을 통해서 형성된다. 가치는 내면화되어 인간행동의 동기적 역할을 하고, 갈등요인으로 작용하거나, 평가기준으로서 기능하기도 한다.

㉡ 사회복지사의 개인적 · 전문적 · 사회적 가치는 사회복지실천에서 윤리적 결정을 하는 데 있어 중요한 영향을 미치는 요인이다. 가치는 사회복지 실천 활동의 기초가 되는 철학적 기반이다. 따라서 사회복지전문직은 어떠한 지식이나 개입방법만으로 충족될 수 없으며, 어떤 명백한 가치나

신념이 전제되어야 한다.

㉢ 다수의 사회구성원들에 의해서 어떤 행동이 좋고-나쁘며, 옳고-틀리며, 바람직하고-바람직하지 못하다는 도덕적 판단의 기준인 동시에 어떤 상태가 행복하고 불행한가를 판단하는 기준이 된다. 혹은 개인의 선호도를 나타내는 것으로 사회복지사가 가져야 하는 믿음이나 신념을 의미한다.

3) 사회복지실천 가치의 요소

(1) 잠재성

① 클라이언트의 장해요인 → 클라이언트 스스로의 힘으로 해결해 나갈 수 있도록 클라이언트가 가진 잠재능력의 활용을 방해하고 있는 좋지 못한 조건이나 환경여건을 제거한다.

② 자기결정 즉, 사회복지실천에서 사회복지사들은 클라이언트가 어떤 어려운 여건이나 상황에 처하여 문제에 직면하고 있지만 문제를 해결하고 적응해 나갈 수 있는 잠재능력을 충분히 가지고 있다고 본다.

(2) 성장

① 개인은 계속적인 성장을 통해서만이 충분한 잠재성을 획득할 수 있다. 개인은 그 자신의 문제를 해결하는 데 있어서 자유와 지지를 받을 때 힘을 얻는다.

② 사회복지사는 어떤 문제에 직면하여 성장이 불가능한 클라이언트에 대해서는 계속적인 성장을 할 수 있도록 돕는 치료적 활동을 도와준다.

(3) 미래지향성

① 사회복지실천에 있어서 가치 지향성의 다른 중요한 특성은 성장과 잠재성이 미래지향적이라는 것이다.

② 사회복지실천이 가치로서 성장을 강조하는 것은 결과와 미래의 성과에 관심을 두고 있기 때문이다.

4) 사회복지실천의 가치

(1) 개인의 존엄성과 가치 존중

개인은 존중해야 할 고유의 존엄성을 지닌 독특한 개인이며, 개인 간의 차이와 다양성은 환영되고 고무되어야 한다. 즉, 사람은 충분한 목적 그 자체이며, 다른 목적을 위한 수단으로 취급되어서는 안 된다는 것이다. Gordon(1969)에 의하면, 사회복지 전문직은 어떤 이상적인 모델을 향하여 개인이나 환경을 움직이게 하는 것이 아니라, 개인과 환경의 가장 폭넓은 다양성을 허용하면서 개인과 환경 간의 연계를 수입하도록 노력하는 것이라고 설명하였다.

각 개인은 독특하며 존엄성을 지닌 존재로 취급되어야 할 권리를 갖는다는 전제는 구체적인 사회복지사업의 상황에 어떻게 적용될 수 있는가? 이러한 가치전제의 조작화에 유용한 다섯 가지 지침은 다음과 같다.

① 클라이언트와의 의사소통에 민감하게 대처·경청할 것
② 클라이언트를 스테레오 타입화하지 말 것
③ 클라이언트가 그들의 장점을 발견하여 활용하도록 도와줄 것
④ 문제해결에 있어서 클라이언트의 참여를 극대화할 것
⑤ 클라이언트의 요구(Wants)보다 욕구(Needs)에 초점을 둘 것

(2) 클라이언트의 자기결정권

인간은 천부적인 존엄성을 가지고 있으므로 가능한 한 자신의 생활유형을 결정하여 자신이 원하는 존재가 되도록 허용해야 한다. 그러나 클라이언트의 자기결정이 목표달성을 위한 클라이언트의 노력을 방해하거나 다른 사람의 복지를 침해

하는 것이어서는 안 된다. 이 클라이언트의 자기결정도 클라이언트의 능력을 능가하지 않는 수준에서 자기결정을 요구할 때, 법률이 허용하는 범위 내에서, 도덕적인 선을 실현할 수 있는 범위 내에서, 기관 내에서 도움을 줄 수 있는 범위 안에서만 제한되는 한계점이 있다. 클라이언트가 자기 결정을 할 때 사회복지사가 유의해야 할 네 가지 요점은 다음과 같다.

① 자기결정에는 여러 가지 대안들이 요청되는데, 대안 없이는 자기결정의 기회도 없다.
② 사회복지사의 주요한 책임은 의사결정을 위한 클라이언트의 기회를 극대화하는 것이다. 사회복지사는 클라이언트를 위하여 최선의 것이 무엇인가에 관한 전문가는 아니기 때문에, 클라이언트를 대신하여 결정을 내리는 것은 피해야 한다. 오히려 사회복지사는 공동의 의사결정과정에서 클라이언트를 도와주는 전문가의 역할만을 해야 한다.
③ 사회복지사는 클라이언트에게 자신의 견해를 제공할 의무를 갖는다. 이러한 견해는 클라이언트가 고려할 수 있는 대안과 투입으로써 제공되어야만 하는 것으로 클라이언트에 대한 '해답'은 아니다.
④ 클라이언트의 자기결정과 사회복지사의 자기결정은 구별되어야 한다. 전문적인 책임을 맡을 때, 사회복지사는 자신의 결정을 제한한다. 그리고 클라이언트의 이익과 기회를 극대화할 수 있도록 행동할 책임을 갖는다.

(3) 기회균등

모든 클라이언트에게 동등한 기회를 제공하고, 제한된 자원을 공정하게 분배해야 한다.

(4) 사회적 책임

사회사업 실천에서는 국가의 법, 규칙 및 도덕을 준수해야 한다. 고든(Gordon)

은 이러한 가치를 다음과 같이 표현하였다. "인간의 잠재력을 실현하고, 자기를 실현하는 것은 바람직하며, 아울러 다른 이들의 자아실현을 돕는 것도 필요하다."

5) 사회복지실천 윤리강령

(1) 윤리강령의 기능

① 전문가들이 지켜야 할 전문적 행동기준과 원칙기술, 전문가 단체가 합의해서 만든 것

② "법적 제재는 아니지만 사회 윤리적 제재의 힘을 갖는다."

③ 한국 사회복지사 윤리강령의 기능

㉠ 사회복지실천 현장에서 윤리적 갈등 시 지침과 원칙 제공

㉡ 자기규제를 통한 클라이언트 보호

㉢ 스스로 자기규제를 가짐으로써 전문직의 전문성 확보, 외부 통제로부터 전문직 보호

㉣ 일반 대중에게 전문가로서의 사회복지 기본 업무 및 자세를 알리는 1차적 수단으로 기능

㉤ 선언적 선서를 통한 사회복지 전문가들의 윤리적 민감화 고양, 윤리적 무장

(2) 미국 사회복지 윤리강령의 역사

① 1960년 전미사회복지사협회(NASW)에서 최초의 공식적인 협회 윤리강령 마련, 사회복지사의 의무에 대해 나열

② 1967년 1차 개정. 클라이언트에 대한 비차별조항 첨가

③ 1979년 2차 개정. 현재와 같은 영역별 윤리강령 형태가 되어 6개 영역으로 구분, 개인복지 중심적

④ 1984, 1993년 3차, 4차 개정. 1979년의 기본 틀을 유지하는 차원에 그침

⑤ 1996년 5차 개정으로 대폭 수정 : 윤리강령의 목적 구체화, 서비스/사회정의/인간존엄성 및 가치/인간관계 능력이라는 6대 핵심 가치를 중심으로 윤리원칙과 기준 구분

- 다양한 문제상황을 모두 해결하거나 예방하기에는 역부족이기 때문에 사회복지사 개인이 가장 적합한 결정을 내려야 한다. 즉, 사회복지사 개인의 가치를 명료히 하는 것이 매우 중요하다.

(3) 사회복지사의 기본적 윤리기준

① 전문가로서의 자세

㉠ 전문가로서 품위와 자질 유지, 업무에 대한 책임

㉡ 클라이언트에 대한 차별 대우 금지

㉢ 성실하고 공정한 업무 수행, 부당한 압력에 타협하지 말 것

㉣ 클라이언트의 복지증진을 위한 환경 조성을 국가와 사회에 요구

㉤ 전문적 가치와 판단에 따른 자율적인 업무 수행

㉥ 자신의 이익을 위해 사회복지 전문직의 가치와 권위를 훼손하지 말 것

㉦ 사회정의 실현과 사회복지사의 권익옹호를 위한 노력

② 전문성 개발을 위한 노력

㉠ 최상의 서비스를 제공하기 위해 지식과 기술의 개발, 활용, 전파

㉡ 클라이언트의 자발적이고 고지된 동의에 기초한 연구

㉢ 정보의 비밀보장으로 클라이언트 보호

㉣ 전문성 개발 명목 하에 서비스 제공을 소홀히하지 말 것

㉤ 제반교육에 적극 참여

③ 경제적 이득에 대한 태도

㉠ 클라이언트의 지불능력에 상관없이 서비스 제공, 차별대우 금지

ⓛ 서비스에 대한 공정하고 합리적인 이용료 책정

ⓒ 부당한 방법에 의한 경제적 이익 취득 금지

(4) 사회복지사의 클라이언트에 대한 윤리기준

① 클라이언트와의 관계

㉠ 클라이언트의 권익옹호 최우선

㉡ 클라이언트의 인간존엄성 존중, 전문적 기술과 능력 발휘

㉢ 자기결정권 보장과 이익의 대변

㉣ 사생활 보호와 비밀 유지

㉤ 클라이언트의 알권리 존중

㉥ 클라이언트의 동의하에 정보 활용

㉦ 클라이언트와의 전문적 관계 악용 금지

㉧ 클라이언트와 성적 행위 금지

㉨ 클라이언트를 사회복지 증진을 위한 동반자로 인정

② 동료의 클라이언트와의 관계

㉠ 적절한 절차 없이 동료 혹은 다른 기관의 클라이언트와 전문적 관계를 맺지 말 것

㉡ 긴급한 사정으로 맡게 된 동료의 클라이언트에게 자신의 클라이언트와 동등한 서비스 제공

(5) 사회복지사의 동료에 대한 윤리기준

① 동료

㉠ 동료에 대한 존중과 신뢰, 지위와 인격을 훼손하는 언행 금지

㉡ 사회복지 전문직의 이익과 권익의 증진을 위해 동료와 협력

㉢ 동료의 윤리적 · 전문적인 행위 촉진, 이에 반하는 경우 법률규정이나 윤리기준에 따라 대처

㉢ 문제 야기 시에 클라이언트의 이익 보호

㉣ 전문직 내 다른 구성원의 비윤리적 행위에 대한 적절한 조치 수행

㉤ 동료 및 타 전문직 동료와 민주적인 직무 관계 수립

② 슈퍼바이저

㉠ 개인적 이익 추구를 위한 지위 악용 금지

㉡ 전문적 기준에 의한 공정한 책임 수행, 사회복지사 · 수련생 및 실습생에 대한 평가 공유

㉢ 슈퍼바이저의 전문적 지도와 조언을 존중하고 전문적 업무수행

㉣ 슈퍼바이저는 사회복지사 · 수련생 및 실습생에게 인격적 · 성적으로 수치심을 주는 행위 금지

(6) 사회복지사의 사회에 대한 윤리기준

① 인권존중과 인간의 평등 및 사회적 약자를 옹호하고 대변하는 일을 주도

② 서비스 개발을 위한 국가 사회정책의 수립, 발전, 입법, 집행에 적극적인 참여 및 지원

③ 사회환경 개선과 사회정의 증진을 위한 사회정책의 수립

④ 지역사회문제의 이해와 해결에 적극 참여

(7) 사회복지사의 기관에 대한 윤리기준

① 기관 정책과 사업 목표 달성 · 서비스의 효율성과 효과성 증진을 위한 노력

② 기관의 부당한 정책이나 요구에 대한 공식적 절차 활용

③ 소속기관 활동에 적극 참여, 기관의 성장발전을 위한 노력

(8) 사회복지윤리위원회의 구성과 운영

① 사회복지윤리위원회 구성에 따른 사회복지윤리실천의 질적인 향상 도모

② 윤리위원회의 공식적 절차에 의한 비윤리적 행위 대처

③ 한국사회복지사협회의 윤리적 권고와 결정 존중

3. 사회복지실천의 가치와 윤리의 적용

1) 실제 발생하는 문제

(1) 사회복지실천상의 윤리문제

대체로 윤리적 문제의 발생은 가치의 상충(competing values), 의무의 상충(competing loyalties), 클라이언트체계의 다중성(multiple client system), 결과의 모호성(ambiguity), 능력 또는 권력의 불균형(power imbalance) 등의 상황에서 일어난다.

| 표 9-2 | 윤리적 딜레마와 대처방법 : 갈등해결의 5대 요소(ABCDE 접근)

요소	고려사항
평가 (Assessment)	클라이언트의 상태, 가치, 자원 그리고 사회복지사 자신의 가치, 감정, 상황에 대한 반응 등을 파악하고, 어떤 법, 규율을 적용할 수 있는지 고려한다.
도움되기 (Benefit)	클라이언트 그리고 클라이언트와 관계되는 특정 다른 인물에게 도움이 되는 것이 무엇인지 생각한다.
결과와자문 (Consequences &Consultation)	• 윤리적, 법적, 감정적, 그리고 치료적 결과를 고려한다. • 슈퍼바이저에게 자문을 구하여 윤리적 딜레마의 해결을 검토한다.
의무(Duty)	누구를 보호해야 할 의무가 있는가를 고려해야 한다.
교육 (Education)	적절한 행동을 취하기 위해서 자신이 받은 교육내용을 수시로 점검하고, 그 가운데서 적절한 내용을 선택한다.

① 가치의 상충

㉠ 윤리적 딜레마가 가장 빈번히 야기될 수 있는 상황

㉡ 사회복지사가 두 개 또는 그 이상의 경쟁적인 가치와 직면했을 때

㉢ 가장 자주 부딪치는 상황은 "클라이언트의 자기결정"이라는 가치와 "인간 생활의 보호"라는 가치 사이에서 윤리적 결정을 내려야 하는 상황이다. 사회복지사는 이 두 가치 모두를 존중할 수 없는 상황을 종종 만난다. 예를 들면, 심각한 유전적 질병을 가진 남편이 부인에게 이를 알리지 않고 자녀 갖기를 원하는 경우 사회복지사는 클라이언트의 자기 삶의 결정권이라는 가치와 장애아 출산예방이라는 가치 사이에서 윤리적 갈등에 빠지게 된다. 또 다른 예를 들면, 사회복지사와 클라이언트 관계에서 비밀보장의 원칙과 두 사람 사이에 형성된 신뢰라는 가치는 모두 중요하다. 그러나 비밀보장을 지키면 다른 많은 사람들에게 해가 될 수 있는 상황이며 비밀보장을 어기면 사회복지사와 클라이언트 간의 신뢰를 위반하는 것이 되어 어느 것을 선택하더라도 잘못이라는 상황은 사회복지사를 윤리적 딜레마에 빠지게 한다.

㉣ 그밖에 소년가장의 결연 후원, 수급자 선정의 거부, 상담과정에서 알게 된 사실, 클라이언트의 서비스 중복 등

② 의무의 상충

㉠ 인간을 다루는 수단으로서 선호하는 가치와 밀접하게 관련

㉡ 사회복지사는 기관에 대한 의무와 클라이언트에 대한 의무 사이에서 갈등상황에 놓인다. 사회복지사는 자기가 속한 기관의 정책을 따라야 한다. 그러나 기관의 목표가 클라이언트의 이익과는 갈등상황이면 윤리적 딜레마에 직면한다. 클라이언트 이익이 최우선이라는 가치에도 불구하고 기관의 자원부족이라는 제한점 때문에 클라이언트에게 최선의 서비스를 제공하지 못하는 사례는 드물지 않다.

③ 클라이언트체계의 다중성

㉠ 클라이언트체계(누가 클라이언트인가? 누구의 이익이 최우선인가? 어떤 문제에 우선성이 있는가? 개입의 초점은 무엇인가?), 문제 또는 접근방법 등이 복잡한 클라이언트의 경우

㉡ 예를 들어, 아동학대문제와 심각한 부부갈등, 구타문제 등을 가진 이혼부부의 자녀문제를 다룰 때 사회복지사는 누가 클라이언트인가를 결정하는 데 어려움을 겪는다. 누구의 이익을 최우선으로 고려해야 하느냐, 최고의 우선순위는 누구에게, 어떤 문제에 두어야 하느냐, 누구의 관점에서 문제에 접근하느냐 등의 복잡성을 가진 클라이언트 체계로 인해 윤리적 딜레마를 겪게 된다.

| 표 9-3 | 윤리적 딜레마와 대처방법 : 콩그레스의 ETHIC 모형

요소	고려사항
검토 (Examine)	사회복지사 개인의 가치, 사회적 가치, 기관의 가치 및 전문적 가치를 살펴본다.
고려 (Think about)	특정상황, 관련법률, 사례결정 등에 사회복지사 윤리강령의 윤리기준을 적용하는 문제를 고려한다.
가정 (Hypothesize)	각기 다른 결정으로 나타날 수 있는 가능한 결과들에 대해 가설을 설정한다.
확인 (Identify)	사회복지실천에서 가장 상처입기 쉬운 사람에게 사회복지실천개입이 우선적으로 시행되었을 때, 이로 인해 혜택을 입는 사람은 누구이며, 혹은 이 경우 피해를 입게 될 사람이 누구인지 확인한다.
자문 (Consult)	가장윤리적인 선택에 대해 슈퍼바이저와 동료들의 자문을 받는다.

④ 결과의 모호성

㉠ 클라이언트가 스스로 자기결정을 할 수 없는 경우에 대신해서 결정을 내려야 하는 상황이나, 장기적으로 효과성에 대한 확신이 모호할 때 어떤

결정이 최선책인가 하는 의구심이 발생할 때

㉡ 특히 클라이언트가 어린 아동일 때 어떻게 결정하는 것이 아이를 위해서 최선인지, 앞으로 5~10년 후에도 최선일 수 있는지, 무슨 권리로 사회복지사가 아동에 관련된 결정을 해야 하며 바른 윤리적 결정이 어느 것인지 모호한 상황에 사회복지사는 종종 부딪힌다.

㉢ 성적학대를 받고 있는 아동을 장기간 격리하여 보호할 것인가? 아동을 입양할 것인가 또는 시설보호조치를 취해야 하는가? 등

⑤ 능력 또는 권력의 불균형

㉠ 사회복지사와 클라이언트 관계에서 힘의 배분의 불균형은 사실이며 이것이 기본적인 윤리적 딜레마를 만든다. 클라이언트는 도움을 구하는 위치이므로 전문가에 의존하는 관계가 되어 클라이언트의 자기결정권, 클라이언트 이익의 최우선, 의사결정에서 클라이언트 참여 등에 사회복지사들은 높은 가치를 두고 있지만 사회복지실천 과정에서 이를 충분히 반영하지 못한다.

㉡ 특히 클라이언트의 능력이 제한되어 있을 때 많은 중요한 결정과 선택을 전문가에게 의존함으로써 클라이언트의 알 권리와 자유의 포기가 일어날 수 있다. 이러한 힘의 불균형 상황에서 사회복지사는 의도하지는 않으나 어떤 정보를 통제함으로써 힘의 불균형을 넓힐 수 있다.

2) 사회복지실천의 윤리적 쟁점들

(1) 클라이언트의 자기결정권

인권존중 원칙에 의거하여 자율권과 자유권 보장. 그러나 클라이언트의 능력이 없거나, 그 판단의 결과가 위험하다고 여겨질 때 어느 범위까지 한정시켜야 할지

윤리적 갈등을 경험한다.

(2) 비밀보장

전문적 관계는 필수이다. 그러나 법 앞에서는 예외. 교육의 목적에도 공개 가능하다.

(3) 진실성 고수와 알 권리

정보에 대한 클라이언트의 권리이다. 사회복지사의 진실성 고수/클라이언트의 알권리이다.

(4) 제한된 자원의 공정한 분배

형평성의 기준을 찾는 것이 어렵다. 똑같이 제공할 수 없는 자원이다.

(5) 상충되는 의무와 기대

클라이언트, 동료, 상사, 기관, 사회 등이 서로 상충되는 기대를 갖게 될 때 사회복지사는 누구를 대상으로 어떤 기대에 맞는 의무를 행사하여야 하는지 갈등상황에 놓인다.

(6) 전문적 관계 유지

권위적인 관계와 사적인 관계를 혼돈해서는 안 된다.

(7) 클라이언트의 이익과 사회복지사의 이익

사회복지사 자신의 희생 및 가족의 피해가 예상될 때 클라이언트의 이익 사이에서 갈등을 경험하게 된다.

(8) 전문적 동료관계

동료가 부당한 행동을 했을 때, 동료존중과 클라이언트, 전문직의 보호 사이에서 갈등한다.

(9) 규칙과 정책준수

기관의 정책과 클라이언트의 문제해결이 갈등상황에 놓인다.

3) 윤리적 딜레마의 대처방안

(1) 로웬버그(Loewenberg)와 돌고프(Dolgoff)의 윤리적 원칙의 내용과 우선순위

윤리적 딜레마와 관련한 의사결정을 하는 방법에는 여러 가지가 있지만 Kirst-Ashman과 Hull, Jr.는 그중에서도 Loewenberg와 Dolgoff의 "윤리적 원칙들의 스크린"을 인용하여 윤리적 원칙들이 지니는 중요성의 정도에 따라 순위를 매겨 이에 따라 윤리적 의사결정을 할 것을 권장했다. 즉, 원칙 1은 원칙 2에 우선되며, 원칙 2는 원칙 3에 우선한다는 식으로 의사결정을 이끌어낸다. 총 7가지로 구성되어 있는 윤리적 원칙들은 다음과 같다.

① **윤리원칙 1. 생명보호의 원칙** : 사람들은 기본적 욕구(특히 생명의 보호)를 충족시키며 살 권리가 있다 : 윤리적 딜레마가 생사에 관한 것일 때 클라이언트의 비밀보장에 위배된다고 하더라도 생명을 구하는 행위가 최우선이 되어야 한다. 예를 들어, 심한 당뇨를 앓고 있는 한 소녀가 자신의 삶의 질을 방해한다는 이유로 인슐린 투여 및 제한적 식이요법을 거부할 경우, 실천가에 있어 그 소녀의 삶의 질과 사생활을 보장하는 것보다는 생명을 구하는 것이 우선된다.

② 윤리원칙 2. 평등 및 불평등의 원칙 : 사람들은 공정하고 평등한 치료를 받을 권리가 있다 : 생사의 문제가 아닌 다음에는 이 원칙에 의거해 의사결정을 해야 한다. 학대받는 아동의 예에 있어, 그 아동은 학대를 가한 사람과 비교할 때 상대적으로 평등한 입장이 아니다. 그러므로 아동이나 학대를 가한 성인의 사생활 및 비밀보장에 대한 권리보다 그 아동을 보호하는 것이 실천가의 우선적 임무가 된다.

③ 윤리원칙 3. 자율과 자유의 원칙 : 사람들은 자유로운 선택과 자유를 가질 권리가 있다 : 이는 사회복지의 자기결정의 원칙에서 그 중요성이 나타나고 있다. 그러나 개인이 자신이나 타인들에게 위해를 계획하는 경우, 이 원칙은 무시되어질 수 있다.

④ 윤리원칙 4. 최소 해악의 원칙 : 사람들은 부상을 최소한도로 겪거나 혹은 겪지 않을 권리가 있다 : 이 원칙은 부상이나 위해로부터 보호받아야 할 기본 권리에 대한 것을 설명한다. 예를 들어, 사회복지사가 클라이언트에게 열악한 주거조건에 항거하기 위해 월세지불을 미룰 것을 제안하기에 앞서, 그보다는 위험부담이 덜한 대안들이 먼저 시도되어야 한다.

⑤ 윤리원칙 5. 삶의 질의 원칙 : 사람들은 훌륭한 삶의 질을 추구할 권리가 있다 : 이 원칙은 개인, 집단, 근린, 지역사회, 국가 모두에 적용된다. 사회복지사는 클라이언트의 열악한 삶의 질을 무시해서는 안 되며 나아가 적정한 수준으로 삶의 질을 향상시키도록 클라이언트와 함께 활동해야 한다.

⑥ 윤리원칙 6. 사생활 보호와 비밀보장의 원칙 : 사람들은 사생활과 비밀을 보장받을 수 있다 : 비밀보장의 원칙이 사회복지실천에서 매우 중요한 부분임에도 불구하고 7가지의 원칙들 중 6번째를 차지한 사실에서 비밀보장의 상대적 본질에 대한 것을 재차 확인할 수 있다.

⑦ 윤리원칙 7. 진실성과 완전공개의 원칙 : 사람들은 진실 및 가능한 정보 전부를 이해할 권리가 있다 : 이 원칙이 순위의 마지막에 위치한 것은 궁극적으

로 클라이언트에게 해가 되는 기록이나 정보의 제공은 제한하고 오히려 온정주의 태도를 사회복지사가 취한다는 점 때문이다.

(2) 가치에 대한 자기심사

① 인간의 기본적 권리에 대한 존중 : 모든 인간은 삶의 목표를 달성하고, 문제를 예방하거나 경감시키며, 자신의 잠재력을 충분히 실현시키는 데 도움이 될 자원과 서비스에 관하여 동등한 접근성을 가져야 한다.

② 사회적 책임감 : 가족, 교육, 정보, 그리고 사회복지와 같은 사회적 제도는 인간의 욕구에 관하여 인간적이고 반응적이어야 한다.

③ 개인적 자유에 대한 헌신성 : 사람들 사이에는 상당한 개인차가 있다는 것을 인식하고, 사회는 그 성원들에게 사회적 통제를 최소화해야 한다.

④ 자기결정에 대한 지지 : 스스로 선택을 한 권리를 가지며, 그렇지 못한 사람들은 그러한 능력을 고취시켜야 한다.

(3) 윤리강령에 기초한 심사

가치와 윤리의 함양을 위한 방법으로는 다음과 같은 것들이 있다.

① 반성적 경험 : 사람이 경험을 하되 그때마다 무엇 때문에 하는가 하는 문제의식을 갖고 경험함을 강조 → 자신의 사례에 늘 새로운 개입방법을 참조

② 깊은 간접 경험 : 독서, 강의, 토의 등 → 남의 경험을 내 것으로!

③ 균형 잡힌 공부 : 다양한 공부방법과 다채로운 공부내용

| 표 9-4 | 사회복지조직의 윤리경영 계획 예시

연차	목표	세부목표	주요 프로그램
기반 조성기 (2017)	1. 윤리경영 이해	1-1. 윤리경영 도입 준비 1-2. 윤리경영 공감대 형성 1-3. 윤리경영 리더 양성(기초)	1-1. 자문위원 위촉 및 자문 1-2. 직원교육, 특별강연 1-3. 사내강사 양성과정
	2. 윤리경영 도입	2-1. 윤리경영 실천계획 수립 2-2. 윤리경영 방침 제정 2-3. 윤리경영 자체 평가	2-1. 계획서 작성, 실천지침 제정 윤리강령 위촉 및 서약식 2-2. 기관사명/비전 수정 2-3. 윤리경영 실적보고(한사협)
	3. 윤리경영 실천	3-1. 기관조직 및 시스템 개선 3-2. 고객 및 인권보호제도 도입 3-3. 윤리경영 운동 전개	3-1. 기관규정 수정, Help-Line개선 3-2. 고객소리함 · 인권 진정함 설치 노인인권강령 제정 3-3. 윤리경영 motto공모 및 삽입 윤리경영 홍보소품 제작
체계화 정착기 (2018~2019)	1. 윤리경영 공감대 확산	1-1. 윤리경영 공감대 강화 1-2. 윤리경영 리더 양성(보수)	1-1. 직원교육 1-2. 특별강연
	2. 윤리경영 체계화	2-1. 이해관계자별 실천계획 수립 2-2. 윤리경영 규범개정 및 보완	2-1. 윤리강령 수정보완작업 2-2. 지침, 기관규정 수정보완
	3. 윤리경영 모델화	3-1. 윤리경영 실천 매뉴얼 제작 3-2. 타 기관 자문	3-1. 매뉴얼 제작 3-2. 자료집 발간, 타 기관 자문
윤리경영 확립기 (2020~2021)	1. 윤리경영 전문화	1-1. 윤리경영 전문성 확보 1-2. 윤리경영 리더 양성(전문)	1-1. 특별강연 1-2. 윤리경영 리더(전문) 활동
	2. 윤리경영 확립	2-1. 윤리경영 실천 평가 2-2. 향후 3개년 실천계획 수립	2-1. 보고서 발간 2-2. 3개년 실천계획서 작성
	3. 윤리경영 확산	3-1. 매뉴얼 배포 3-2. 윤리경영 문화 정착	3-1. 자료집 보급 3-2. 윤리경영 문화 정착화

Chapter 10

사회복지현장실습

사회복지현장실습은 사회복지를 전공한 이들이 학교에서 배운 이론과 기술을 바탕으로 사회복지현장에서 예비사회복지사로서 직·간접적인 체험을 통해 자신의 역량을 키우고, 향후 진로선택의 기회를 갖는 중요한 과정이다.

1. 사회복지실습교육의 목적

사회복지실습교육의 목적은 학교에서 배운 이론과 기술을 사회복지 실천현장에서 적용하고 실행하는 방법을 배우는 과정이다. 다시 말해, 학생들이 사회복지실천 가치와 윤리에 기반을 두어 학교에서 배운 이론과 기술을 바탕으로 예비 사회복지사로서의 직·간접적인 체험을 돕는 과정이다. 또한 학생들은 사회복지 실습을 통해 학교에서 배운 지식을 근간으로 사회복지현장에 지식을 적용시켜 어떻게 확장되고, 발전할 수 있는지를 스스로 터득할 수 있게 된다. 이러한 실천과정에서 얻어지는 경험을 통해 학교에서 배운 지식을 좀 더 다져가는 기회가 될 것이다.

2. 사회복지실습교육의 목표

사회복지실습교육은 사회복지실천을 함에 있어 지식, 기술, 태도를 갖춘 전문적인 사회복지사를 양성하는 것을 목표로 한다. 지식은 복지서비스 소비자(클라이언트)를 대상으로 생태학적 관점을 기반으로 사람을 이해하는 내용을 학습하며 이를 통해 소위 원조과정에 대한 체계적인 이해를 도모한다. 기술은 사회복지 실천과정에서 요구되는 다양한 기술에 대한 학습을 통해 사회복지서비스에 대한 효과성과 효율성을 확장시키기 위한 내용을 배우게 된다. 마지막으로 태도는 사회복지현장에서 요구되는 기본적인 자세와 관점에 대한 학습을 통해 사람에 대한 온전한 이해와 섬김의 자세를 배우는데, 이는 배움과 동시에 배움이 몸에 베일 수 있도록 부단히 자신의 태도를 살펴보아야 한다. 실제 사회복지 실천현장에서 상당히 중요한 요소는 태도이기 때문이다. 지식과 기술은 배움을 통해 충분히 학습 가능하지만, 사실 태도는 배움만으로 갖추기는 어렵다.

1) 실습생의 목표

① 사회복지 실천현장에서 필요한 사회복지 지식과 기술에 대한 학습
② 사회복지사로서의 진로모색
③ 실습을 통한 취업에 대한 기회 마련
④ 전체적인 사회복지 실천과정을 습득

2) 실습기관(사회복지관련 시설)의 목표

① 예비 사회복지사에 대한 체계적인 훈련
② 복지서비스 소비자(클라이언트)에 대한 서비스 확장 및 확충
③ 사회복지실천을 위한 다양한 프로그램 개발
④ 학교와의 지속적인 연계를 통한 정보획득

3) 학교의 목표

① 교육과 사회복지 실천현장의 연계
② 실습기관과의 지속적인 교류를 통한 취업기회 확보
③ 실천현장에서 요구되는 교육 프로그램 개발
④ 대학과 실천현장과의 교류를 통한 산학협력 활성화 기반마련

3. 사회복지실천현장에 대한 이해

사회복지서비스는 사회복지실천현장에서 이뤄지기 마련이다. 실천현장은 그 기능과 성질에 따라 다양한 분류가 가능하다. 최근에는 복지서비스 소비자(클라이

언트)의 욕구가 다양화 되면서 점차 세분화되는 경향이 있다. 통상적으로 사회복지 분야는 공적전달체계와 민간전달체계로 나눌 수 있다. 그러나 실습의 경우 대부분 민간전달체계 내에서 진행되기 때문에 여기서는 「사회복지사업법」을 기반으로 법에 따른 사회복지시설이 종류를 살펴보기로 한다. 참고로 사회복지시설 여부는 시설운영자가 주관적으로 판단하는 것이 아니라 실질적으로 사회복지사업을 행하는지에 따라 판단된다.

참고 **사회복지사업법 제2조**

"사회복지사업"이란 다음 각 목의 법률에 따른 보호·선도(善導) 또는 복지에 관한 사업과 사회복지상담, 직업지원, 무료 숙박, 지역사회복지, 의료복지, 재가복지(在家福祉), 사회복지관 운영, 정신질환자 및 한센병력자의 사회복귀에 관한 사업 등 각종 복지사업과 이와 관련된 자원봉사활동 및 복지시설의 운영 또는 지원을 목적으로 하는 사업을 말한다.

4. 사회복지현장실습의 종류와 방법

현재 우리나라에서의 사회복지실습은 학기 중 실습과 방학 중 실습의 두 가지 형태가 주를 이루고 있으며 그 외 근무지 실습제도가 부분적으로 시행되고 있다.

1) 실습의 종류

(1) 학기 중 실습

학기 중 실습은 가장 널리 활용되는 실습형태로서, 학기 중 실습은 학교수업과 병행하여 실시되는 제도로 대체적으로 학기가 시작되면서 실습이 시작되고 학기가 끝나면서 실습도 종료된다. 일반적으로 주 1회씩 총 16주 실시한다. 현재 학기 중 실습은 주로 매주 화요일에 실시하는 것이 관행이다.

학기 중 실습은 실습과 실습세미나가 동시에 이루어져 매주 실습한 내용을 다른 기관에서 실습을 하고 있는 동료학생들과 경험을 나누고, 이를 통해 관련된 이슈를 토론하고 슈퍼비전(지도)을 받는다는 장점이 있다. 또한 16주 기간 동안 실습이 이루어지므로 복지서비스 소비자(클라이언트)의 변화를 관찰하는 것이 가능하다. 다만, 학업과 함께 병행하기 때문에 실습에 전념하는 데 어려움이 있으며 실습이 정해진 요일에만 진행되어, 다른 일자에 진행되는 사회복지사의 업무를 파악하는데는 한계가 있다. 주 1회 참여는 복지서비스 소비자(클라이언트)와의 관계를 형성하는데 있어서도 어려움이 있을 수 있다. 정리하면, 실습을 주 1회씩 하는 관계로 업무가 단절이 되어서 지속적인 업무를 실습하는 데 제약을 받는다.

(2) 방학 중 실습

방학 중 실습은 방학기간을 이용하여 1일 8시간 매일(월~금) 총 120시간을 약 3주에 걸쳐 집중적으로 실시한다. 방학 중 실습은 매일 업무와 연계되어 진행되고, 또한 학업이 없는 시기에 진행되어 실습에만 집중할 수 있는 장점이 있다. 지속적인 실습을 통해 실습생은 자신의 진로를 탐색하고, 사회복지사의 업무에 대한 이해와 복지서비스 소비자(클라이언트)를 위해서 추가적으로 학습해야 하는 부분이 무엇인지 알게된다.

방학 중 실습은 수업이 없는 시기에 집중하여 실습에 임할 수 있다는 장점을 지니고 있으며, 실습기관의 입장에서도 업무의 연속성 및 집중성으로 실습 프로그램 내용에 따라 선호하는 경향이 있다. 단, 기관에서의 슈퍼비전은 가능하지만 방학 중인 관계로 학교에서의 슈퍼비전이 지속적으로 이루어지는 데는 어려움이 있을 수 있다.

(3) 근무지 실습

근무지 실습은 학생이 소속되어 있는 사회복지기관이나 시설에서 업무 부서를 바꾸어 실습하도록 하는 방법이다. 아직 널리 일반화되지 못한 실습형태이다. 이는 직장을 가진 학생들에게 교육적 효과를 유지한 채 학생들에게 편의를 제공하기 위한 실습방법이다. 현재 일부 대학에서는 학생 자신이 사회복지 및 관련 기관에서 근무하고 있는 경우 이를 실습으로 허용하고 있지만, 실습으로 인정받기 위해서는 본인의 업무를 그대로 인정하는 것이 아니라 앞서 제시한 대로 다른 업무로 바꾸어 실습을 진행하는 것이다. 이는 직장을 가지고 있는 학생들에게 실습의 편의를 도모하면서 질적인 실습을 제공하기 위하여 채택되었다.

5. 사회복지실습과정

사회복지실습에 있어 무엇보다 중요한 것은 실습기관의 선정이다. 다양한 사회복지기관 중에서 어느 곳을 실습기관으로 정할 것인가는 매우 어려운 과제이다. 그만큼 신중해야 되지만 신중하다고 해서 학생들이 원하는 실습기관에서 실습할 수 있는 것도 아니다. 그렇기 때문에 학생과 실습기관이 공동으로 노력을 해서 상호 간에 원하는 목표를 이루어내야 한다.

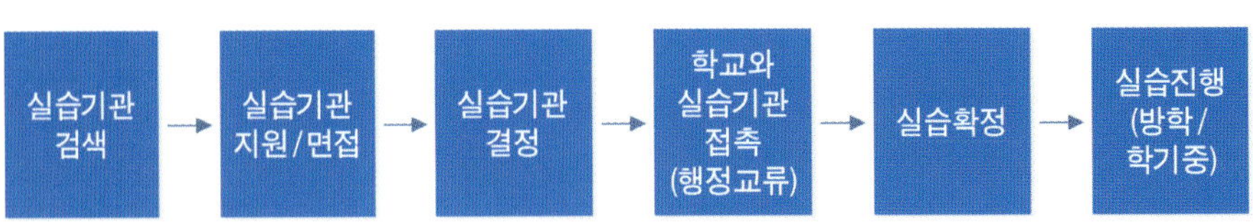

[그림 10-1] 실습선정 절차

1) 실습기관 검색

평소 사회복지실습에 있어 중요한 것은 실습기관의 선정이다. 다양한 사회복지기관 중에서 어느 곳을 실습기관으로 정할 것인가는 매우 어려운 과제이기 때문에 실습지도 교수와 지속적으로 기관 선정을 논의하면서 실습기관을 찾아야 한다. 실습은 주로 인터넷을 활용하여 실습기관에 대한 정보를 찾는다.

인터넷은 주로 한국사회복지사협회(www.welfare.net)나 사회복지 관련 사이트를 활용하여 정보를 찾는다. 또한 각 학교에서 운영하는 실습 관련 사이트를 활용하기도 한다. 인터넷을 통한 정보확인 이후에는 관심 있는 기관의 홈페이지를 방문하여 기관에 대한 정보를 확인해야 한다.

2) 실습기관 지원 및 면접

원하는 실습기관을 선정한 다음에는 실습기관에 지원을 해야 한다. 대부분의 실습기관은 면접을 통해서 실습생을 선발하곤 한다. 실습을 지원할 때 기관에서 요구하는 자료는 대부분 이력서와 자기소개서, 실습신청서 등이 있다. 실습신청서는 거의 모든 대학에서 정해진 표준양식을 사용하고 있다. 관련하여 실습 전에 무엇보다 평소 관심 있는 사회복지 관련분야를 찾고, 관련된 실습기관에 대한 정보를 갖고 도움이 될 만한 실습기관을 찾는 노력들이 요구된다.

(1) 실습신청서 양식

실습신청서

○ 실습기관: ______________________________

1. 실습생 인적사항

이름		생년월일			
소 속		전공		학년/학기	
현주소					
전화번호	집:		휴대폰:		
E-Mail					

2. 실습 의뢰내용

실습 부서	
실습 분야	
실습 내용	
실습 기간	

* 상기 내용으로 귀 기관에 실습신청을 의뢰하며 실습생 프로파일을 동봉합니다.

신청인(학생명) : ____________________ 인

실습지도교수 : ____________________ 인

학과장/대학원장 : ____________________ 인

(2) 실습의뢰서

실습기관분석

수신자
(참 조)
제 목 사회복지현장실습 의뢰

1. 항상 사회복지현장실습 교육을 위해 애써 주시는 귀 기관에 감사드립니다.
2. 사회복지현장실습을 수강하는 본교 사회복지학과 학생의 실습교육을 의뢰하오니 아래를 참조하시어 협조하여 주시기 바랍니다.

- 아 래 -

가. 학생명 : (학생연락처 :)
나. 실습기간 :
다. 실습지도교수 :
라. 실습담당조교 :
(연락처 : 사회복지학과 ☎)

별첨 : 실습신청서 1부. 끝.

○○○대학교(원) ○○대학 사회복지학과장(직인)

시행 처리과 - 일련번호(시행일자) 접수 처리과명 - 일련번호(접수일자)
우 주소 /홈페이지 주소
전화( ) 전송( ) /기안자의 공식 전자우편주소 / 공개구분

(3) 실습생 프로파일

1. 인적사항

(사진)	실습생명		성 별		생년월일	
	소속	대학교(원)	전공	학년(학기)		
	주소					
	전화번호	집 :	핸드폰 :			
	E-mail					

2. 이수 전공과목

교과목명	이수완료	현재이수	교과목명	이수완료	현재이수	교과목명	이수완료	현재이수
사회복지개론			인간행동과 사회환경			사회복지실천론		
사회복지실천기술론			지역사회복지론			사회복지정책론		
사회복지행정론			사회복지법제론			사회복지조사론		
사회복지자료분석론			프로그램개발과평가			가족복지론		
아동복지론			청소년복지론			노인복지론		
여성복지론			장애인복지론			정신건강론		
정신보건사회복지론			의료사회복지론			학교사회복지론		
산업복지론			자원봉사론			사회문제론		
사회복지발달사			사회보장론			교정복지론		
사회복지윤리와철학			사회복지지도감독론			사회복지현장실습		

3. 경력

구분 (취업, 실습, 봉사)	기관	기간	내용

4. 사회복지를 전공하게 된 동기

5. 실습기관 선택 이유

6. 실습을 통해서 성취하고자 하는 목표

7. 실습을 마친 후 목표달성 정도를 파악할 수 있는 기준

8. 사회복지를 실천하는 데 있어 자신의 강점과 약점
   1) 사회복지 지식 및 기술의 측면
   2) 개인적인 특성 측면

9. 취미 및 특기

10. 실습기관, 실습지도자 및 실습지도교수에게 바라는 점

3) 실습기관 결정

실습기관의 면접에 합격하면 최종적으로 실습기관이 결정된다. 실습기관이 결정되면 무엇보다 해당기관에 대한 정보를 다시 한 번 숙지하고, 이를 바탕으로 사전에 준비해야 하는 것들을 진행하면 된다. 이때 무엇보다 준비해야 할 것은 실습생으로서의 역할을 정립하는 것이다.

4) 실습기관 접촉 및 실습확정

최종적으로 실습기관이 결정되면 실습조교를 통해서 해당 기관에 공식적으로 실습을 요청하고, 실습신청서 등을 학교로 제출한다. 또한 실습조교는 발송한 공문 수신여부를 확인하는 등의 행정절차를 진행하여 실습진행에 착오가 없도록 해야 한다.

6. 사회복지실습에 따른 개별역할

1) 실습생의 역할

(1) 역할

사회복지현장 실습에 임하는 학생들은 자신의 안전에 대해서 특히 유의를 해야 한다. 그리고 실습생들이 마음속에 넣고 지켜야 할 일반적 사항으로는 다음과 같은 것들이 있다.

(2) 실습생(학생)의 목적

① 실습학교에서 배운 지식과 기술을 실천에 옮김

② 실습현장에서 새로운 실천지식과 기술을 익히는 기회

③ 사회복지기관 시설에 대한 이해

④ 전체적인 사회복지 실천과정을 습득

⑤ 실습생 자신의 능력 한계에 대한 통찰력과 자기인식을 통한 사회복지 전문직에 대한 이상과 사회복지를 택한 동기 재확인

2) 실습기관의 역할

(1) 실습기관의 책임

① 학교목표와 일치하는 학습 및 실습경험 제공

② 사회복지 윤리강령의 가치 철학의 틀 안에서 높은 수준의 서비스 제공

③ 기관의 사명을 실천하기 위한 분명한 목적과 안정성 구조 등 갖춤

④ 학생 소속학교, 장애, 결혼여부, 나이, 성, 종교 등의 이유로 차별 안 됨

⑤ 학생에 대한 모든 정보는 비밀이 보장

⑥ 자격 있는 실습지도자를 선정, 기관과 학교 상호 간의 합의된 책임 준수

⑦ 학교 측 동의 없이 정해진 실습지도자를 기관에서 임의변경해서는 안 됨

⑧ 실습지도자가 교육기능을 원활히 수행하도록 적절한 시간배려 및 지원

⑨ 정해진 과업을 수행할 수 있도록 기관 내외 직원과의 협력할 기회제공

⑩ 실습기관은 학교와 긴밀한 연락 유지

(2) 실습지도자의 역할과 책임

① 기관의 정책사업, 실습내용, 실습생 책임 등의 충분한 인지를 위한 오리엔테이션 실시

② 교육계획 및 평가로서 실습지도자는 목적의 구체화, 교육방법, 학습범위 교육계획 설정 등 기본이 되는 교육적 사정을 일차적으로 실시
③ 사회복지직의 전수 및 역할모델 제공으로 실습생이 전문가적 정체성을 형성할 수 있도록 지속적으로 지지 원조
④ 적절한 학습 과제 및 전문적 기술의 실천 경험부여
⑤ 실습지도자는 실습생에게 정규적으로 지도를 해줄 수 있는 시간 확보
⑥ 실습지도자는 실습교육적 경험 강화를 위해 교수 및 학교와 협력

3) 학교의 역할

(1) 학교의 책임

① 사회복지 실습지도교수와 실습기준 설정
② 실습기관 발굴을 위한 자료 제공
③ 실습지도자를 위한 교육의 기회 제공
④ 실습기관과의 협력관계 유지
⑤ 실습지침서 제공
⑥ 실습평가

(2) 실습지도교수의 책임

① 실습의 준비 및 계획
② 기관과의 연계
③ 학습경험에 대한 원조
④ 학생평가
⑤ 실습기관 및 지도자에 대한 평가

(3) 학교의 목적

① 교육과 실천현장의 교량역할 수행
② 교육과 학습의 보조역할 수행
③ 사회복지 교육과정의 효율성과 효과성을 평가하는 기회로 활용
④ 타 학교 실습생과 함께 실습에 임함으로써 사회복지 관련 정보, 실습경험을 공유하여 사회복지사로서의 폭넓은 정체성 형성

4) 실습 중 해야 할 일

① 적극적이고 긍정적인 자세와 성실하고 겸손한 태도 유지
② 단정한 복장과 언행에 주의하고 실습생 상호 간 예절 지키기
③ 실습기관의 운영방침과 규정 및 실습지도자의 지시에 잘 따르기
④ 출근, 퇴근은 기관의 일정 및 실습지도자의 지도에 따르기
⑤ 무단으로 결근, 조퇴, 외출, 지각 지양, 불가피한 경우 사전 보고
⑥ 실습일지는 매일 기록하여 실습지도자에게 제출
⑦ 모든 과제는 기한 내에 제출
⑧ 실습기관의 분위기에 잘 융화되도록 노력하고 원만한 인간관계 유지
⑨ 항상 연구하고 배우는 자세로 임하기
⑩ 실습 중 알게 되는 클라이언트 관련 정보 및 기관 기밀은 보안 유지
⑪ 중요한 문제는 실습지도자와 항상 상의하기

5) 실습종료 후 해야 할 일

① 실습과제물은 기일 내에 제출
② 실습평가를 통해 실습의 문제 및 실습기관의 문제점 등을 솔직하게 토론하기

③ 문제점에 대한 무조건적 비판보다는 새로운 대안 및 해결책 제시

④ 지도교수님께 실습종료를 유선 또는 메일로 보고

⑤ 실습기관을 다시 방문하거나 기관장 지도자에게 감사 편지 발송

⑥ 실습기관의 필요성에 따라 자원봉사활동하기

⑦ 지속되는 프로그램은 완수 또는 담당자에게 정확히 인수인계하기

⑧ 실습동기생 모임과 조직 간 지속적인 정보교환 및 실습기관과 유대관계 유지

참고 **실습관련 기본사항**

- 실습시간 : 총 120시간 이상
- 점심 및 저녁시간은 실습시간에 포함되지 않음
- 일요일 실습 금지 : 일요일에는 통상적으로 슈퍼바이저가 근무하지 않고, 근무하더라도 기관의 정규사업이 진행되지 않는 경우가 많음

6) 실습일지 작성

실습일지는 사회복지실습의 계획·준비·실시 등의 기록이라 말한다. 또한 실습생은 실습기간 동안 메모하는 습관을 통해 실습을 통해 스스로 성장할 수 있는 계기로 삼아야 한다. 실습일지는 매일 기록해야 하며 가능한 자세하게 내용을 기재해야 한다. 다만 중요한 것은 실습일지는 공적인 문서이기 때문에 일기체 같은 형태가 아닌 공적인 문서로서의 기능을 위해서 노력해야 한다.

Chapter 11

리더십

사회복지조직의 비전을 실현시키고, 이에 부합되는 조직의 목표를 달성하기 위해서는 무엇보다 구성원들의 인간관계가 중요하다. 이를 위해 리더십에 대한 학습과 성찰이 요구된다.

1. 리더십의 정의

사회복지는 사람 간의 관계를 기반으로 서비스를 제공한다. 따라서 이러한 관계를 내부적으로 견고히 가져가는 것은 매우 중요한 덕목이다. 리더십은 이러한 인간관계를 보다 구조화하고 조직이 추구하는 목표를 달성하기 위해서 필요한 주요기술이다. 최근 사회복지실천현장에서 책임성이 증가하면서 리더십이 중요한 기능으로 여겨지고 있기 때문이다. 여기서는 리더십 중에서 상사의 리더십을 중심으로 살펴보기로 하자.

앨랜 케이스(Alan Keith)는 "리더십은 궁극적으로, 대단한 일을 일으키는 데에 사람들이 공헌할 수 있게 하는 방법을 만들어내는데 대한 것이다."라고 정의하기도 한다.
또한 대부분의 사람들은 리더십을 조직의 목적을 달성하려고 구성원을 일정한 방향으로 이끌어 성과를 창출하는 능력으로 정의히기도 한다.

1) 상사의 리더십의 정의

상사의 리더십이란 리더가 갖는 성향, 행동, 상황과 관련된 제반특성들을 가리키는 일반적인 개념이다. 상사의 리더십은 그 개념을 정의하는 학자에 따라 다르게 설명되지만 일반적으로 상사의 리더십이란 "조직의 리더가 조직구성원에게 영향력을 행사하는 과정으로, 특정한 목적의 달성을 위해 다른 개인이나 집단에게 영향을 주기 위한 의도적인 노력"으로 정의할 수 있다(Yukl, 1994).

사회복지분야에서 상사의 리더십에 관한 연구는 1970년대 들어와서야 시작하였고, 우리나라에서도 1980년대에 후반부터 조금씩 이뤄지기 시작하였다. 사회복지조직은 다양한 사회문제의 대두, 사회복지 공급주체의 다원화, 사회복지조직의 책임성 및 전문성 요구의 증대, 사회복지서비스의 민영화, 사회복지 관련법의 제정 및 개정 등(최성재 · 남기민, 2006)으로 급변하는 사회복지환경에 직면하여 환경변화에 적극적으로 대처함과 동시에 사회복지조직 관리에 있어서 변화를 주도하고 이끌어 나갈 수 있는 상사의 리더십이 요구되고 있다. 남기민(2000)은 '사회복지조직에 있어서 상사의 리더십이 필요한 이유에 대하여 많은 전문가가 고용된 사회복지조직에서 전문가의 자율성과 조직의 통제욕구사이의 긴장이 존재하도록 구성원들을 규칙과 규정으로 준수하게끔 하는 상사의 리더십이 필요'하다고 하였다. 현재의 사회복지 환경에서도 과거와 같은 전통적 관리 방식으로는 대응하기 어려워졌으며, 효과적인 대응을 위하여 관리자들은 새로운 상사의 리더십을 발휘하여야 한다. 이러한 환경적인 요구에 따라 Bass(1985)와 Burns는 상사의 리더십 유형을 좀 더 체계적으로 정의하여, 상사의 리더십을 거래적 상사의 리더십과 변혁적 상사의 리더십으로 구분하였다.

거래적 상사의 리더십은 리더와 조직 구성원 간의 상호 태도 및 행동교환 과정에 중점을 두는 것이라고 할 수 있으며, 변혁적 상사의 리더십은 리더가 조직구성원에게 영향을 미치는지와 관련된 관점이라고 할 수 있다.

(1) 거래적 리더십

거래적 상사의 리더십이란, 리더와 조직 구성원 간의 교환관계와 보상 등을 중요시하는 상사의 리더십으로 과학적 관리 이론에 근접한 것이라고 할 수 있다. Bass(1985)는 거래적 상사의 리더십을 "일련의 교환 또는 협상에 토대를 둔 리더와 구성원들의 관계로부터 기대되는 노력 혹은 협상된 노력을 발휘하도록 동기를 부여시키는 상사의 리더십"이라고 정의하였다.

(2) 변혁적 리더십

변혁적 상사의 리더십이란 리더와 구성원 간의 유기적인 관계를 통해 리더가 조직 구성원에게 비전을 제시하고, 동기부여하는 과정에서 변화와 혁신을 추구하고, 목표를 달성할 수 있도록 하는 상사의 리더십으로 정의하였다. 특히 Bass(1985)의 연구에서는 변혁적 상사의 리더십의 구성요소로서 카리스마, 개인적 배려, 지적 자극 등 세 가지를 들고 있으며, 이러한 세 가지 요소를 모두 포함하는 총체적 개념으로서 구성원의 잠재력을 최대한 발휘하도록 하여 조직몰입을 가져오게 하여 위기상황이나 사회적으로 급변하는 시기에 유기적 조직에서 큰 효과를 볼 수 있다고도 강조하였다.

상사의 리더십에 관한 이상의 정의들 이외에 국내에서는 처음으로 사회복지조직에서의 상사의 리더십을 연구한 남기민(1988)은 상사의 리더십을 "조직의 목표달성에 있어서 조직의 구성원들이 조직과 관련된 행동에 자발적으로 종사할 수 있도록 주어진 상황에서 공식적 지위에 있는 사람이 영향력을 행사하는 과정이다."라고 정의하였다.

2) 주요개념

① 혁신가(Innovator) : 창조적이고 명석한 자질이 요구되며, 변화를 예상하고 촉진시키는 사람

② 중개자(Broker) : 자원확보 능력이 뛰어나고 정치적으로 민첩한 자질을 갖고 있는 사람

③ 조언자(Mentor) : 구성원의 발전을 위해 객관적인 시각에서 구성원의 성장을 돕는 사람

④ 촉진자(Facilitator) : 주어진 목표달성을 위해 과업중심적인 성향을 띠고 있으며, 협상에 능숙하고 조직 내 건강한 분위기를 유도하는 사람

⑤ 모니터(Monitor) : 일의 진행상황을 점검하고 이를 기반으로 조직이 나아가야 할 방향에 대해서 진단하는 사람

⑥ 조정자(Coordinator) : 조직 구성원의 신뢰를 기반으로 조직의 문제해결이나 조정, 시간관리 및 규칙과 같은 기준에 부합되는 능력을 갖춘 사람

⑦ 감독자(Director) : 적합한 업무 수행과 업무 방향을 제시할 수 있고, 위기상황에 대처하는 결단력을 가진 사람

2. 리더십의 필요성

1) 사회복지조직에서 리더십이 필요한 이유

리더십이란 조직의 목표를 달성하기 위해서 사람들에게 영향력을 행사하는 일련의 과정이다. 좋은 리더가 되기 위해서는 다양한 기능들이 요구된다. 협상능력, 조정능력, 미래를 내다보는 안목, 공감능력 등이 그것이다. 이를 기반으로 리더는 조직의 목표달성을 위해 힘써야 한다. 관련하여 사회복지조직의 특성에 맞춰 리더십이 필요한 이유에 대해서 알아보자.

① 다양한 분야의 전문가가 고용되어 있는 사회복지 조직에는 전문가의 자율성을 인정하면서, 조직의 통제욕구 사이에 부단한 긴장이 필요하다. 이러한 긴장을 통해 구성원들은 조직의 규칙과 과정을 준수하게 되는데, 리더는 이에 걸맞는 동기부여를 할 수 있는 리더십이 필요하다.

② 사회복지 분야는 끊임없이 변화하는 외부환경의 영향으로 인해 외부요구의 변화를 고려한 조직체계를 지속적으로 만들어가는 것이 필요하다. 따라서 리더십은 이러한 변화무쌍한 외부환경에 대응하고, 복지서비스 수요자(클라이언트)의 욕구에 대응하기 위해서 그에 걸맞는 적절한 리더십을 필요로 한다.

③ 사회복지서비스는 새로운 기술, 정책, 구조 등이 도입되면서 이러한 변화를

조직에 통합될 수 있는 리더십을 필요로 한다.

④ 사회복지조직의 비전은 대부분 역할 지향적인 모습을 띠고 있다. 이는 목표 지향적인 것과는 대비되는 내용이기도 하다. 따라서 리더는 구성원의 목표와 조직의 목표를 지속적으로 일치하게 하여 비전을 실현시킬 수 있도록 노력하는 리더십이 요구된다.

참고 **팔로우십(Followership)이란?**

팔로우십이란, '리더와 조화를 이루며 자기주도적으로 일을 수행하는 팔로워의 태도와 능력'이라고 정의된다. 최근 사회복지현장에서는 리더십 못지않게 팔로우십에 대한 논의도 많이 이뤄지고 있다. 이는 다양한 관계를 통해 업무를 수행하는 사회복지업무의 특성에 기인했다고 볼 수 있다.

3. 리더십 이론

1) 자질 이론(Trait Theory)

자질 이론은 특성 이론이라고도 불린다. 이는 1940년대 초기 리더십 이론으로 리더십과 관련된 개인의 성격적 특성을 강조한 것이다. 자질 이론은 어떤 일정한 자질을 갖추고 있으면 효과적인 리더가 될 수 있다는 이론이다. 버나드(Barnard)가 주장한 자질은 활력과 인내성, 결단력, 설득력, 책임성, 지적능력 등이다. 스톡딜(Stogdill)은 리더의 자질을 육체적 특성, 사회적 배경, 지능, 성격, 과업과 관련된 특성으로 보고 있다. 자질 이론은 초기에는 누구나 일정한 특성을 가지고 있으면 어떤 상황 속에서도 리더십을 발휘할 수 있다고 믿고 있지만, 이후에 자질 이론은 모든 리더가 보편적으로 소유하고 있는 특성을 발견하지 못하기도 하였다. 이와 같은 자질이 고정된 것이 아니라 사람마다 처해 있는 환경과 상황에 따라 변하는 것으로 수정되었다.

2) 행위 이론(Behaviaral Theory)

행위 이론은 자질 이론에 반발한 이론으로 등장했으며, 리더십의 중요한 측면은 리더의 특성이 아니라 다양한 상황에서 리더가 행동하는 것으로 정의하고 있다. 리더십은 훈련을 통해 충분히 누구에게나 개발될 수 있다고 보는 견해를 갖고 있다. 이러한 행위 이론에는 오하이오(Ohio) 연구, 미시간(Michigan) 연구, 관리격자 이론(managerial grid)이 있다.

(1) 오하이오(Ohio) 연구

오하이오 연구는 스톡딜(Stogdill), 플리쉬맨(Fleishman), 헴필(Hemphill) 등이 연구하였다. 오하이오 연구는 리더가 처한 상황을 강조하는 관점으로 업무의 성과를 향상시키는 구성원들의 만족을 가져오는 리더의 행동이 무엇인지를 확인하는 과정이다. 이를 행동과 배려라는 두 가지 차원으로 구분하고 있다. 여기서는 배려행동과 구조주도 행동의 이 두 가지 행동 차원에서 높은 점수를 갖는 이들이 적합한 리더로 평가받을 수 있다고 말한다.

① 배려(Consideration)행동

배려행동은 신뢰, 상호존중, 구성원의 복지에 대한 관심을 표명하는 행동으로 일을 수행하면서 발생하는 구성원들의 어려운 상황들을 이해하고, 지지하면서 이에 반응하는 행동이다.

② 구조주도(Initiating Structure)행동

구조주도 행동이란 리더가 과업을 조직하고 정의하면서 업무를 할당하고, 의사

전달의 통로를 확립하여 업무의 성과를 평가하는 일련의 행동이다.

(2) 미시간(Michagn) 연구

미시간 연구는 리커트(Likert) 등이 연구하였다. 오하이오 연구와 비슷한 시기에 미시간대학교 사회조사연구소에서 진행되었는데, 이 연구의 주된 목적은 어떤 유형의 리더의 행동이 성과와 만족을 가져오는가를 찾아내는 데 있다. 미시간 연구에서는 직무중심 리더십 유형과 구성원중심 리더십 유형이 있다.

직무중심 리더십 유형 (job-centered Leadership style)	구성원중심 리더십 유형 (employee-centered leadership style)
• 세밀한 감독과 합법적이고 강제적인 권력을 활용 • 업무계획표에 따라 실천하고 성과를 평가함	• 인간 지향적이며 권한과 책임의 위임과 구성원의 복지와 욕구, 승진, 개인적인 성장에 관심을 둠
• 연구결과 : 직무 주입적 리더십 ⇒ 집단생산성, 직무만족도 낮고 // 직원 중심적 리더십 ⇒ 생산성, 직무 만족도 높다	

(3) 관리격자 이론(Managerial Grid theory)

오하이오 연구와 미시간 연구의 리더십 행동연구에 기초를 두고 블레이크와 모턴(Blake & Mouton)이 제시한 관리격자 이론은 관리자의 인간에 대한 관심과 생산을 중심으로 상호작용에 초점을 두는 분류방식이다. 관리격자 이론은 사람에 대한 관심과 일에 대한 관심을 각각 y축과 x축으로 설정하고 인기형, 무력형, 중용형, 팀형, 과업형으로 구분하고 있다.

3) 상황(Situational Theory) 이론

(1) 상황적합 이론

상황 이론은 1960년대 말에서 1970년대에 이르기까지 행동과 자질 이론의 한계를 인식하고 이를 극복하기 위해 새롭게 등장한 이론이다. 이는 리더십이 지도자의 특성뿐만 아니라 존재하는 상황에도 관련되어 있으며, 특정상황에 따라 리더십의 효과가 다르게 나타날 수 있다고 말한다. 다시 말해 앞서 제시한 이론들에 반발한 이론으로 등장했으며, 리더십의 중요한 측면은 리더의 특성이 아니라 다양한 상황에서 리더가 행동하는 것으로 정의하고 있다. 리더의 영향력은 세 가지 상황적 변수에 의해 결정된다고 한다. 첫째, 리더가 구성원들로부터 받는 존경과 신뢰의 정도를 말하며, 둘째, 구성원의 과업 할당 및 평가방식의 구조화 정도를 가리키는 과업구조화 정도, 셋째, 리더에게 부여된 공식적 · 합법적인 권력으로서 구성원들을 평가하고 각종 인사문제에 영향을 미치는 정도를 나타내는 직위권력 등이다.

(2) 경로-목표 이론

하우스(House)는 오하이오의 연구와 동기부여의 기대 이론을 결합하여 경로-목표 이론을 제시하였다. 경로-목표 이론은 조직의 목표를 성취하기 위해 가장 중요한 요인은 구성원의 동기라고 판단하며, 따라서 리더의 핵심역량은 구성원의 동기부여를 높이는 것이라고 정의한다.

이 이론은 경로의 명확화, 욕구 충족, 목표달성을 주요 변수로 하고 있으며, 상황에 따라 효과적인 리더십의 패턴이 달라진다는 전제를 가지고 있다. 리더는 부하로 하여금 조직목표를 달성할 수 있다고 기대하는 행동경로를 명확하게 밝혀주고, 원하는 보상은 더 쉽게 많이 받을 수 있다고 믿게 해야만 동기부여가 이루어져 성과를 높일 수 있다는 이론이다. 이 이론의 장점은 배타적이지 않으며, 동일한 지도자라도 상황에 따라 서로 다른 유형의 리더십을 발휘할 수 있으며,이를 통해 조직 구성원들에게 동기부여를 하고, 만족도를 높여 조직 목표달성을 효과적으로 할 수 있다.

4) 카리스마 리더십 이론

카리스마 이론에서 중요한 논점이 되는 것은 카리스마가 타고난 것인가, 아니면 상황적인 것인가, 혹은 리더와 부하의 상호작용 과정에서 생긴 것인가 하는 것으로, 카리스마적인 리더십은 리더가 어떤 독특하고, 위대한 특징을 타고나면서부터 가지고 있다는 부하들의 지각에 근거하여 정의된다. 카리스마 리더의 특성은 추종자에게 비전을 제시할 수 있어야 하며, 비전을 전달할 수 있는 능력을 가지고 있어야 한다. 카리스마 리더십을 추종하는 구성원의 주요 특성은 리더에 대한 강한 애정을 가지고 있어야 하고, 리더의 신념을 자신의 것으로 받아들인다. 이는 리더의 권위에 순종으로 시작되기 마련이다.

특히 카리스마 리더십은 사람들이 위기의식을 느낄 때, 자신들이 처한 어려운 상황에서 자신들을 구할 수 있는 리더를 찾게 되며 이러한 상황에서 카리스마적 리더가 나타날 가능성이 높다. 업무처리를 하는 데 있어 소속 집단 구성원 간의 상호 의존도가 높을 경우 그 집단의 리더는 카리스마적 리더가 될 가능성이 높다.

5) 변혁적 리더십 이론

번즈(Burns)는 부하들과 함께 조직의 목적을 공유하며, 창조적 변화를 위해 권력을 사용하는 리더라는 의미에서 변혁적 리더십이라는 개념을 사용하였으며, 변혁적 리더는 부하 스스로 업무에 대한 확신감을 가질 수 있도록 동기부여를 하고 업무결과에 대한 부하의 욕구를 자극하여 부하직원 스스로 추가적인 노력을 통해 기대 이상의 성과를 가져 오게 하는 것으로, 변혁적 리더십은 부하직원의 신념, 욕구, 가치를 변화시켜 새로운 기회를 창출하며, 이를 위해서는 리더자는 부하직원의 높은 이상과 도덕가치에 호소함으로써 그들의 의식 수준을 높여야 한다.

Tip 직원 혼내는 방법에 대해서 알아보기

사회복지조직에서 조직의 특성에 맞는 리더십이 필요하지만 때로는 직원을 혼내는 방법이 요구되는 경우도 있다. 실제 사회복지조직에서는 리더십은 직원 역량강화를 위해서도 필요하지만 직원이 성장할 수 있는 계기를 마련할 수 있도록 소위 건강히 혼내는 것도 필요하다. 직원을 혼내기 위해서 무엇보다 중요한 것은 잘못한 일과 사람을 분리해서 보는 시각이 필요하다.

4. 리더십의 역할

1) 리더십의 역할

사회복지현장에서 리더십은 다양한 기능들을 요구한다. 관련한 내용을 살펴보면 아래와 같다.

① 관리 및 행정 : 리더는 행정가로서 기관 정책이나 사명을 직접적이고 구체적인 서비스로 바꾸어 전달하는 역할을 하며, 리더는 조직의 목표나 과제 선정에 있어서도 중요한 역할을 담당한다.

② 통합 및 연결 : 리더는 사회복지 프로그램들의 효과성과 효율성을 높이기 위해 조직체 전체를 통해 통합, 확산되어야 한다.

③ 기준제시 : 리더는 구성원들의 의견을 충분히 수렴하여 사회복지 프로그램의 목표나 산출을 성취, 감독기준을 설정하여 시행함으로써 프로그램 수행을

원활히 추진해야 한다.

④ **변화창출** : 사회복지 프로그램의 목표달성이 이루어져 프로그램이 종료되거나, 변경해야 할 필요성이 있을 때에 새로운 프로그램이 계획되어야 하며, 개발과 조직체 운영의 방안을 창조해 내는 것은 지도자의 매우 중요한 활동이며, 조직의 성장과 관련이 있다.

2) 사회복지조직의 목표를 효과적으로 달성하기-리더로서 세 가지 조건

① 리더는 구성원들 각자에 대해 지도력을 행사하는 데 있어서 적절한 시기와 상황을 선택할 수 있어야 한다.

② 리더는 조직의 구성원들로 하여금 작업수행에 대한 동기를 유발할 수 있도록 조직체의 분위기를 조성한다.

③ 리더는 조직의 리더로서 자신의 고유한 특성과 집단의 분위기를 고려하여 리더십 유형을 개발해야 한다.

5. 리더십의 유형

1) 지시형

지시형은 리더십의 유형중에서 가장 흔하게 볼 수 있는 형태로서 명령과 복종을 강조, 독선적, 구성원들을 보상과 처벌의 연속선에서 통제하고 관리하는 것을 말한다. 지시형 리더십의 장점은, ① 통제와 조성이 쉽고, ② 정책의 해석과 집행에 일관성이 높다. 또한 ③ 의논이 필요 없이 결정이 가능하여 신속한 업무처리가 가능하다.

단점으로는 구성원의 ① 사기를 저하시키고, ② 조직 구성원의 적대감과 소외감을 조성하고 이는 조직 내 ③ 경직성을 초래하는 결과를 만들기도 한다.

2) 참여형

최근 들어 각광받고 있는 리더십 유형으로 참여형 리더십은 민주적 의사결정을 함에 있어서 구성원들에게 의견을 묻고 이들을 결정과정에 참여시키는 것이다. 참여형 리더십 유형의 장점은 ① 구성원들에게 동기를 부여하고, ② 개인의 지식과 기술을 잘 활용할 수 있도록 도와 구성원의 성장을 돕는다. 또한 ③ 인간의 가치와 신뢰를 바탕으로, ④ 개방적인 의사소통을 가능케 한다. 단점은 ① 참여에 있어 시간이 걸리는 경우가 발생하며, ② 긴급한 의사결정을 하기에는 다소 어려움이 따른다.

3) 자유형

자유형 리더십 유형은 방임적 리더십으로도 불린다. 이는 의사결정권을 구성원들에게 위임하는 형태이다. 장점으로는 구성원들을 스스로 프로그램의 목표를 세우고 그에 따르는 계획을 수립하게 하여 자발성을 키울 수 있는 특성이 있으며, 단점은 계획 · 지휘 · 조정 및 통계를 하지 못하여 간혹 혼란을 야기시킬 수 있다.

6. 리더십의 수준

1) 최고관리층의 리더십

최고관리층은 사회복지 조직을 이끌어 나갈 전반적인 책임을 지고 있는 사람을 뜻하며, 과업달성 위하여 내부 운영을 지시하고 조정하는 것을 비롯하여 외부환경의 관계를 확립하는 능력이 요구된다. 이를 통해 내부구조를 발전시키고 유지시키며, 변화를 주도하여 업무를 수행하여야 한다.

2) 중간관리층의 리더십

조직 내에서 부서나 팀을 책임지고 있는 사람들로서 최고관리층과 하위관리층의 경계에 놓인 사람들인데, 조직의 수직적 · 수평적 연결이 주요한 업무이다. 중간관리층의 리더십은 구성원들의 욕구를 조직의 목표에 통합시키는 기술이 요구된다. 또한 다른 하위 부서 및 팀 간의 조정을 용이하게 하기 위하여 개개인의 욕구와 기대를 조직의 목표에 통합시키는 인간관계 기술이 필요하다.

3) 하위관리층의 리더십

사회복지현장에서 일선 직원이 갖춰야 하는 리더십을 말한다. 직원과 자원을 효율적이고 효과적으로 활용해야 한다.

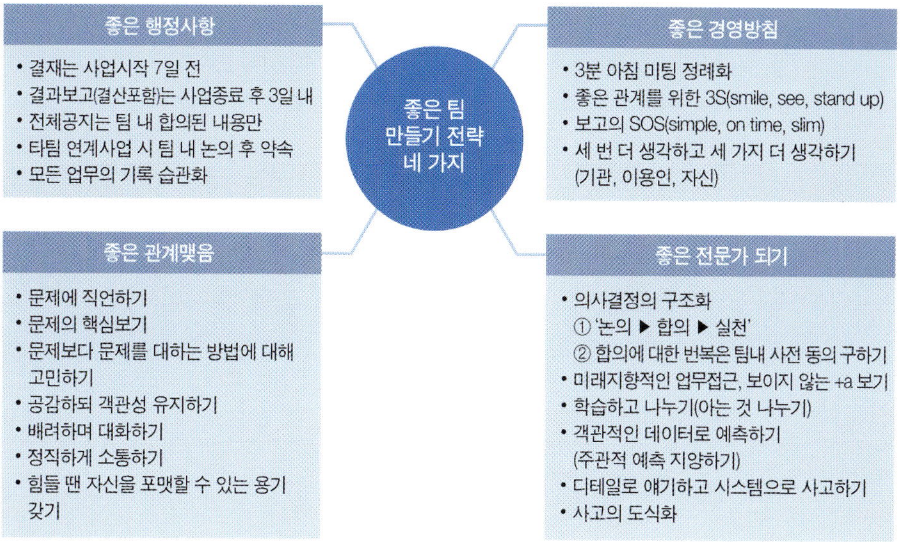

[그림 11-1] 좋은 팀 만들기 전략 예시

Chapter 12

사회복지현장 미션비전 수립

사회복지현장에서 미션과 비전 수립에 대한 이해를 통해 조직의 나아갈 방향에 대해서 알아본다.

1. 미션, 비전의 정의

일반적으로 조직(Organization)이라 함은 '공통의 목적과 목표를 달성하기 위한 일과 사람의 집합체'라고 표현된다. 여기에서 말하는 '공통의 목적'은 미션과 비전, 핵심가치, 조직문화, 정관 등으로 표현된다. 아울러 비영리단체에서 무엇보다 중요한 것은 미션과 비전을 이해하는 것이다. 미션과 비전에 대한 이해를 바탕으로 향후 조직의 미션과 비전을 구축해보는 것도 요구된다. 통상 대부분의 기업이나 조직은 존재의 목적을 가지고 있으며 이를 미션과 비전 등으로 드러내고 있는데, 미션이나 비전은 '이윤극대화', '주주가치 창출' 등의 명확한 목적을 가진 영리기업보다 비영리단체, 사회적 기업 등의 경우 더욱 중요시되기도 한다.

1) 미션의 개념

(1) 정의

미션(Mission)이란 조직이 존재하는 이유를 말한다. 이는 사명, 존재이유, 존재가치 이념 등으로 표현되기도 한다. 특히 이러한 내용은 조직이 수행하는 업(業)과 관련되어 정의되기 마련이다. 미션은 조직의 구성원들에게 자부심을 느끼게 하여 조직의 일에 몰입할 수 있도록 동기를 부여하기도 한다. 미션은 사회 속에서의 조직의 기본 기능을 산출물과 서비스의 관점에서 기술하며, 조직 구성원들 사이에서 광범위하게 공유되는 하나의 문화이다. 미션은 기관의 설립근거를 바탕으로 가치중립적이고 객관적인 내용으로 설정하는 것이 바람직하다. 미션은 조직들의 진정한 목적을 명백하게 하고, 모든 이해관계자들에게 이를 분명하게 전달해준다. 또한 Mission은 존재이유, 즉 "What"을 의미하기도 한다.

(2) 미션의 구성요소

① 목적 : '조직이 왜 존재하여야 하는가'라는 조직의 존재이유를 담아야 한다.

② 가치 : 조직이 추구하는 가치와 조직 구성원들의 신념을 반영해야 한다.

③ 기준 : 조직의 목적을 달성하기 위한 조직내부의 정책과 규칙들이 필요하다.

④ 전략 : 조직이 제공하는 서비스와 이와 관련된 산출물을 규정해야 한다.

(3) 미션 선언문 작성을 위한 3가지 구성요소(송경근, 2002)

① 왜(why) : 고객

조직의 주 이용자를 고객으로 선정한다.

② 무엇(what) : 핵심가치(목적)

조직이 실천해야 할 가장 높은 수준의 가치를 결정한다.

③ 어떻게(how) : 행동(수단)

조직이 해야 할 실천의 방향성으로서 행동을 결정한다.

Tip 효과적인 미션 선언문의 조건

- 조직의 변화와 긍정적인 성장을 자극할 수 있어야 한다.
- 본질적으로 장기적이며 안정적인 속성을 가져야 한다.
- 표현이 단순하고 명확해야 한다.
- 누구나 쉽게 이해하고 공유할 수 있어야 한다.

2) 비전의 개념

(1) 정의

비전(Vision)이란, 현실성 있고 열망하는 미래의 모습이다. 꿈이 담긴 목표로서 일반적으로 3~5년 이후의 미래에 마땅히 도달해야 할 미래상을 표현한 것이라고 할 수 있다. 미래상은 조직 전체가 합의된 꿈이 실린 목표를 표방한다. 비전은 추상적이어서는 안되며, 가능한 한 원하는 미래의 모습(그림)을 명확한 말로 표현하고, 위로는 미션(Mission)과 아래로는 전략(Strategy)과의 연관을 통해 구체적인 실현 방안을 갖고 있어야 한다. 강력한 비전은 조직의 미래에 대한 윤곽을 제시한 것으로 모든 구성원들이 공유하는 정신적인 틀을 제공하기도 한다. 이를 위해서는 환경변화를 고려하여 조직이 미래에 도달해야 할 바람직한 모습을 설계할 필요가 있다. 비전은 모든 사람들이 선호하고 창조하고자 하는 미래에 대한 그림으로, 우리의 목적이 펼쳐지는 것을 어떻게 알 수 있는가에 비전은 나침반으로 묘사되기도 한다.

| 표 12-1 | 미션과 비전의 구분

미션(Mission)	비전(Vision)
• 설립목적, 존재이유 -"우리는 무엇을 위해서 존재하는가?" -"우리는 왜 존재하는가?" -"우리의 존재 이유는 무엇인가?" -"우리는 무엇을 하기 위해 존재하는가?" -"우리는 누구를 위해 존재하는가?"	• 꿈, 야망, 이루고자 하는 미래 • 조직이 추구하는 장기적인 목표와 미래상 • 미션 달성을 위해 조직이 추구하는 미래에 대한 언어적 그림 • "비전이 있다", "비전이 없다" • "앞이 내다보이는 것", "가슴이 뛰는 것(aspiring)" • "우리는 무엇이 되고 싶어하는가?" • "우리가 궁극적으로 추구하는 세상은 무엇인가?"

(2) 비전의 역할

① 비전은 구성원을 집중(모으는)시키는 깃발의 역할을 수행한다. 이를 통해 비전은 구성원들에게 "우리가 그곳에 도착했을 때 얼마나 멋질 것인지를 생각하라."고 전하기도 한다. 새로운 비전은 조직에 활력을 불어넣어 준다.

② 비전은 또한 한결같은 초점을 제공한다. 그래서 비전은 구성원들에게 우리가 변화시키고자 하는 것이 무엇인가를 끊임없이 상기시킨다. 또한 비전은 구성원들이 엉뚱한 방향으로 나가는 것을 막아 준다. 새로운 비전은 조직의

과거와 미래를 연결해 준다.

③ 비전은 업무수행에서 무엇을 혁신하여야 하는지에 대해 알려준다. 비전은 업무수행의 기준이 되며, 비전 실현 수준을 점검함으로써 혁신의 진행정도를 평가할 수 있다.

(3) 효과적인 비전의 특징

효과적인 비전은 다양한 내용으로 정의될 수 있다. 효과가 높은 비전은 일반적으로 아래와 같은 특징을 갖고 있다(John P. Kotter(1996), Leading Change 재구성).

① 상상할 수 있어야 한다 : 미래에는 우리 기관이 어떻게 변할 것이라는 그림을 보여 주어야 한다.

② 모두가 원하는 것이어야 한다 : 기관을 둘러싼 이해관계자들의 지속가능하고 장기적인 이익을 대변해야 한다.

③ 실행할 수 있어야 한다 : 실제로 3~5년 이내 달성할 수 있는 목표들이어야 한다.

④ 구체적이어야 한다 : 기관의 의사결정에 영향을 미칠 수 있도록 구체적이어야 한다.

⑤ 융통성이 있어야 한다 : 환경 변화와 빠르게 변하는 시대의 흐름을 담고 있어야 한다.

참고 **비전수립은 조직의 미래상을 그리는 데 경우가 많다. 이 경우 한 번쯤 고민해 보아야 할 질문을 살펴보자.**

- "그것이 우리를 활기 넘치게 하는가?"
- "그것이 우리를 움직이는가?"
- "그것이 우리를 앞으로 나아가게끔 자극하는가?"
- "그것이 사람들을 일하게 하는가?"

(4) 비전수립 방법

계획수립	현황분석		비전설정	비전실행계획 수립
① 세부계획 수립	② 환경분석 ③ 내부역량분석 ④ 유사기관 벤치마킹	⑤ 분석결과 종합 및 전략과제 도출	⑥ 비전설정	⑦ 단계별 실행전략

① 세부계획수립

㉠ 핵심이념과 부합되는 미션을 염두할 것

㉡ 사회복지를 비롯하여 사회, 정책, 문화, 환경 등에 대한 현황파악

㉢ 구성원의 기대수준 파악 및 추진과제 명확화

㉣ 상세일정 수립

② 환경분석

㉠ 기관의 사업에 대한 충분한 이해

㉡ SWOT 분석을 통한 외부 환경요인 분석

㉢ 분석을 통한 시사점 도출

③ 내부역량 분석

㉠ 조직에 대한 진단 : 성과, 사업구조, 관리시스템 등

㉡ SWOT 분석을 통한 외부 환경요인 분석 : 조직의 모든 활동에 대한 적합성을 고려

㉢ 핵심 성공요인 도출

④ 유사기관 벤치마킹

㉠ 사업의 유사성을 고려한 기관선정

ⓛ 유사기관 사례분석

ⓒ 역량분석에 따른 시사점 도출

⑤ 분석결과 종합 및 전략과제 도출

㉠ SWOT 분석을 통한 기회, 위협, 강점, 약점 도출

ⓛ 전략방향 도출

⑥ 비전설정

㉠ 비전 수립을 위한 사전준비 : 분석결과 사전공유, 시사점 공유

ⓛ 비전 수립 워크숍 실시 : 결과정리(사명선언서, 비전선언문 등) 및 공유, 핵심이념 도출

⑦ 단계별 비전 실행전략 수립

㉠ 부문별 전략과제 도출

ⓛ 단계별 비전 관리지표 설정 : 로드맵 설정

ⓒ 사업별 자원배분 전략 수립

Tip 좋은 비전이란?

① 가슴이 울렁이는가? (Emotional)
② 구체적이고 생생한가? (Vivid & Touching)
③ 미래에 대한 열망이 생길 만큼 야심찬 목표인가? (Big Hairy Audacious Goals)

2. 조직환경 분석

1) 조직의 외부환경 분석

조직의 외부환경 분석은 비전 수립 시 필요한 부분으로서 조직이 처한 상황에 대한 분석을 통해 향후 나아갈 방향을 구축하고 이에 부합되는 전략을 수립하는 데 기본적인 내용이 된다고 하겠다. 일반적으로 조직이 스스로 통제하기 어려운 일반환경과 조직 상호작용이 가능한 과업환경으로 구분이 가능하다.

(1) 일반환경

일반환경(General Environment) 분석은 조직을 둘러싼 일반적인 상황을 말한다.

모든 조직에 영향을 미치는 정치적, 경제적, 인구사회학적, 문화적, 기술적 조건을 말한다.

① 인구학적 조건

인구학적 특성을 반영한 내용으로 복지서비스의 욕구에 영향을 미치는 조건들로 구성(예: 연령, 성별, 계층별 인구 분포, 가족구성 분포 등)

② 경제적 조건

자원공급 규모를 비롯하여 서비스의 구매력에 영향을 주는 조건(예: 경기불황 및 호황, 자치단체의 재정 증감)

③ 정치적 · 법적 조건

당시의 사회적 상황을 비롯하여 자원 변화에 영향을 주는 제도적 · 법적 조건(예: 장애인활동보조서비스를 통한 서비스 공급자와 수요자의 상황 변화 등)

④ 기술적 조건

사회가 갖고 있는 기술의 변화로 인해 영향을 받는 조건(예: 스마트폰 활용을 통한 지역주민과의 쌍방향 소통 활성화)

(2) 과업환경

과업환경(Task Environment)이란 한 조직과 직접 상호작용하면서 영향을 주고 받는 외부 조직이나 집단 등 이해관계를 말하는 것으로 통상 미시환경이라고도 말한다.

① 재정자원의 공급자 : 정부, 공동모금회, 기업, 개인 후원자, 서비스 이용자
② 합법성/권위의 공급자 : 정부(지방자치단체), 사회복지직능단체(협회), 운영법인, 클라이언트 대변단체
③ 클라이언트의 공급자 : 개인, 가족, 민간기관, 정부 등
④ 서비스의 소비자 : 클라이언트, 가족, 지역사회, 국가
⑤ 보완적 서비스의 제공자 : 주 서비스 제공기관의 서비스와 유사한 서비스를 제공하는 기관
⑥ 경쟁조직 : 자원이나 클라이언트에 대해서 경쟁하고 있는 다른 조직들

(3) 환경분석

환경분석은 SWOT분석을 자주 이용한다. 이는 1960~70년대 미국 스탠포드 대학에서 연구 프로젝트를 이끌었던 '알버트 험프리'에 의해 고안된 전략개발 도구이다. 이후 도구는 이해하기 쉽고 간단해서 이후 전 세계적으로 확산되었다. 기업의 환경분석을 통해 경영전략을 수립하는 기법으로 활용되었으나, 최근 비영리조직에서도 광범위하게 적용되고 있으며, 사회복지조직에서도 보다 광범위하게 활용하고 있다. 방법은 조직의 내부역량을 분석하여 강점(Strengths)과 약점(Weaknesses)

을 발견하고, 외부환경을 분석하여 기회(Opportunities)와 위협(Threats)을 찾아내는 것이다. SWOT분석을 종종 활용하는 기업은 내부환경을 분석하여 강점과 약점을 발견하고, 외부환경을 분석하여 기회와 위협을 찾아내어 이를 토대로 강점은 키우며 약점은 줄이고, 기회는 활용하며 위협은 억제하는 마케팅 전략을 수립하기도 한다.

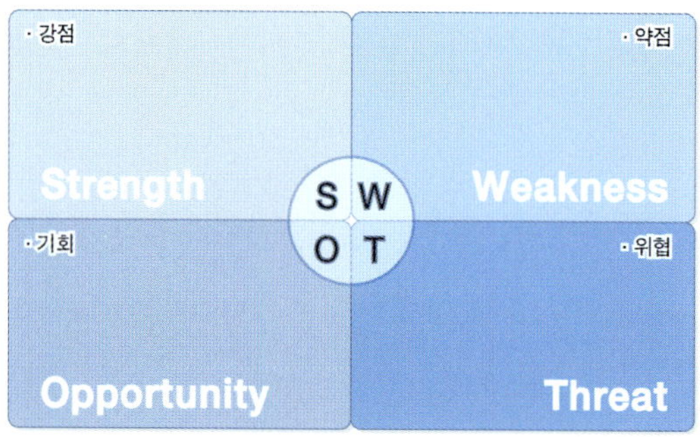

| 그림 12-1 | SWOT분석

① 외부환경 분석

조직의 외부환경 분석은 조직의 일반환경과 과업환경을 분석함으로써 가능해지며, 이를 통해 조직이 갖는 기회요인과 위협요인으로 구분해 조직의 외부환경을 분석해낼 수 있다. 사회복지조직의 외부환경은 조직의 기회가 될 수도 있고, 위협이 될 수도 있다.

㉠ 기회(Opportunity)요인

Opportunity를 지칭하는 의미로서 외부환경에서 유리한 기회요인은 무엇인지 어떠한 기회가 존재하는지를 의미한다.

㉡ 위협(Threat)요인

Threat를 지칭하는 의미로서 외부환경에서 불리한 위협요인은 무엇인지 어떠한 위협이 존재하는지를 의미한다.

② 내부환경 분석

조직의 내부환경 분석은 내부역량 분석이라고도 할 수 있으며, 조직이 보유한 자원과 역량을 기준으로 강점요인과 약점요인으로 구분해 분석할 수 있다. 이를 통해 조직의 경쟁우위가 무엇인지 확인할 수 있다.

㉠ 강점(Strength)요인

Strength를 지칭하는 의미로서 경쟁기관과 비교하여 강점으로 인식되는 것은 무엇인지 경쟁기관보다 우위를 점하고 있는 것은 무엇인지를 의미한다. 조직의 유연성, 내부자원의 풍부함, 브랜드 파워, 강력한 조직망, 우수한 정보력 등 조직이 보유하고 있는 내부의 자원과 역량 중 긍정적인 요소 등을 말하면 된다.

㉡ 약점(Weakness)요인

Weakness 를 지칭하는 의미로서 경쟁기업과 비교하여 약점으로 인식되는 것은 무엇인지 경쟁기관보다 어려운 점을 보이고 있는 것은 무엇인지를 의미한다. 복지현장에서는 약점을 논할 때, 통상 조직원의 불만, 관료제적 절차, 기획력의 부족, 필요인력의 부족, 복잡한 관리체계 등 조직이 보유하고 있는 내부의 자원과 역량 중 취약한 요소 등을 말하기도 한다.

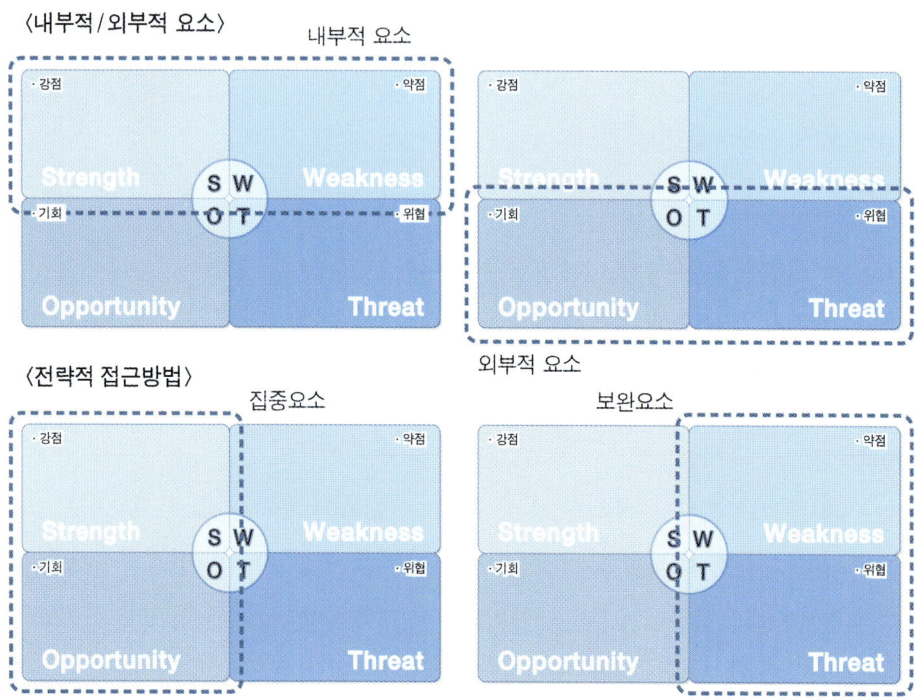

Ⅰ 그림 12-2 Ⅰ SWOT 활용 틀거리

③ SWOT 분석을 통한 전략 수립

기관 내부의 강점과 약점을 기관 외부의 기회와 위협을 대응시켜 기관의 목표를 달성하려는 SWOT분석에 의한 마케팅 전략의 특성은 아래와 같다.

㉠ SO전략(강점-기회전략)

SO전략은 기회를 활용하기 위해 강점을 사용하는 전략을 말한다. 이는 조직이 집중해야 하는 부분으로, 조직 내부를 비롯하여 외부의 기회에도 강한 SO분석법은 기존 환경을 충분히 활용하여 조직의 목표달성을 극대화하기 용이한 특성을 갖고 있다.

㉡ WT전략(약점-위협전략)

WT전략은 기관을 둘러싼 약점과 위협을 최소화하기 위해 정리된 내용을 바탕으로 이에 걸맞는 전략을 수립하는 것이다. 일반적으로 보완해야 하는 부분으로 말하기도 한다.

㉢ SW전략(강점-약점전략)

SW전략이란 내부적요소를 말하는 것으로 조직의 강점과 약점을 정확히 파악하고, 이를 기반으로 충분한 조직을 진단 및 파악하는 것이다.

㉣ OT전략(기회-위협전략)

OT전략은 외부적 요소로서 조직을 둘러싼 기회와 위협을 확인하여, 이를 통해 기회를 극대화하고, 위협에 대비하는 전략을 수립하는 것을 말한다.

3. 전략 및 중장기 전략수립

1) 조직의 전략

(1) 전략의 개념

전략(Strategy)이란 말은 기업을 비롯하여 복지시설까지 폭넓게 쓰여지고 있다. 전략은 조직의 목표를 달성하기 위한 계획이라고도 말한다. 사실 전략이라는 말은 병법 또는 군사학 용어에 근원을 두고 있다. 용어상으로도 Strategy란 단어는 Strategos에서 나온 것으로 군대를 의미하는 'Stratos'와 이끈다는 의미를 가진 '-ag'가 합쳐진 용어이다. 이러한 개념들이 1960년대 기업에게 있어서 자원배분과 경쟁 환경하에서 다양한 의미를 갖게 되었다. 사회복지조직에서도 전략이라는 용어는 많은 의미를 내포하고 있다. 사회복지조직은 일반 기업에 비해 재정적 측면에서는 정부보조금, 재단의 전입금의 제한된 예산으로 인력의 운영에 이르기까지 자원을 효율적으로 배분하여 하는 태생적인 특성을 지니고 있다. 다만, 공통된 점은 이러한 자원을 바탕으로 사업성과를 극대화시킬 수 있는 방안을 모색해야 한다는 측면에서 기업의 전략 수립과 동일한 상황이라고 말할 수 있다. 정리하면 전략이란, 조직이 사업성과를 향상시키기 위해 각 사업 분야에 자원을 배분하고 조정하는 일련의 활동이다. 또한 전략은 전술과 개념적으로 차이가 있는데, 전략은 목적, 비전을 담고 있으며, 전술은 수단과 기술, 방법을 담고 있다.

(2) 전략의 위치 및 관계

① **비전** : 비전은 조직의 미래 모습이다. 목표를 정의할 때는 추상적인 목표보다는 구체적인 방향을 제시하는 것이 구성원들의 노력을 이끌어내기 쉽다. 다만 일반적으로 비영리조직의 비전은 역할지향적인 경우가 많아 목표지향적인 영리조직보다는 성과관리가 쉽지 않은 특성이 있다.

② **전략** : 전략은 조직의 비전을 실현하기 위한 실질적인 방법으로, 비전을 실현하기 위해서는 3~5년 단위의 기간을 두고 실현가능한 방법을 구축하는 것이 필요하다.

③ **실행계획** : 실행계획은 액션플랜(Action Plan)으로 불리기도 하며, 전략을 실행에 옮기기 위한 구체적 이행계획으로 일반적으로 1년 단위로 수립된다.

| 표 12-2 | 비전의 유형과 예시

유형	예시	특성
역할지향적	• 함께 있을 때 아름답습니다. • 장애인과 비장애인이 함께 사는 아름다운 지역사회 만들기 • 기부문화의 성숙을 이끌어 사회공동체 발전을 도모 • 소외된 이웃과 더불어 사는 사회건설	• 조직의 차별성 제시에 유리 • Identity 및 Mission과의 연계성 도출 용이 • 대부분 비영리조직의 비전형태

유형	예시	특성
목표지향적	• 세계 항공업계를 선도하는 Global Top 3 by 2020 • 2025 Global Top10 Company 최고의 넘버원, 기업	• To-Be 지향점이 명확 • 성장에 대한 동기 부여 효과가 높고, 사업의 고유 특성 반영이 용이함 • 영리기업에서 일반적인 비전형태

(3) SWOT분석과 전략방향 및 전략 도출

조직의 전략방향은 SWOT분석을 통해 핵심 이슈 및 과제를 도출해냄으로써 가능해진다. 외부환경 분석에 의한 기회(Opportunity)요인과 위협(Threat)요인을 조직 내부의 자원과 역량 분석에 의한 강점(Strength)요인과 약점(Weakness)요인에 조화시켜 장래의 발전방향을 모색하는 분석 방법이다.

2) 중장기 전략수립의 주요개념

중장기 전략은 조직의 비전과 성과관리와 매우 밀접하게 연계되어 있다. 이는 조직의 미래상이라고 할 수 있는 비전이 설정되면, 그 비전에 입각하여 사업의 능력과 역량을 정의하고 조직의 기본 목표와 조직의 가치와 이념 아래 전략적 방향을 제시할 수 있기 때문이다. 또한 이러한 전략방향은 조직 내 의사결정에 영향을 미치게 되고 이는 조직의 운영방향을 제시하는 기준이 된다. 전략수립은 수립단계에서 조직의 내·외부환경 변화를 고려한 설계가 필요하다.

(1) 전사수준 전략수립

전사수준의 전략수립은 조직의 비전과 목표를 달성하기 위해서 각 사업 분야에 자원을 배분하고, 조정하는 일련의 총체적인 활동을 말한다.

(2) 사업수준 전략수립

사업수준의 전략수립은 각 사업의 단위에서 경쟁우위를 확보하고 차별화된 관점으로 복지서비스 실천을 위한 전략을 수립하는 것을 의미한다. 사업수준의 전략수립은 전사수준에서 결정된 전략적 방향과 목표에 따라 개별사업을 수행함으로서 요구되는 전략을 말한다.

| 표 12-3 | ○○장애인종합복지관 중장기 발전계획 예시

대분류	중분류	소분류	세부전략	연도별 추진공정				
				2017	2018	2019	2020	2021
고객	장애인 인권 보장	개인정보보호 관리체계구축	개인정보보호 종사자교육 실시	▶	▶	▶	▶	▶
			개인정보보호 관리매뉴얼 마련	▶				
		이용자대상 인권교육	인권옹호 교육실시	▶	▶	▶	▶	▶
			인권캠페인 실시	▶	▶	▶	▶	▶
	고객 편의 증진	관내 이용편의 및 안전시설 강화	효율적 이용자관리시스템	▶				
			이용자 참여시설모니터링	▶	▶	▶	▶	▶
		관외 이용편의 및 접근성 강화	○○구 경사로 설치 캠페인 실시		▶	▶	▶	▶
			○○구 복지지도 제작보급	▶		▶		▶
	특화 사업 개발	프로그램 아이디어 공모	서울시내 대학생 공모전	▶	▶	▶	▶	▶
			종사자 공모전	▶	▶	▶	▶	▶
	맞춤형 서비스 구축	사례관리체계 안정화	사례관리전문가 양성	▶	▶	▶	▶	▶
			민관 합동 사례발표세미나		▶		▶	
		바우처사업 활성화	장애인 활동지원사업 정착	▶	▶	▶	▶	▶
			장애아동 재활치료바우처 검토	▶				
		장애인가족 지원 활성화	대기자 프로그램	▶	▶	▶	▶	▶
			보호자 역량강화	▶	▶	▶	▶	▶
	고객	감동서비스	테마별 이벤트 실시	▶	▶	▶	▶	▶

대분류	중분류	소분류	세부전략	연도별 추진공정				
				2017	2018	2019	2020	2021
	만족 및 참여		절기별 이벤트 실시 (어린이날, 성년의날, 명절, 성탄절 등)	▶	▶	▶	▶	▶
		고객모니터링 활성화	돋보기 고객모니터링단 활동 정례화	▶	▶	▶	▶	▶
			욕구 및 만족도조사 정례화	▶	▶	▶	▶	▶
조직	윤리 조직 구축	윤리강령 실천지침수립	매뉴얼제작 및 선포식 실시	▶				
			액션플랜 수립 및 추진	▶	▶	▶	▶	▶
		예산 및 운영 투명성 제고	회계관리의 전산화 및 복식부기준비				▶	▶
			사업설명회 실시	▶	▶	▶	▶	▶
	인사 관리의 안정화	객관적, 정성적 인사관리	인사평정 정기실시	▶	▶	▶	▶	▶
			직무분석 정기실시	▶	▶	▶	▶	▶
		채용, 승진의 공정성 제고	필답평가제도 도입	▶				
			수습제도 도입	▶				
	팀제 강화	의사소통의 활성화	성숙한 팀회의 정착	▶				
			팀 간 교류의 다변화	▶				
		팀정체성 재확립	팀 미션 및 비전 수립	▶	▶	▶	▶	▶
			팀워크숍 활성화		▶	▶	▶	▶
	슈퍼비전 체계 확립	슈퍼바이저 양성	리더십교육 실시	▶	▶	▶	▶	▶
			예비슈퍼바이저 교육	▶	▶	▶	▶	▶
		슈퍼비전 규정 및 지침제정	규정 및 지침 수정보완	▶	▶	▶	▶	▶
	조직 문화 구축	기관인재상 구축	도봉인재상 수립	▶				
			신규직원 교육강화 및 매뉴얼제작	▶				
		학습조직 활성화	스터디그룹 지원		▶	▶	▶	▶

대분류	중분류	소분류	세부전략	연도별 추진공정				
				2017	2018	2019	2020	2021
직원		명랑한 조직분위기 조성	제안공모제도 활성화	▶	▶	▶	▶	▶
	교육 시스템 구축	경력별 직무교육 기획	직급별 연수 및 교육	▶	▶	▶	▶	▶
			주제별 그룹스터디 활성화	▶	▶	▶	▶	▶
		영역별 전문교육 추진	연간교육커리큘럼 수립	▶	▶	▶	▶	▶
			주제별 컨퍼런스 실시	▶	▶	▶	▶	▶
	경력 관리 및 후진 양성	경력관리 시스템 구축	자문위원 및 강사활동 활성화	▶	▶	▶	▶	▶
			1인 1자격 취득	▶	▶	▶	▶	▶
		실습지도 사후관리 추진	예비 실습지도자 양성	▶	▶	▶	▶	▶
			멘토멘티 제도운영	▶	▶	▶	▶	▶
			실습영역 및 운영형태 다변화	▶	▶	▶	▶	▶
	복리 후생 제도 확립	직원의견수렴 및 반영	고충처리위원회 활성화	▶	▶	▶	▶	▶
			영역별 간담회 활성화 (치료사, 2인자, 막내 등)	▶	▶	▶	▶	▶
		근속연수에 따른 우대	장기근속자 안식휴가제도		▶	▶	▶	▶
			근속연수별 표창				▶	▶
	합리적 보상 체계 구축	업무성과에 대한 보상	성과수당 차등지급	▶	▶	▶	▶	▶
			해외연수 기회제공	▶	▶	▶	▶	▶
			외부포상 상신기회제공	▶	▶	▶	▶	▶
	소진 예방 관리	건강관리 지원	정기건강검진	▶	▶	▶	▶	▶
			직원휴게공간 마련	▶				
		가족친화적 활동지원	패밀리데이(야근 없는 날)	▶	▶	▶	▶	▶
			연구데이(자기계발활동)	▶	▶	▶	▶	▶
			멘토멘티제도 운영 (신입직원지원)	▶	▶	▶	▶	▶

대분류	중분류	소분류	세부전략	연도별 추진공정				
				2017	2018	2019	2020	2021
지역 사회	상생 전략 수립	기관 간 네트워크 강화	지역복지협의체 전략적 참여	▶	▶	▶	▶	▶
			단위사업별 기관연계율 향상	▶	▶	▶	▶	▶
			○○구 사회복지기관 협의회 구성	▶				
		연합사업추진	○○구 장애인복지시설 연합 체육대회	▶	▶	▶	▶	▶
			이용자 연합캠프 및 나들이 진행	▶	▶	▶	▶	▶
		주민참여 예산제	주민참여 예산제 도입	▶	▶	▶	▶	▶

(3) 기능별 전략수립

기능별 전략수립은 조직의 각 기능별 세부전략을 수립하는 것을 뜻한다. 이는 조직의 재무, 인사, 홍보, 사업수행 등 각 기능에서 단기적 목표와 전략 방안들을 강구하는 것을 의미한다. 기능별 전략수립은 앞서 제시한 사업수준에서 결정된 전략들과 연관성을 가진다.

3) 중장기 전략수립

(1) 비전체계 프레임 설정

중장기 전략은 비전체계라는 프레임을 통해 단계별 전략을 마련할 수 있다. 비전체계 프레임은 상위에는 비전을 두고, 그 아래 사업목표와 핵심가치를 배치한다. 이어 사업수준의 전략이 배치되는데 이는 성장전략이라고도 표현된다. 맨 하단은 통상 이러한 비전체계와 성장전략을 달성하기 위한 운영전략이 배치된다. 이러한 비전체계 프레임은 아래와 같은 모양을 갖고 있다.

(2) 중장기 경영전략 프로세스

중장기 경영전략 프로세스는 4단계로 이뤄지는 경우가 많다. 1단계는 현황을 충분히 파악하는 세부활동을 통해 원하는 산출물을 도출한다. 2단계는 중장기 경영전략을 위한 사회문제를 정의하고, 국내외 벤치마킹을 한다. 2단계에서 산출물은 벤치마킹 자료를 비롯하여 사회문제 매핑자료이다. 3단계에서는 전략의 타당성과 전략과 관련한 인터뷰 등을 통해 단기목표를 설계한다. 그리고 최종 4단계는 중장기 전략의 로드맵을 통해 미션과 전략, 그리고 핵심가치를 논리적으로 연계하고 이를 통해 실질적으로 기능하는 중장기 전략을 수립한다.

| 표 12-4 | 중장기 전략수립 예시

운영 목표	
	☐ 고객의 권리와 선택을 최우선 중심가치로 하는 복지관 ☐ 지역주민과의 소통과 자발적 참여 확대로 사회통합을 선도하는 복지관 ☐ 장애인복지의 중심센터로서 지역복지정책 선도 및 서비스 전문성을 함양하는 복지관

↑

기반조성기(2017~2018)	문화성숙기(2019~2020)	성장발전기(2021~2022)
중점추진사항	중점추진사항	중점추진사항
1. 고객에 대한 기관의 책임성 강화로 고객만족 감동경영지향(고객의 자기결정권 보장 및 참여 확대를 위한 지침마련) 2. 고객 참여와 존 기반 서비스체계 구축(고객모니터링단 운영/사업 및 평가 설명회) 3. 장애정도 및 생애주기에 따른 고객 맞춤형 서비스 실현	1. 법인 및 복지관의 철학과 전문성의 조직화 2. 창조적이고 유기적인 조직문화 확립(인재상/스트레스관리/소진예방관리/직원 동아리 운영) 3. 상향식 민주적 의사결정 구조 정착으로 의사소통 활성화(성숙한 팀회의/제안공모제도 도입/직원의 날 운영) 4. 다 영역 직원역량 구축으로 전문성 강화(직무기술정비 및	1. 사회통합과 사회공헌으로 지역사회에 선한 영향력 제공(사회공헌 프로그램전개-지역사회봉사로 받은 사랑 보답하기) 2. 지역사회관계 확대로 장애인복지 시너지 창출(주민조직화 시스템 구축) 3. 인식개선을 통한 더불어 사는 지역사회 조성 4. 사전 예방적 복지 체계 마련 5. 윤리경영과 투명성제고를 통

4. 효율적 사례관리 강화 (사례관리 모형개발/효율적 사례관리를 위한 인프라 구축)
5. 가족복지 향상을 위한 전문적 서비스 실천
6. 전략적 특성화 사업 육성 (팀별 핵심사업 육성/서비스 브랜드 가치의제고)
7. 전략적 고객 관리 (이용자 유형관리/정기 이용자와 비정기 이용자의 균형관리/성인 장기 이용자의 효율적 관리)
8. 사회서비스 사업의 확대 (활동보조서비스 제공)
9. 고객 편의를 위한 쾌적한 환경조성 및 안전성 확보 (고객관점 열린 공간-차별금지법 철저 준수)
10. 윤리경영실천

직책별 역할모델 정립/연차별・직책별 직무역량 강화 교육/연구개발 사업지원)
5. 인사관리 체계의 구조화(객관적 정성적 인사고과 체계구축)
6. 성과관리의 체계화(팀별 고유사업 성과관리/팀 간 협력사업 성과관리/개인별 성과관리)
7. 합리적 보상체계구축(장기근속자 안식휴가제 도입/모범직원 해외 연수기회부여/성과수당 차등지급(법인)/직원복지 향상을 위한 연구
8. 효율적 경력관리 (경력관리 교육계획 수립-신입, 경력, 관리직원/경력관리 상담(관장, 사무국장 면담 정례화)
9. 슈퍼비전 체계구축에 따른 활성화(효율적 슈퍼비전을 위한 인프라 구축/슈퍼바이저 양성)
10. 정보 전산화 체계 구축으로 업무 효율화

한 지역사회로부터 신뢰구축 (윤리경영 도입/윤리강령 및 실천 지침 제정 선포/예산 및 운영실태를 분기별 온라인 공지하여 투명성 제고)
6. 친환경 복지환경 구현
7. 지역별, 장애별, 생애주기별 서비스 욕구 파악 및 지역사회 변화확인 단계적 추진(지역욕구 및 변화도 조사)
8. 사례관리 네트워크 선도 기관으로 지역사회의 복지구현
9. 지역사회 자원동원 및 배분의 허브역할
10. 지역사회 복지기관 종사자 역량 강화 선도역할

Chapter 13

사회복지기획

사회복지현장의 대부분의 업무는 기획을 통해 실현되기 마련이다. 따라서 기획의 특성을 이해하고, 방법을 학습한다면 이를 통해 보다 생산적인 기획 수행이 가능하다.

1. 사회복지기획이란 무엇인가?

사회복지조직이란 인간의 복지증진을 목표로 인간과 여러 자원을 이용하여 계획, 조직 및 통제들을 수행하는 일련의 과정이다. 사회복지조직의 특성을 살펴보면, 첫째, 사회복지행정조직에서 인간의 복지는 추상적이고 질적인 성격을 지니고 있다. 둘째, 사회복지행정조직은 구성원과 고용기술면에서 전문직에 의해서 복잡 다양한 전문적 지식, 기술을 통하여 이루어지고 있다.

이를 바탕으로 사회복지조직의 기획은 사회복지를 실천하는 데 필수적이고 중추적인 과정이다. 사회복지기획은 “직면하고 있는 문제를 해결하고 체계적인 사고에 의해서 미래를 예측하고자 하는 의도적 노력”으로 표현되기도 한다. 다시 말해서, 기획은 사회복지정책에 의해 수립된 사회복지조직의 목표나 프로그램의 목표를 달성할 수 있도록 기관 행정을 이끌어가는 길잡이(Road Map)의 역할이라고 할 수 있다.

조직이란 목표나 목적을 달성하기 위해 자원과 기술의 사용을 조정하는 사람들의 공식화된 집단을 말한다. 그 중에서 사회복지조직은 직접 사람을 다루는 ‘Human Service’가 중심이므로 사업 목표가 명확하기 어렵고 대상자에게 제공하는 서비스에 대해 신뢰성 있게 측정할 수 있는 척도가 부족한 것이 현실일 수밖에 없다. 하지만 서비스가 사람에게 제공되기에 목표를 규정하고 미래의 활동을 예측하고 결정을 준비하는 사회복지기획은 매우 필요한 요소이다.

1) 정의

‘기획’이란 최적의 수단으로 목표를 달성하기 위해 미래에 취할 활동을 위하여 일단의 결정을 준비하는 계속적인 과정이다. 다시 말해, 행동으로 실행하기 전에 무엇을 어떻게 할 것인지를 결정하는 것을 말한다. ‘계획’은 그러한 기획을 바탕으로 목표에 도달하기 위해 행동하는 수단을 결정하고 집행하는 것을 말한다고 정리할 수 있다. 조직의 목표를 달성하고자 행동으로 실행하기 전에, 무엇을 어떻게 할 것인가를 결정하는 것으로 체계적인 사고와 조사, 통찰력, 대안의 선택에서 가치 선호에 따라 문제를 해결하고 미래의 일의 방향을 통제하려는 의도적인 시도이다.

2) 특성

사회복지는 '사람'이라는 대상을 소재로 다루기 때문에 통제가 어렵고 인간의 속성에 대한 불확실성이 높다. 또한 사회복지사와 대상자와의 관계가 중요한 특징을 가지고 있다. 그러므로 사회복지조직은 이러한 특성을 고려하여 행동지향적인 의사결정 사항들을 기획해야 할 필요가 있으며, 그 특성은 다음과 같다.

① 미래 지향적인 과정이다.
② 계속적인 과정이다.
③ 결정을 내려야 하는 의사결정과 연관이 있다.
④ 목표달성을 위한 수단적 과정이다.

3) 기획의 필요성

사회복지조직에서의 기획은 상기와 같은 필요성에 의해 수립되며, 이를 실행하고 결과를 내기 위해 계획을 수립하고 실행하게 된다. 이는 적은 리소스를 대상자에게 제대로 제공하기 위해 너무나 중요한 요소라 판단된다. 하지만 개인적으로 기획과 계획을 아무리 잘 수립했다 하여도 이를 관리하고 평가하는 것도 매우 중요한 단계가 아닐까 한다. 기획과 계획, 평가의 순환구조 체계를 정립해 나가는 것, 조직외부에 사회복지조직의 활동을 신뢰성 있고 타당하게 증빙할 수 있는 것에 대한 기획도 의미 있는 일이라 할 수 있겠다.

(1) 사회복지조직의 목표의 모호성 감소

기획을 통해 미래의 불확실성을 감소하고 조직의 목표를 재확인한다.

(2) 문제해결을 위한 합리성 증진

기획은 문제해결과 의사결정을 위해 타당하게 적용될 수 있으므로 합리성을 향상시켜 준다.

(3) 효율성 증진

한정된 인적·물적자원을 최소의 비용과 노력으로 서비스의 목표달성을 도와준다.

(4) 효과성 향상

계획된 활동을 통해 클라이언트의 욕구 만족과 제공된 서비스의 효과성을 얻어낼 수 있다.

(5) 책임성 강화

사회복지조직은 국가보조금과 기부금으로 운영이 되는 만큼 서비스를 효과적이고 효율적으로 제공할 책임이 있으며, 책임성을 갖기 위해서는 반드시 사전의 기획이 필요하다.

(6) 구성원의 사기 진작에 기여

직원들이 참여함으로써 성취감과 인정을 얻을 수 있으며 사기의 진작에 도움을 준다.

(7) 기획은 조직의 효과적인 목표달성에 도움을 줌

(8) 기획은 조직구성원의 사기를 높여줌

4) 기획의 과정

(1) 구체적인 목표 설정

구체적, 단순, 현실 가능하게 기술, 주어진 기간 내에 계량화될 수 있는 의도된 결과로서 프로그램에 적합하다. 기대하는 결과가 명확하게 명시되어야 하며 관찰가능, 측정가능한 목표이어야 한다.

(2) 조사, 정보수집, 자원고려

조사 및 정보수집은 문헌조사, 면접, 관찰, 설문지 등이 이용가능하다.

(3) 대안 방법 모색

창의력이 요구되는 단계, 집단 토의, 대화, 수집된 정보로부터 목표달성을 위한 대안을 찾을 수 있다.

(4) 대안결과 예측과 기대효과 평가

평가를 통해 최선의 대안을 선택할 수 있다. 비용적인 측면, 인적자원 등을 검토, 기대효과와 장단점을 찾아내어 평가하는 과정이 필요하다.

(5) 최선의 대안 선택

(6) 구체적인 실행계획 수립

구체적인 프로그램을 기획하는 단계, 도표를 작성하는 일을 포함하여 단계적

개요가 기록된다.

(7) 변화를 위한 개방성 유지

변화에 대한 발전적이고 합리적인 변경에 있어 개방성과 융통성을 발휘할 수 있어야 한다.

2. 기획의 과정

일반적으로 기획은 사회복지기관의 실무자들에게 가장 부담이 되는 업무 중 하나이다. 훌륭한 계획서를 준비하는 과정도 상당한 경험과 기술을 요구하며, 성공 가능성이 높은 효과성 있는 계획서를 제시하여야 사회복지기관 내부에서도 인정받을 수 있기 때문이다. 외부지원을 얻기 위한 공개경쟁의 형태로 계획서를 준비하기도 하고, 선정되어 확정되었다면 긍지와 보람을 갖지만 탈락되었을 경우 낙담과 실망은 결코 작지 않다. 따라서 사회복지현장에서의 프로그램 기획은 담당자와 그 기관이 지닌 동원가능한 모든 역량을 결집시키는 과정으로 나타난다. 이러한 과정을 거쳐 완성된 계획서가 지원심사과정 및 기관내부의 사업설명을 위한 자료로만 활용되고, 실제 프로그램이 시행되는 단계에서는 담당자의 주관과 경험이 좌우하는 경우가 많다. 계획서는 책상 서랍 속에 박혀 있고, 사업이 종료될 즈음 결과보고서를 짜 맞추기 위해 다시 들춰보는 경우가 있는데, 사업계획서 자체가 현실성이 없는 내용으로 구성되어 있을 가능성이 첫 번째 요인이고, 선정되어 지원 받았으니 이제 다 되었다는 식의 담당자 무사안일이 두 번째 요인이다.

1) 문제확인

프로그램 기획과정의 첫 번째 단계로서 문제분석과 욕구사정의 과업을 포함한다. 문제확인은 프로그램이 의도하고자 하는 사회적 조건들의 변화(실업률 감소, 아동학대 예방, 비행방지 등)를 찾아내고 이를 통해 프로그램 전략들을 도출하는 근거를 마련한다. 따라서 문제확인을 위해서는 문제분석과 욕구사정을 시도하고, 욕구사정을 통해서 문제들이 인구집단에 퍼져 있는 정도를 측정하고 행위의 표적을 확인한다.

2) 목표설정

이 단계는 목적과 영향목표를 결정하는 것이다. 우선 목적과 영향 목표들에 대한 정의를 내린 후 이것을 통해 프로그램 활동이나 노력이 지향할 방향을 정하게 되고, 그것은 다시 평가의 과정에서 표적이 된다. 목적은 프로그램이 예방, 소거, 개선하려는 문제를 다루면서 기대되는 성과를 진술한 것으로서 반드시 측정가능할 필요는 없고, 프로그램 방향을 제시하는 것으로 최소한의 요건을 갖추었다고 볼 수 있다. 목표는 일반적으로 목적달성을 위한 수단적 성격과 함께 하위목적으로서의 성격을 동시에 가지며, 목적이 방향성을 제시하는 데 초점을 둔다면 목표는 더욱 구체적이고 명확해야 하고, 구체적 시기, 변화대상, 성취할 수 있는 결과, 측정기준, 책임성 등을 반드시 제시해야 한다. 목적은 무엇이 성취될 것인지에 관한 것이고, 영향목표는 목적성취를 통해서 문제확인에서 규정된 사회문제에 대해 얼마나 많은 영향을 줄 수 있는지 판단하며, 목적과 영향목표들에 대한 정의에는 우선순위에 대한 결정이 포함된다.

Tip 사업명을 설정하는 방법

(누구)의	(어떤 문제)를	(어떻게 변화시킬 것)인지를 제시하여야 함
→ 구체적 표적집단	→ 현재의 문제영역	→ 바람직한 상태

- 기관의 목적을 보다 구체화하도록 사업명을 설정함
- 사업명을 설정 시에는 기관의 설립 이념(미션)에 부합하여야 함
- 사업에 참여하는 서비스 이용자에게 나타날 바람직한 결과를 토대로 수립함

3) 프로그램 설계

문제확인을 거쳐서 목적설정이 이루어지면 그에 따라 구체적인 프로그램 계획들이 이루어지는데, 이 과정을 프로그래밍이라고 한다. 생산물은 뚜렷이 측정될 수 있는 프로그램의 산출물이며, 클라이언트에 대한 성취기준으로 언급되는 것이 이상적(예: 취업한 사람들의 수)며, 서비스단위로 규정되는 경우도 흔히 있고(예: 취업훈련시간 수), 단지 서비스를 받은 사람들의 수나 서비스 에피소드의 수로서 확인되기도 한다.

이 과업의 주된 의도는 프로그램이 얼마나 많은 자원을 요구하는 지를 파악하기 위해서 프로그램 노력수준을 확인하려고 하는 것이고, 프로그램 결과에 대한 평가를 위해 필요한 표적을 설정하는 것이다.

이 단계에서는 프로그램에 소모될 자원의 결정이 포함된다. 즉, 규정된 생산물에는 어떤 유형과 얼마나 많은 자원들이 요구되는지, 그리고 무엇을 얼마만큼 할당할 것인지를 확인하고, 다른 지역사회 자원들은 그 욕구를 얼마나 충족시키는지 확인하고 공백이 발생하는 부분에 대해 기관의 자원을 각 프로그램 영역별로 어떻게 예산을 지원할 것인지가 포함된다.

4) 실행

실행은 프로그램 목표들이 확실하게 실현되도록 하는 기능에 기여한다. 실행과 기획은 얽혀 있어서 기획의 결과가 실행으로 나타나며, 실행은 다시 기획을 위한 근거가 된다. 실행은 모니터링을 통해 무엇이 적절하고 적절치 않는지를 판단하게 한다.

5) 평가

평가는 목표들이 얼마나 잘 성취되었는지를 결정하게 하고 성공과 실패에 대한 이유를 확인시켜 준다. 평가의 결과는 프로그램의 방법이나 목표들을 재규정하는데 사용되고, 추가적인 조사연구를 위한 기반을 찾아준다. 평가는 무엇이 성취되었으며, 이를 위해 얼마의 비용이 들었나에 대한 대답을 시도하며, 평가는 주로 프로그램 결과에 대한 효과성이나 효율성의 확인조사에 초점을 둔다.

3. 전략적 기획

전략이라는 단어는 전쟁용어이다. 최근에 사회복지현장에서 기획을 고민할 때, 통상 전략적 기획이라는 단어를 종종 사용하곤 한다. 이는 그만큼 기획의 중요성을 말하는 것으로 볼 수 있는데 이는 한정된 자원의 효과를 극대화하기 위해서는 기획을 고려할 때 전략이라는 기술이 필요하다는 것으로 판단할 수 있다. 최근에 전략적 기획을 말할 때, 주요한 특성은 투입에서 결과지향으로 엄격한 집행에서 신축적이고 탄력적인 집행 등으로 말할 수 있다.

전통적 기획	전략적 기획
투입지향	결과지향
전문가에 의한 수립	참여적 수립
엄격한 집행	신축적 집행
정형적 업무에 기초	변화지향
불평불만 모니터링	성과 모니터링
기획서에 초점을 둠	계획의 집행에 초점을 둠

출처: UNESCO(2010).

1) 전략적 기획은 미래지향적 활동이다

전략적 기획을 통해 다양한 시도를 하고, 이를 통해 바람지한 미래를 준비하고 창조하는 활동이다.

2) 전략적 기획은 성과지향적인 활동이다

전략적 기획은 활동의 결과에 초점을 두는 활동이다. 지금까지 사회복지현장의 프로그램은 과정에 초점을 두는 경우가 많았다. 물론 과정의 중요성은 필요한 덕목이다. 그러나 과정에 집중하다보면, 원하는 결과를 창출하기 위한 노력이 소홀해질 수 있다. 가치와 윤리를 중요시하는 사회복지현장이지만, 이제는 복지서비스 소비자에게 적합한 성과와 결과 창출에 집중할 필요가 있다.

Tip **성과기반식 사고란 무엇인가?**

비영리기관은 결과를 만들어야 하는 윤리적 책무를 갖고 있다. 최근에는 사회복지기획을 통해 성과를 만들어내기 위한 다양한 시도들이 이뤄지고 있다. 사회복지현장에서 성과를 논하기 전에 성과기반식 사고로의 전환이 필요하다. 성과기반식 사고는 기존의 사회복지 패러다임을 새로운 시각으로 바라보는 사고를 말하는 것으로, 활동을 결과로 바꿔 고민하고, 서비스를 변화로, 후원자를 투자자로 바라보는 사고를 말한다.

3) 전략적 기획은 참여적 의사결정 과정이다

참여적 의사결정은 조직이 무엇을 할 것인가? 그것을 어떻게 할 것인가? 왜 그것을 해야 하는가? 에 대한 답을 구하는 과정이다.

| 표 13-1 | 전략적 기획을 위한 프로세스

단계구분	주요내용
1단계 : Now & Here	• 상황에 대한 점검 • 문제파악 • 현재의 모든 자원점검 • 이용 가능한 자원검검
2단계 : Thinking	• 점검에 따라 필요한 부문 고민 • Where • What • How
3단계 : Plan	• 생각을 구체화시키는 시점 • 활용가능한 자원동원 • 관련 기관, 인물미팅 • 기획서 작성
4단계 : Action	• 실행단계 • Power • Passion • Process
5단계 : Feedback & Promotion	• 최종점검 및 평가 • 실시한 기획안 점검 • 감사편지 작성 • 차기 프로모션 구상

4) 전략적 기획은 체계적인 과정이다

체계적인 과정이란 기획한 사회복지 프로그램이 한눈에 들어올 수 있도록 도식화하거나 프로그램의 논리적인 흐름을 비교적 용이하게 확인이 가능함을 말한다. 이를 위해 마인드맵을 활용하거나 체계도를 그리는 작업이 필요하다. 최근에는 다양한 프로그램들이 있어 실제 업무수행하는 데 많은 도움을 받을 수도 있다.

5) 전략적 기획은 조직을 관리하는 도구다

조직이 그의 업무를 더 잘 수행하도록 하는 목적지향적인 관리도구의 성격을 갖는다.

6) 전략적 기획은 전략적 사고를 학습하는 과정이다

목적을 달성하는 것을 넘어, 전략적 사고와 행동이 중요하다. 전략적 기획을 위해서는 욕구 이면의 욕망을 보는 훈련이 필요하다. 이를 통해 문제를 바라보는 안목을 키워야 한다. 문제만큼 중요한 것이 문제의 원인이기 때문이다. 이를 통해 룰은 바뀔 수 있다는 사고가 요구된다.

Tip 전략수립 결과에 대한 체크 포인트

1. 전략목표는 간단 명료하고 성공을 염두에 두고 있는가?
2. 전략목표는 과감하게 설정되어 있는가?
3. 전략목표는 장기적인 시설의 목표와 일관되게 연결되어 있는가?
4. 고객 및 전반적인 이해관계자에 대한 철저한 이해를 하고 있는가?
5. 목표 클라이언트에게 경쟁기관 대비 우수한 가치를 제공하고 있는가?
6. 본 기관은 기관만의 역량에 입각하여 지속적으로 우수한 서비스와 사업을 제공하고 있는가?

7. 내부 조직보다 외부 이해관계자에 너무 초점을 맞추고 있지 않은가?
8. 예상되는 사업의 위험요인은 무엇이며, 이를 어떻게 극복할 것인가?
9. 조직의 전략 안은 재정적 합리성을 보유하고 있는가?
10. 설정된 전략 목표는 시설의 조직평가와 긴밀하게 연결되어 있는가?

출처: 장세진(2007), 글로벌 경쟁시대의 경영전략, 박영사,

부록

실습관련 양식

실습기관분석

▶ 학　　번 :

▶ 실습생명 :

1. 기관명 :

2. 기관의 설립 목적과 목표

3. 기관이 위치하고 있는 지역의 특성

4. 주요 프로그램과 활동

5. 기관의 조직구성(조직도)

6. 조직구성원의 형태(정직원, 파트타임, 자원봉사자 등)

7. 과장급/팀장 이상의 주요 리더의 명단(경력, 전문성 유무, 담당업무 등)

8. 기관의 공식적 결정자

9. 기관과 협력하는 조직 및 단체명

10. 선배들의 실습보고서에서 기관의 실습계획과 실습일지 분석
(의견란에 자신의 견해를 삽입할 것)

11. 선배들의 실습보고서에서 기관의 교육내용에 대한 간단한 요약

12. 기타 관심있는 자료나 교육에 대한 자신의 견해를 피력할 것

13. 선배들의 실습보고서를 통해 본 실습기관에 대한 자신의 견해를 피력할 것

14. 실습목표 3개를 수립하여 제출한다.

실습종합평가서 Ⅰ

(구두발표)

성　　명 :

실습기관 :

1. 이번 실습을 통해서 배운 점

   1) 교육받았던 내용

   2) 자신이 맡아서 했던 일

2. 실습목표의 성취 정도

3. 실습기간 동안의 좋았던 점과 어려웠던 점

4. 기관과 학교에 제의하고 싶은 점

5. 이번 실습경험을 통해서 사회복지 선택에 관해 다시 한 번 생각해 볼 기회가 되는가?

실습종합평가서 Ⅱ

(제출자료)

1. 성명 :
2. 실습기관 :
3. 실습지도자 :
4. 실습기관에서 맡아서 했던 일(책임) :

5. 행정적인 측면에서 배운 점 :

6. 교육적인 측면
   1) 맡은 책임의 평가
   2) 배워야 할 점과 배운 점의 비교
   3) 필요한 지식과 습득 여부
   4) 업무수행에 필요한 기술과 활용여부(업무수행의 효율성 평가)

7. 전문성 개발
   1) 이번 실습경험은 앞으로 사회복지 실천의 바탕으로 이용될 수 있겠는가?
   2) 편견, 불안, 갈등, 스트레스의 경험을 통해서 자아 인식이 발달될 수 있었는가?
   3) 이번 실습으로 좀 더 사회복지 분야의 광범위한 측면을 인식할 수 있었는가?
   4) 실습지도자와의 관계, 직원과의 관계, 동료와의 관계, 클라이언트와의 관계는 어떠하였는가?
   5) 지역사회 자원에 대한 인식 부족, 자원활용의 제한점은 없었는가?
   6) 사회복지 선택에 대한 갈등은 없었는가?

사회복지실습 오리엔테이션 자료

성명 (학번 :)

1. 이번 실습에서 본인이 설정하고 있는 실습목표는 무엇인가?
   (실습기관명 : ______________________ , 슈퍼바이저이름 : _______________)
   1)
   2)
   3)
   4)
   5)

2. 이번 실습목표를 달성하기 위해서는 어떤 준비가 필요합니까?
   1)
   2)
   3)
   4)
   5)

3. 본인은 그런 준비를 어떻게 하고 있습니까?
   1)
   2)
   3)
   4)
   5)

4. 기타 학교에 하고 싶은 것을 적어 주시기 바랍니다.

실 습 일 지

기관명 : ______________________

실습지도자	______________ (인)

일 시		장 소		실습생	__________ (인)

실 습 내 용 :

실습지도내용 :

Comment :

실습평가서

기 관	
기 관 장	(인)
실습지도자	(인)
실습 기간	20 년도 제 학기

학 생 신 상 카 드

1. 인적사항

성 명		생년월일 : 20 년 월 일	성별 :
소 속	대학교(대학원) 과 학년		
주 소		연락처(☎)	
실습지도교수			

2. 학력 및 경력

3. 이수한 전공과목

① 사회복지개론 ( )	⑥ 사회복지정책론 ( )	⑪ 사회복지실천기술론 ( )
② 사회복지실천론 ( )	⑦ 사회보장론 ( )	⑫ 사회복지행정론 ( )
③ 인간행동과 사회환경( )	⑧ 사회복지현장실습 ( )	⑬ 아동 및 청소년복지 ( )
④ 지역복지론 ( )	⑨ 사회문제론 ( )	
⑤ 사회복지법제 ( )	⑩ 사회복지조사론 ( )	

기타 : 노인복지론 ( ) / 장애인복지론 ( ) / 가족복지론 ( ) / 산업복지론 ( )
자원봉사론 ( ) / 여성복지론 ( ) / 의료사회사업론 ( ) / 정신보건사회복지 ( )
사회복지자료분석론 ( ) / 프로그램 개발과 평가 ( ) / 사회복지발달사 ( )

4. 이전실습지

1) 기관명 :	연도 :	내용 :
2) 기관명 :	연도 :	내용 :

기본 평가서

1. 실습평가서는 사회복지(사업)기관의 현임훈련이 전체 학점의 50% 이상을 채점할 것입니다.
2. 실습평가서는 기본평가서(1종)와 전문적인 방법론의 실습생에게만 적용됩니다.
3. 실습평가방법은 실습생의 출결석이 평가기준의 40%를 차지하며 나머지는 5점척도 (아주 만족 : 5점, 만족 : 4점, 보통 : 3점, 불만족 : 2점, 아주 불만족 : 1점, 무해당 : 0점)에 따라 표시해 주세요.

한국사회사업(복지) 대학협의회장

가. 실습생의 출석률(지각 또는 조퇴가 3회 이상이면 결석 1회로 처리함)

1. 결석이 없다.	40점
2. 결석이 1회가 있었다.	30점
3. 결석이 2회가 있었다.	20점
4. 결석이 3회가 있었다.	10점
5. 결석이 4회 이상이었다.	0점

나. 전문적인 자질과 태도						
1. 사회사업에 대한 지식을 실천에 옮긴다.	5	4	3	2	1	0
2. 사회사업의 가치와 윤리를 가지고 사명감을 갖고 일한다.	5	4	3	2	1	0
3. 교육적 프로그램이나 활동에 자발적으로 참여한다.	5	4	3	2	1	0
다. 실무의 수행능력과 책임감						
4. 실습생에게 부여된 업무량을 정해진 시간 내에 수행한다.	5	4	3	2	1	0
5. 기록, 보고서 등을 정해진 시일에 제출한다.	5	4	3	2	1	0
라. 실습지도자와의 관계						
6. 실습생은 적극적이고 긍정적으로 실습지도에 참여한다.	5	4	3	2	1	0
7. 실습지도에서 지적된 내용을 실행에 옮긴다.	5	4	3	2	1	0
8. 배우는 입장에서 창의적인 실습지도관계를 형성한다.	5	4	3	2	1	0
마. 기관의 이해 및 기관 내의 인간관계						
9. 기관의 목적, 정책, 규칙 및 사업을 이해한다.	5	4	3	2	1	0
10. 실습생으로서 긍정적인 대인관계를 형성하여 업무를 처리한다.	5	4	3	2	1	0
11. 타직원과의 긍정적인 대인관계를 형성하여 업무를 처리한다.	5	4	3	2	1	0
12. 동료실습생과 긍정적인 원만한 관계를 유지한다.	5	4	3	2	1	0

※ 종합평가

가. 총점 : / 점

나. 실습생의 장 · 단점 :

다. 통신란(학교에 대한 제의 또는 실습기관에 제의)

실습평가서

1. 이 실습평가서는 사회복지기관에서 실습지도자(Supervisor)가 실습생들을 지도한 후에 실습생들을 평가하기 위하여 마련된 것입니다. 실습지도자가 실습과정을 지도・감독하면서 실습생들의 실습내용과 활동을 관찰・측정한 후에 다음의 몇가지 면에서 신중하고 적절하게 평가해 주십시오. 이 평가서에서 나타난 성적은 실습생들의 실습학점에 매우 높은 비중을 차지합니다.(해당항목에만 체크요망)
2. 평가방법은 각 항목마다 정도를 체크해 주십시오. 그리고 그것을 점수로 환산하여 종합 점수를 기입해 주십시오. 감사합니다.

○○대학교 사회복지학과 실습담당 지도교수

실 습 생 : ○○대학교 사회복지학과 학년 성명 (학 번 :)
주 소 : (전화번호 :)
담당교수 : (학교전화 :)
실습기간 : 20 년 월 일 ~ 20 년 월 일 (주간)

※ 요망사항

1. 총점수는 이렇게 표기해 주십시오. 180/200(이는 40개 항목 모두 체크하였을 경우 200점 만점이 된다는 것을 의미합니다. 그러나 학생이 실제로 획득한 점수는 180점이 됩니다. 실습지도자에 따라서는 체크하지 않은 항목이 나올 수도 있습니다. 가령 35개 힝목만 체크하셨다면 만점은 175점이 됩니다)
2. 위의 40개 문항 중에서 부적절하다고 판단되거나 개선이 필요하다고 사료되는 것은 반드시 지적해 주십시오.
3. 종합평가(이 란은 실습지도자가 학생과 학교와 지도교수에 대해서 자유롭게 의견을 쓸 수 있는 란입니다. 제시된 의견은 존중하겠습니다.)

실습기관 및 실습지도자의 서명, 날인

설 문	매우 만족	만족	보통	불만	매우 불만	해당 없음
일반적인 사항에 대한 평가						
1. 출·퇴근·지각·조퇴의 유무와 거기에 대한 실습생의 자세(3회이상 결석이면 실격)	5	4	3	2	1	0
2. 실습기간 중의 인간관계(실습생관계와 직장인, 사회인으로서의 자세나 태도를 포함한다.)	5	4	3	2	1	0
3. 책임의식이나 최선을 다하는 태도	5	4	3	2	1	0
4. 실습지도자의 지도·감독에 순응한다.	5	4	3	2	1	0
5. 실습기관의 목적, 사업, 내규 등을 잘 알고 있으며 이를 존중한다.	5	4	3	2	1	0
전문적인 사항에 대한 평가(1)						
6. 전문가적인 자질과 소양을 갖추었다.	5	4	3	2	1	0
7. 사회사업의 가치와 철학에 충실하다.	5	4	3	2	1	0
8. 사회복지사의 윤리규정을 알고 실천한다.	5	4	3	2	1	0
9. 실습보고서의 내용이 충실하며 잘 작성한다.	5	4	3	2	1	0
10. 지역사회에 대한 이해의 정도	5	4	3	2	1	0
11. 자신에 대한 전문가로서의 정체성이 확립되어 있다.	5	4	3	2	1	0
전문적인 사항에 대한 평가(2) : Client와의 1대 1관계에 있어서						
12. 면담에 대한 사전준비와 진행과정	5	4	3	2	1	0
13. Client의 감정의 흐름을 잘 파악하고 있으며 의도적인 감정표현의 원리에 충실하다.	5	4	3	2	1	0
14. Client를 수용하는 정도	5	4	3	2	1	0
15. 비심판적인 태도에 충실하다.	5	4	3	2	1	0
16. Client의 자기결정을 존중해 준다.	5	4	3	2	1	0
17. 귀담아 듣는 노력의 정도	5	4	3	2	1	0
18. 편견이나 선입관으로부터의 탈피정도	5	4	3	2	1	0
19. 감정이입을 해내는 능력	5	4	3	2	1	0
전문적인 사항에 대한 평가(3) : 1대1관계에서 문제해결 능력에 대하여						
20. 자료를 수집하고 분석하는 능력	5	4	3	2	1	0
21. Client의 문제를 정확하게 보는 능력	5	4	3	2	1	0
22. 문제를 진단하고 분류하는 능력	5	4	3	2	1	0
23. 문제에 대한 치료적, 해결노력의 적절성	5	4	3	2	1	0
24. 치료기법에 대한 이해와 활용정도	5	4	3	2	1	0

설 문	매우 만족	만족	보통	불만	매우 불만	해당 없음
전문적인 사항에 대한 평가(4) : 집단, 지역사회사업과 관련하여						
25. 집단과의 사회사업에 대한 지식과 이해 정도	5	4	3	2	1	0
26. 집단의 역동성에 대한 이해와 지식	5	4	3	2	1	0
27. 집단과정과 집단지도에 대한 지식과 기술	5	4	3	2	1	0
28. 집단과의 사회사업에서 모델에 대한 지식과 구체적인 활용능력	5	4	3	2	1	0
29. 집단과의 사회사업과정에서 치료기술의 활용	5	4	3	2	1	0
30. 지역사회의 욕구를 파악하고 자원을 동원하는 능력	5	4	3	2	1	0
31. 지역사회주민과의 관계형성	5	4	3	2	1	0
32. 지역사회의 문제를 진단하고 분류하는 능력	5	4	3	2	1	0
전문적인 사항에 대한 평가(5) : 가족사회사업과 관련하여						
33. 재가복지사업이 무엇인지 알고 있는 정도	5	4	3	2	1	0
34. 가족문제에 대한 이해의 정도	5	4	3	2	1	0
35. 가족의 일반적인 기능(과 복지적인 기능)에 대한 이해와 지식	5	4	3	2	1	0
36. 가족문제를 진단하는 능력	5	4	3	2	1	0
37. 가족치료와 치료기법에 대한 지식	5	4	3	2	1	0
전문적인 사항에 대한 평가(6) : 사례기록과 관련하여						
38. 사례기록이 전반적으로 훌륭하다.	5	4	3	2	1	0
39. 일화기록이나 과정기록에 대한 충실성	5	4	3	2	1	0
40. 사례를 조직화하고 체계적으로 관리하는 능력	5	4	3	2	1	0

※ 종합평가

가. 총점 : / 점

나. 실습생의 장 · 단점 :

다. 의견란(학교에 대한 제의 또는 실습기관에 제의) :

전문(추가) 평가서

1. 전문평가서는 전문사회 사업기관이나 사회사업 방법론의 전문적 지도를 받는 실습생에게 적용됩니다. 예컨대 개별사회사업, 집단사회사업, 지역사회조직의 실습평가서입니다. 전문평가서의 평가결과배점은 기본평가결과의 적절히 배점하시기 바랍니다.
2. 실습평가방법은 실습생의 출결석이 평가기군의 40%를 차지하며 나머지는 5점 척도에 따라 표시해 주세요. 비해당 항목은 제외하시기 바랍니다.

한국사회사업(복지) 대학협의회장

설 문	매우 만족	만족	보통	불만	매우 불만	해당 없음
전문적 관계						
1. 온화하고 비판적이 아닌 분위기를 조성한다.	5	4	3	2	1	0
2. 의미있고 효과적인 관계를 형성한다.	5	4	3	2	1	0
3. 클라이언트의 관계형성에 있어서 동정과 감정이입을 구별한다.	5	4	3	2	1	0
기 록						
4. 실습내용을 사실에 근거하여 정확하게 기록한다.	5	4	3	2	1	0
5. 실습내용을 체계적으로 기록한다.	5	4	3	2	1	0
6. 실습생과 클라이언트의 상호작용 및 실습생의 사고와 감정을 잘 반영한다.	5	4	3	2	1	0
개별사회사업						
7. 클라이언트의 명백한 의사소통과 암시적인 의사소통을 이해한다.	5	4	3	2	1	0
8. 실습생의 의도한 바를 클라이언트에게 명백하게 전달한다.	5	4	3	2	1	0
9. 면접의 초점을 맞추며 동시에 클라이언트의 상황에 맞추어 융통성 있게 처리한다.	5	4	3	2	1	0
10. 클라이언트-문제-상황에 관련된 정확한 자료를 수집한다.	5	4	3	2	1	0
11. 수집된 자료를 체계적으로 종합하고 이론에 기초하여 진단한다.	5	4	3	2	1	0
12. 진단에 클라이언트, 클라이언트의 대인관계 및 환경요인의 상호역동성을 이해한다.	5	4	3	2	1	0
13. 클라이언트의 요구에 따른 적절한 개입전략을 수립한다.	5	4	3	2	1	0
14. 사회사업지식을 개입전략에 활용한다.	5	4	3	2	1	0

설 문	매우 만족	만족	보통	불만	매우 불만	해당 없음
집단사회사업						
15. 집단역학의 지식을 갖고 집단을 지도한다.	5	4	3	2	1	0
16. 집단지도의 기술(프로그램작성과 레크리에이션 등)을 체득하고 활용한다.	5	4	3	2	1	0
17. 집단성원을 개별화하고 성원 간의 의미있는 관계를 갖게 한다.	5	4	3	2	1	0
18. 집단과정, 프로그램, 실습생의 역할 등을 활용하여 집단이나 성원들의 긍정적인 변화를 유도한다.	5	4	3	2	1	0
지역사회조직						
19. 지역주민회원들이 지역사회의 욕구와 문제를 파악하고 인식하도록 도울 수 있다.	5	4	3	2	1	0
20. 지역사회의 자원을 잘 파악하고 그것을 활용하도록 도와준다.	5	4	3	2	1	0
21. 지역주민 및 지역의 지도자들과 긍정적이고 효과적인 관계를 맺는다.	5	4	3	2	1	0
22. 인지된 지역사회의 요구를 사회행동으로 계획하고 실행 할 수 있다. (지역주민이 문제해결활동에 참여할 수 있는 동기를 부여하고, 집단이나 사회기관들과의 관계를 갖도록 하고, 지역주민들이 효과적인 문제해결행동에 필요한 조직적인 능력을 발전시키도록 도울 수 있다.)	5	4	3	2	1	0
23. 지역사회구조와 권력에 대한 지식을 갖고 그 지역사회상황을 파악한다.	5	4	3	2	1	0

※ 종합평가

가. 총점 : / 점

나. 실습생의 장 · 단점 :

다. 의견란(학교에 대한 제의 또는 실습기관에 제의) :

참고문헌

Bekay Ahn(2010). **비영리단체 모금전략**. 예영커뮤니케이션.

고재욱 · 송노원 · 양경희 · 이원웅 · 조재숙(2013). **자원봉사론**. 양서원.

구인회 · 손병돈 · 안상훈(2013). **사회복지정책론**. 나남.

김제선 · 고강호 · 강석주 · 김재원 · 이규태(2015). 양서원.

남기민(2004). **사회복지정책론**. 나남출판.

류기형 · 남미애 · 박경일 · 홍봉선 · 강대선(2014). **자원봉사론**. 양서원.

문형구 외 8인(2007). **사회복지윤리경영 교육실천 매뉴얼**. 한국사회복지사협회.

박병현(2015). **사회복지정책론 이론과 분석**. 정민사.

보건복지부(2017). **2015년 사회복지통합업무안내**. 보건복지부.

보건복지부(2017). **사회복지법인 업무편람**. 보건복지부.

보조금의 예산 및 관리에 관한 법률(2017). 보건복지부.

사이먼 메인워링(2011). **위퍼스트**. 중앙북스.

사회복지법인 재무회계규칙(2017). 보건복지부.

사회복지행정 · 회계 매뉴얼 개정판(2007). 한국사회복지사협회.

서울시복지재단(2006). **복지관 경영메뉴얼**. 서울시복지재단.

수잔 윌리스 조글리오(2003). **팀워크북**. 제우스.

신민선 · 변호순 · 박지연 · 이수춘 · 김남식 · 김남희(2016). 양서원.

안전행정부(2013). 자원봉사포털 시스템 관리자 통합 교육교재. 안전행정부 · 한국자원봉사센터.

양옥경(2004). **사회복지윤리와 철학**. 나눔의집.

양옥경 · 최소연 · 이기연(2007). **사회복지 현장실습 슈퍼비전**. 양서원.

양용희 · 김범수 · 이창호 공저(1997). 비영리조직의 모금전략과 자원개발. 한국사회복지사협회.

원석조(2016). **사회복지정책론**. 공동체.

원석조(2017). **사회복지행정론**. 양서원.

이세형(2013). 사회복지사의 직무스트레스, 감정노동, 상사의 리더십이 이직의도에 미치는 영향 연구. 서울시립대학교 석사학위 논문.

이세형(2015). 사회적협동조합 방식의 사회복지시설 운영체계 개편-대안모델로서 적합한가'라는 주제의 토론회 : 사회복지와 사회적협동조합의 바람직한 연계 방안. 서울시사회복지협의회 토론회 기고문.

이재용(2015). **보고사무의 실재**. 창지사.

임정문 · 나직균 · 송기영 · 안원철(2017). 동문사.

장동일(2006). **사회복지행정론**. 법문사 .

정순둘 · 김경미 · 박선영 · 박형원 · 최예지 · 이현아(2007). **사회복지와 임파워먼트**. 학지사.

조대엽(2007). **한국의 사회운동과 *NGO***. 아르케.

짐콜린스(2015). *GOOD TO THE GREAT*. 김영사.

최병호(2014). **복지담론**. 이미지북.

최성재 · 남기민(2001). **사회복지행정론**. 나남출판.

최종혁 · 이연 · 유영주(2015). **자원봉사론**. 양서원.

피터 드러커(2010). **비영리단체의 경영**. 한국경제신문.

한국사회복지사협회 · 한국산업인력공단(2014). **사회복지분야 NCS(사회문제사정**, 지역사회분석).

해미쉬 프링글 · 마조리 톰슨(2003). **공익마케팅-영혼이 있는 브랜드 만들기**. 미래의창.

행정자치부(2006). **사무관리실무**. 행정자치부.

홍현미라 · 권지성 · 장혜경 · 이민영 · 우아영(2013). 학지사.

홍현미라 · 정진경 · 이은정 · 심선경 · 김가율 · 함수연(2004). **사회복지행정론**. 공동체.

황성철 외(2003). **사회복지행정론**. 현학사.

황성철 · 정무성 · 강철희 · 최재성(2017). **사회복지행정론**, 정민사.

찾아보기

저 / 자 / 소 / 개

■ **이세형**(weljob@naver.com)

성균관대학교 사회복지학 졸업

서울시립대학교 사회복지학과 석사

서울시립대학교 사회복지학과 박사과정 수료

현) 백석예술대학교 겸임교수

광운대학교 외래교수

비영리멘토그룹 웰쿱협동조합 대표이사

〈주요활동〉

· 국가직무능력표준(NCS) 개발위원
· 한국사회복지사협의회 우수교수
· 서울시 사회복지기금 평가위원
· 한국 및 서울사회복지사협회 대의원
· 서울시 복지상 최우수상(2014) 수상
· 서울영동주간보호센터 운영위원
· 송파구 방이복지관 운영위원

〈주요 연구실적 및 발제〉

·「해피빈 단체 투명성」 평가지침 설계
· 서울시「장애인복지사무」 성과평가지침 설계
· 사회복지「국가직무능력표준(NCS)」 집필(지역사회분석, 사회문제)
· 조선일보 더나은미래 공동기획,「2016 기업임직원 자원봉사 미래컨퍼런스」 기획 및 발제
· CBS 사회공헌 토크콘서트 '쉼' 출연(2015) : 사회공헌 관련 발표-나눔은 투자다
·「사회적협동조합 방식의 사회복지시설 운영체계 개편」 토론발제(2015)
· 서울시,「민관협력 사회공헌소통세미나」 발제(2015)
· 사회복지사의 직무스트레스, 감정노동, 상사의 리더십이 이직의도에 미치는 영향 연구. 서울시립대학교 석사학위 논문(2013)
·「공익연계마케팅에 근거한 기업과 복지기관과의 파트너십」 워크숍 기획 및 발제(2004)

사회복지행정실무

1판 1쇄 인쇄 – 2017년 8월 25일
1판 1쇄 발행 – 2017년 8월 30일

저　　자 - 이 세 형
발 행 인 - 강 철 원
발 행 처 - 양 성 원
주　　소 - 경기도 파주시 검산로 173번길 29-20
전　　화 - 031-946-3861(代)
팩　　스 - 031-946-3864
이 메 일 - tnwpub@naver.com
홈페이지 - tnwpub.co.kr
출판등록 - 2015년 8월 31일 제 2015-000211 호

ISBN 979-11-6126-065-5

정가 18,000원